T0165281

¿SOBREVIVIRÁ ESTADOS UNIDOS?

¿SOBREVIVIRÁ
Estados Unidos?

REVELACIONES SORPRENDENTES
Y PROMESAS DE ESPERENZA

JOHN HAGEE

HOWARD BOOKS
A DIVISION OF SIMON & SCHUSTER, INC.

New York • Nashville • London • Toronto • Sydney

Howard Books
Una división de Simon & Schuster, Inc.
1230 Avenida de las Américas
Nueva York, NY 10020

Copyright © 2010, 2011 por el pastor John Hagee
Derechos de traducción al español © 2011 por Simon & Schuster, Inc.

Todos los derechos reservados, incluyendo el derecho de reproducción
total o parcial en cualquier forma. Para mayor información,
escriba al Departamento de Derechos de Libros Howard,
1230 Avenida de las Américas, Nueva York, NY 10020

Primera edición, libro de bolsillo, Mayo de 2011

Howard y su colofón son marcas registradas de Simon & Schuster, Inc.

Para obtener información acerca de los descuentos especiales para compras al por mayor,
póngase en contacto con Ventas Especiales de Simon & Schuster llamando al
1-866-506-1949 o business@simonandschuster.com

Simon & Schuster Speakers Bureau puede llevar autores a sus eventos en vivo y en directo.
Para obtener más información o para reservar un evento con Simon & Schuster Speakers
Bureau, llame al 1-866-248-3049 o visite nuestro sitio web en www.simonspeakers.com.

Fabricado en los Estados Unidos de América

10   9   8   7   6   5   4   3   2   1

La Biblioteca del Congreso ha catalogado la edición en tapa dura de la siguiente manera:

Hagee, John.
    ¿Sobrevivirá Estados Unidos? / John Hagee.
        p.   cm.
    Incluye referencias bibliográficas.
    1. Estados Unidos—Relaciones Exteriores—2009–   2. Estados Unidos—Relaciones
Exteriores—Oriente Medio.   3. Oriente Medio—Relaciones exteriores—Estados
Unidos.   4. Dios—Profecías.   5. Cristianismo—Estados Unidos.   6. Jerusalén en la
Biblia.   7. El fin del mundo—enseñanzas bíblicas.   8. Israel (teología cristiana)—La
enseñanza bíblica.   Título I.
    E907.H34 2010
    261.70973—dc22   2010012409

ISBN 978-1-4516-2422-9
ISBN 978-1-4391-8993-1 (ebook)

Las cursivas en las escrituras han sido añadidas por el autor para efectos de énfasis. Las
citas bíblicas marcadas NKJV son tomadas de la versión King James. Copyright © 1982
por Thomas Nelson, Inc. Usado con permiso. Todos los derechos reservados. Las citas
bíblicas marcadas KJV se han tomado de *La Santa Biblia, versión Reina-Valera, Biblia de
Referencia*. Copyright © 1994 por la Corporación Zondervan. Usado con permiso. Todos
los derechos reservados. Las citas bíblicas marcadas LBLA se han tomado de la *Biblia de las
Américas*. Copyright 1960, 1962, 1963, 1968, 1971, 1972, 1973, 1975, 1977, 1995 por la
Fundación Lockman. Usado con permiso. Las citas bíblicas marcadas con NIV son tomadas
de la *Sagrada Biblia, Nueva Versión Internacional®*. Copyright © 1973, 1978, 1984 por la
Sociedad Bíblica Internacional. Usado con permiso de Zondervan Publishing House. Todos
los derechos reservados.

¡Dedicado a los hombres y mujeres valientes y heroicas del Ejército de los Estados Unidos que han luchado y muerto al nacer y preservar la libertad desde 1776 hasta la actualidad. Que Dios nos ayude a no arrojar al viento su valiente sacrificio por parte de un gobierno federal fuera de control!

Contenido

PRIMERA PARTE

UN IRÁN NUCLEAR

UNO ¡Anatomía del desastre!   3

DOS ¡Irán está listo para la guerra!   21

TRES El plan de ataque de Irán   55

SEGUNDA PARTE

LA CAÍDA DE LOS ESTADOS UNIDOS

CUATRO El día después de la bomba   71

CINCO La muerte del dólar   83

SEIS El rechazo a Israel   121

SIETE La criminalización del cristianismo   169

TERCERA PARTE

EL FIN DE LOS DÍAS

OCHO La profecía Bíblica   185

NUEVE Somos la generación terminal   203

DIEZ ¿Qué sucederá a continuación?   227 lo cual resultó ser absolutamente falso— produjo la muerte de muchas almas.

En segundo lugar, no había nadie para recibir la señal de auxilio del *Titanic* cuando se estaba hundiendo, porque todos los barcos apagaban sus sistemas de telégrafo a medianoche. Esta ley marítima fue modificada inmediatamente después de la catástrofe del *Titanic*, de manera que todos los barcos que navegaban en el mar tuvieran un operador de turno veinticuatro horas al día.

En tercer lugar, si un barco hubiera estado cerca, de todos modos el *Titanic* no tenía luces rojas, las cuales eran la señal marítima internacional de "emergencia" o de "necesito ayuda."

El *Titanic* sólo tenía bengalas de fósforo blanco utilizadas para muchas cosas, pero nunca para el peligro.

¡Piensa en ello!

Si hubieran tenido una sola bengala roja, el *California*, barco que estaba a menos de diez millas de distancia, podría haberlo visto. Podría haber llegado rápidamente a rescatarlo y no se habría perdido una sola vida. ¡Una bengala roja podría haber salvado 1.522 vidas!

En cuarto lugar, no había binoculares a disposición de los vigilantes en la gavia que observaban en la noche fría y clara en busca de cualquier señal de peligro. Cuando los vigilantes vieron el enorme iceberg con sus propios ojos, ya era demasiado tarde.

Con un par de binoculares, podrían haber visto el iceberg con mucho tiempo de antelación para que el trasatlántico se alejara del peligro y del acecho de la muerte segura bajo el agua helada. Unos binoculares podrían haber salvado 1.522 vidas.

Por último, era costumbre que todos los barcos midieran la temperatura del agua cuando estaban en esa parte del océano. El agua en el rango de 30 grados significa que los icebergs están cerca. La temperatura del agua se leía al dejar caer una bolsa de lona por la borda por la cuerda para medir la temperatura del agua con un termómetro. La temperatura del agua del mar se anotaba entonces en el libro de registros para que el capitán de la nave la viera. En las audiencias del Senado, se descubrió que la cuerda que sostenía la bolsa de lienzo fuera de la borda era demasiado corta y no llegaba hasta el agua del mar. Era demasiado corta porque era el barco más grande del mundo. La tripulación hizo un error de cálculo pequeño pero mortal.

El marinero encargado de medir la temperatura del agua de mar llenó la bolsa de lona con agua potable del barco. Cuando el capitán leyó el informe de la temperatura en el registro, no había absolutamente ninguna preocupación.

¡Piensa en ello!

Mil quinientas veinte y dos de las personas más poderosas de la tierra se podrían haber salvado si la cuerda hubiera sido lo suficientemente larga.

¿Por qué insisto en este punto?

Porque los Estados Unidos, que creía ser la nación más potente e "insumergible" sobre la faz de la tierra, está atravesando ahora por el escenario de la historia de una forma similar, en una tormenta impulsada por los vientos de la corrección política, los colapsos económicos que llevaron a la muerte del dólar, el rechazo a Israel, las maniáticas ambiciones nucleares de la dictadura teocrática en Irán, los diez signos proféticos que son la generación terminal que ahora se cumplen en la profecía Bíblica por primera vez en la historia del mundo, y el hecho real de que un futuro cercano, el planeta Tierra experimentará, en un día específico, el desastre ecológico global en el que un tercio de la humanidad morirá.

Los conceptos no son míos, sino de San Juan en la Isla de Patmos, en su libro el Apocalipsis.

Así que los cuatro ángeles que estaban preparados para la hora, día, mes y año, fueron puestos en libertad para matar a un tercio de la humanidad.

—Apocalipsis 9:15 NKJV

¿Crees que no puede pasar?

¡Piensa otra vez!

San Juan el Revelador confirma a sus lectores de todas las generaciones que le siguen hasta el final de los días...

"Estas palabras son fieles y verdaderas... Bienaventurado el que guarda las palabras de la profecía de este libro."

—Apocalipsis 22:6–7 NKJV

Estados Unidos y la civilización occidental han hecho y están cometiendo una serie de graves errores que están empujando a los Estados Unidos

Los Baby Boomers se están jubilando y no hay una "nueva generación" que pague las cuentas de la Seguridad Social. Ellos han sido liquidados con la proclama del "derecho a elegir."

¡Esta ley infame que celebra la *muerte* sobre la vida será una de las principales causas de la *muerte del dólar!* ¿Por qué? Porque el capitalismo se nutre de la oferta y la demanda. ¡Si no hay demanda de un producto, los motores económicos de Estados Unidos se detienen!

¡Esto es un hecho! Cuarenta millones de estadounidenses no demandarán nuevas casas, autos nuevos, o educación universitaria. ¿Por qué? ¡Porque han sido asesinados a través del aborto!

Nuestras universidades y colegios están llenos de estudiantes reclutados de países extranjeros que no sienten amor ni lealtad por los Estados Unidos. Ellos provienen de la comunidad mundial con la mentalidad de "Un solo mundo." A ellos no les importa si Estados Unidos le cede su soberanía a las Naciones Unidas; tenemos varios millones de esos estudiantes aquí. ¿Estás comenzando a ver el panorama general?

Hemos incorporado ACORN, una organización marxista, que corrompió el proceso político de elecciones justas y abiertas. Incluso después de tener grabaciones donde se les muestra educando a las prostitutas y a sus proxenetas sobre la manera de eludir los impuestos del IRS y de cómo manejar un prostíbulo con menores de edad, algunos congresistas norteamericanos defendieron a esta organización tóxica y corrupta. ¿Por qué tenían semejante interés en la preservación de ACORN?

¿Por qué pasó tanto tiempo para que alguien en el Congreso pidiera que el FBI hiciera una investigación completa?

Si no hay confianza en el proceso político mediante el cual elegimos a nuestros líderes, no puede haber confianza en el gobierno.

UNA NACIÓN DE CONSUMIDORES

Mucho antes de que Estados Unidos fuera fundado, los griegos decidieron que la democracia jamás podría funcionar. Su lógica era que una vez que los ciudadanos descubrieran que podían votar el dinero del tesoro público, sus números y demandas crecerían hasta superar a los productores financieros de cualquier democracia, produciendo la bancarrota del Estado. ¡Y nosotros estamos en exactamente esa situación! El estado de asistencia social tiene muchos más votantes que los que pagan impuestos para financiar las demandas de las legiones de la asistencia social.

La solución actual de Washington es gravar a los que trabajan día y noche para darles ese dinero a personas que son parásitos sociales, que pueden trabajar pero se niegan a hacerlo. Es una estafa donde los productores no pueden revertir la carga de los impuestos extremados porque los consumidores demandan más... más... más, y los miembros del Congreso, en su deseo por ser reelegidos, les dan más. ¿Qué ocurre cuando los productores dejan de producir? ¿Qué ocurre cuando Washington se queda sin el dinero de los demás para gastarlo?

Piensa en el hecho de que la ciudad de Nueva York tiene casi ocho millones de habitantes. La gran mayoría de todos los impuestos de esta ciudad de son pagados por menos de 45.000 personas. El *New York Post* informa que casi dos millones de neoyorquinos abandonaron el estado durante la última década. Salieron en busca de nuevos puestos de trabajo, impuestos más bajos y mejores oportunidades. En pocas palabras, el Estado se encuentra en una espiral de muerte económica auto-infligida, que no se resolverá recurriendo a los trucos habituales de Albany.

Cualquiera que pueda leer un periódico sabe que California está nadando en un océano de deudas.

Hemos llegado a un punto en nuestra economía nacional donde los consumidores superan en votos a los productores, haciendo que no sea posible un cambio del concepto socialista. Recuerda: el gobierno, que es lo suficientemente grande como para dártelo todo, también es lo suficientemente grande para quitártelo todo. No se puede cobrar impuestos para pretender alcanzar la riqueza. El socialismo ha fracasado en Europa y fracasará estrepitosamente en los Estados Unidos.

Estamos enfrentando una guerra nuclear en el Medio Oriente mientras que Irán amenaza con "Borrar a Israel del mapa" y luego lanza una serie de sofisticados ataques terroristas contra Estados Unidos a través de células que ya están aquí.

Nuestro presidente ha sido mucho más duro con Israel de lo que ha sido con Irán o Corea del Norte, que lanza misiles cuando quieren, o con Rusia, que ha engañado a Estados Unidos al abandonar el escudo de misiles europeo, o con Venezuela, cuyo líder, Hugo Chávez, nunca pierde la oportunidad de satanizar a Estados Unidos.

UNA VERDAD CLARA E INCONVENIENTE

¿Por qué somos tan duros con nuestro "único amigo en el Medio Oriente" mientras les pedimos disculpas por nuestra fortaleza a unas naciones que han jurado destruirnos? El 18 de noviembre de 2009, Los ciudadanos estadounidenses leyeron este llamativo titular: "Obama dice que la construcción de asentamientos israelíes en Jerusalén oriental es 'peligrosa'."

El presidente Obama calificó de "peligroso" que Israel planee agregar novecientas viviendas a un asentamiento judío en Jerusalén oriental que ya existe, una zona que los palestinos esperaban reclaman como su capital en ausencia de un acuerdo de paz con Israel.

El Primer Ministro Benjamín Netanyahu dijo que los permisos de construcción se habían concedido para la construcción de viviendas de lujo en un barrio de clase media-baja en Gilo.

El gobierno de EE.UU. ha criticado la decisión de ampliar el barrio, un punto de amarga discusión para los palestinos, que quieren que Jerusalén oriental, así como otros sitios sagrados para judíos, musulmanes y cristianos, sean parte de su capital en el futuro.[2]

Hay una verdad clara e inconveniente sobre Israel que Estados Unidos y Europa necesitan recordar. Esa verdad es la siguiente: Israel es una nación soberana y no es un estado vasallo de los Estados Unidos. No necesita la aprobación de la Casa Blanca ni del Departamento de Estado de EE.UU. para construir su capital. ¡Esa tierra le fue dada a Israel por la alianza entre Dios Todopoderoso y Abraham hace 3.500 años, y esa alianza sigue vigente hoy!

El presidente de los Estados Unidos no tiene autoridad para decirle al pueblo judío que no puede vivir en Jerusalén oriental, en su capital, y/o en Judea y Samaria, donde los judíos han vivido durante varios milenios.

EL DESASTRE INMINENTE DEL SISTEMA DE SALUD CONTROLADO POR EL GOBIERNO

Nuestro sistema de salud está quebrado, y el gobierno quiere tener el control total sobre tu futuro médico. Sólo para efectos de claridad, revisemos la trayectoria del gobierno de los EE.UU. en el manejo de las mega-corporaciones. Recuerda que el cuidado de la salud va a controlar el 20 por ciento de los ingresos de Estados Unidos. ¡Éste es un porcentaje ENORME!

- Medicare... ¡QUEBRADO!

- Medicaid... ¡QUEBRADO!

- Seguridad Social... ¡QUEBRADA!

- Amtrak... ¡QUEBRADO!

- Sistema de salud... ¡Adivina!

La columna de opinión del Dr. Jeffery Flier en el *Wall Street Journal* diagnosticó la legislación de la "reforma" al cuidado de la salud. He aquí algunos fragmentos clave:

> A medida que la controversia se dirige hacia una conclusión en Washington, parece que las personas que están a favor de la legislación padecen una negación colectiva... En conversaciones con docenas de líderes en el cuidado de la salud y con economistas, he encontrado una opinión casi unánime de que... la última legislación... acelerará notablemente el gasto nacional en salud en lugar de frenarlo. Del mismo modo, casi todos están de acuerdo en que la legislación haría poco o nada para mejorar la calidad... Peor aún, la legislación socavaría cualquier posibilidad de una verdadera innovación... al regular excesivamente el sistema del cuidado de la salud... Hay lecciones importantes que aprender de la experiencia reciente con la reforma en Massachusetts. Allí, los seguros similares a los propuestos en la legislación federal aumentaron el gasto total.[3]

En caso de que estés dudando, el Dr. Flier no está en la nómina de pago de algunos "think tanks" de derecha: es el decano de la Escuela Médica de Harvard.

Si el gobierno toma el control del sistema del cuidado de la salud, puedes esperar largas demoras para recibir tratamiento médico. Recibo llamadas frecuentes de amigos en Canadá, donde reina la medicina socializada, pidiendo que les ayude para que puedan asistir a centros médicos de Estados Unidos.

Los israelíes han afirmado que habrá poco o ningún aviso antes de que Irán termine de construir armas nucleares, especialmente si Irán tiene instalaciones ocultas. Los funcionarios israelíes citan dos programas secretos en Irán, el Proyecto 110 y Proyecto 111, los nombres en clave para lo que se cree que son los programas de diseño de ojivas nucleares, dirigido por Mohsen Fakrizadeh.

Los funcionarios israelíes dicen en privado que el gobierno de Obama se está engañando al pensar que la diplomacia persuadirá a Irán para que abandone su programa nuclear. Incluso dentro de la Casa Blanca, algunos funcionarios creen que los esfuerzos diplomáticos del señor Obama serán infructuosos.[6]

Lo único que puede evitar el inminente ataque nuclear a Estados Unidos, Europa, e Israel, es impedir que Irán se convierta en una nación nuclear. La mejor manera de ganar una guerra nuclear es asegurarse de que nunca comience.

El gobierno de Estados Unidos actualmente no tiene la voluntad de presionar a Irán con la opción militar. ¿Es posible que Europa y Estados Unidos se hagan a un lado y permitan que Israel, uno de los países más pequeños de la Tierra, emprenda la misión imposible de salvarse de un holocausto nuclear y darle a la civilización occidental muy poco tiempo para resolver el problema?

¡Piensa en lo impensable! Piensa en un día en el futuro cercano, cuando puedas ver un titular llamativo en tu periódico: "¡Bombas nucleares destruyen siete ciudades americanas!"

Millones de muertos... reina el caos.

¿Crees que no puede pasar? ¡Piensa otra vez!

Paul L. Williams, un ex consultor del FBI sobre terrorismo, sostiene que estas siete ciudades son Nueva York, Miami, Houston, Las Vegas, Los Ángeles, Chicago y Washington, D.C. Él advierte que los ataques están planeados para ocurrir simultáneamente en las siete ciudades.

Paul Williams, indica que "hay pruebas empíricas de que al-Qaeda posee armas nucleares. Agentes británicos que se hicieron pasar por reclutas se infiltraron en campos de entrenamiento de al-Qaeda en Afganistán, en el año 2000. En otro caso, un agente de al-Qaeda fue arrestado en Ramallah con un arma nuclear táctica atada a su espalda."[7]

Si tienes dificultades para creer que los escuadrones terroristas que tienen armas nucleares no serían detectados en los Estados Unidos, piensa en esto. Williams señala que no hay un escuadrón, si no al menos siete, y están trabajando con las mezquitas y centros islámicos. En los Estados Unidos, un juez federal no le dará a ningún agente del FBI o funcionario encargado de la aplicación de la ley una orden para allanar una mezquita o un centro islámico, ya que estos lugares aparecen como "lugares de culto."[8]

Expertos de inteligencia creen que Irán ha desarrollado la tecnología para utilizar un pulso electromagnético (EMP), diseñado para ser usado contra los Estados Unidos en tiempos de guerra.

Esto es lo que hace el EMP: este pulso electromagnético no mata personas... sino electrones. En resumen, detiene toda forma de energía al instante y durante varios meses, tal vez por varios años. Esta es la forma en que podría ser usada contra Estados Unidos en caso de guerra.

Un satélite falso que sobrevuela a una altura de 280 millas sobre Estados Unidos, explota de repente en las Grandes Llanuras de los Estados Unidos, liberando varios kilos de plutonio enriquecido, y cubriendo a los Estados Unidos de América con rayos gama. En un instante, en una fracción de segundo, todo el poder eléctrico quedará suspendido durante varios meses.

Ni las luces ni el refrigerador de tu casa funcionarán. Cada gramo de alimento que tengas se pudrirá en el congelador. Tu auto no funcionará, ya que el motor se pone en marcha gracias a un proceso eléctrico. Los camiones no funcionarán, lo que significa que dejarás de recibir todo aquello que utilices en tu vida diaria. Todas las máquinas se detendrán. La radio y las estaciones de televisión saldrán del aire. Los aviones que estén volando se accidentarán debido a que sus sistemas electrónicos dejarán de funcionar. Los sistemas de misiles no podrán funcionar. Dejaremos de ser una superpotencia en una fracción de segundo.

El presidente no podrá comunicarse con los militares en el campo de batalla, porque los teléfonos no funcionarán. Las refinarías de Estados Unidos dejarán de funcionar. No habrá gas ni petróleo. No se podrá conseguir gasolina en las estaciones de servicio debido a que la gasolina sube de la tierra por medio de la electricidad. Las computadoras no funcionarán, lo que significa que las oficinas de las ciudades, los estados y del gobierno tendrán que cerrar. Habrá una escasez de alimentos y de combustible en pocos días a nivel nacional.

¿Crees que esto no puede pasar?

¡Los enemigos de la democracia están planeando esto ahora mismo! No es algo nuevo. Durante varias décadas se ha hablado de esto. Sólo ahora, los Estados delincuentes tienen la capacidad de utilizar esta arma, y esto sucederá a menos que sean detenidos por la fuerza.

¿Irán puede hacerlo?

Nuestro gobierno dice que sí. Irán está gobernado actualmente por una dictadura teocrática bajo la dirección de Ahmadineyad, quien estaría más que dispuesto a usar esas armas para destruir a Estados Unidos y a Israel.

El *Informe del congreso* dice: "Incluso misiles primitivos Scud podrían ser utilizados para este propósito (mantas electrónicas). Y los más altos funcionarios de inteligencia de Estados Unidos les recordaron a los miembros del Congreso que hay un exceso de estos misiles en el mercado mundial. Están siendo comprados y vendidos por unos 100.000 dólares cada uno."[9]

¡Piensa en eso!

Esta nación grande, magnífica, e "insumergible" está tan técnicamente orientada que ha creado un talón de Aquiles obvio: la electricidad. Con un misil de 100.000 dólares disparado desde un submarino localizado a 200 millas del territorio continental y unas pocas libras de plutonio enriquecido que exploten en los Estados Unidos, todas las formas de electricidad se detendrían al instante y por varios meses. En un segundo, estaríamos viviendo de nuevo en el siglo XIX. Los expertos militares creen que Irán utilizará esta manta electrónica como el disparo inicial de una guerra nuclear.

El 9/11 demostró que el Islam radical tiene la voluntad de matarnos. Cuando Irán tenga armas nucleares, tendrá el poder de matar. Los titulares que podrías leer en un futuro cercano cambiarán el panorama global: IRÁN TIENE ARMAS NUCLEARES.

¿Crees que no puede pasar?

¡Probablemente ya ha sucedido!

En el capítulo siguiente, veremos que algunas personas muy confiables creen que así es… todo el mundo excepto Estados Unidos.

¡Irán está listo para la guerra!

La cobertura de inteligencia sobre la capacidad nuclear de Irán es muy variable. Una de las razones que explican esta variación tan extrema es que si la inteligencia estadounidense reconoce que hay un problema, debe adoptar medidas positivas para resolverlo.

Ignorar la "crisis nuclear" es consolar a la población que está absorbida por programas como *Desperate Housewives* y *Dancing with the Stars*, es consolar a los candidatos a cargos políticos que han dominado el arte de decir casi algo diferente mientras defienden los dos lados de todos los temas en las noticias por la noche.

Es algo muy parecido al dueño del *Titanic*, quien les dijo alegremente a sus engañados millonarios que "todo está bien", mientras la proa del barco se hundía en las gélidas aguas del Atlántico, y se convertía en el descanso eterno para más de mil quinientas almas. Esta habilidad política de "No ver el mal" quedó demostrada recientemente por la comunidad de inteligencia de EE.UU. en las audiencias del Comité Senatorial de Relaciones Exteriores, según informa el diario *Washington Times*.

Nicholas Burns, ex subsecretario de Estado para Asuntos Políticos, dijo: "No hay duda de que [Irán] está intentando fabricar armas nucleares. Nadie duda de eso."

¿Nadie?

En realidad, las agencias de espionaje norteamericanas menosprecian la amenaza iraní. El 12 de marzo de 2009, la CIA dio a conocer un informe al Congreso que concluyó: "No sabemos si Irán tiene actualmente la intención de desarrollar armas nucleares."

Su informe fue una reanudación de las conclusiones discutibles en el Estimado Nacional de Inteligencia de diciembre de 2007, el cual decía que Irán había suspendido su programa de armas nucleares en 2003 y que lo mantuvo congelado. Las agencias de espionaje de EE.UU. llegaron a esta conclusión dudosa, mientras que al parecer, saben de un sitio nuclear secreto cerca de Qom. ¿Por qué la discrepancia?

¿CÓMO SE EQUIVOCÓ LA CIA?

El siguiente informe impactante proviene de Edward J. Epstein, del *Wall Street Journal*, sobre la torpeza indecible exhibida por la CIA: "En un distanciamiento impresionante de una década de evaluaciones, el Estimado Nacional de Inteligencia Nacional de 2007 sobre Irán, declaró: 'Juzgamos con alto grado de confianza que en el otoño de 2003, Teherán detuvo su programa de armas nucleares'." [1]

Por desgracia, y tal como lo ha reconocido la administración de Obama, la conclusión del NIE estaba completamente equivocada, lo cual nos costó un tiempo sumamente valioso para abordar una amenaza tan seria. ¿Qué provocó un error tan desastroso?

Como lo explica James Risen, el reportero sobre seguridad nacional del *New York Times*, en su libro *Estado de Guerra*, en 2004, un oficial de comunicaciones de la CIA incluyó accidentalmente datos en una transmisión vía satélite a un agente en Irán que podían ser utilizados para identificar a "prácticamente todos los espías de la CIA en Irán." [2]

Este error desastroso se agravó debido a que el beneficiario de la transmisión resultó ser un agente doble controlado por los servicios de seguridad iraníes.

Esto les permitió a los servicios de seguridad iraníes controlar la información que estos agentes les suministraban a la CIA, que pudo haber recibido inteligencia secreta engañosa de que Irán había abandonado su programa nuclear.

¿QUÉ TAN EFECTIVAS SON LAS SANCIONES?

El siguiente informe proviene del representante Elton Gallegly (R-CA), un miembro de alto rango de la Cámara de Asuntos Exteriores y del Comité de Inteligencia, tal como lo señaló el *Jewish Journal.*[3]

Ahora que el presidente ha firmado sanciones adicionales con el objetivo de detener el programa nuclear de Irán, ¿funcionarán estas sanciones?

Una clave para responder esa pregunta es si el presidente permitirá que todas las sanciones que contiene la nueva ley entren en vigor, o si utilizará la considerable autoridad de la Casa Blanca antes de darle luz verde al Congreso para la aprobación final del proyecto de ley en junio.

La nueva ley depende en gran medida de la voluntad de la Casa Blanca para implementarla por completo. Existen dudas considerables sobre esto, ya que ninguna administración de EE.UU. ha aplicado plenamente las sanciones anteriores a Irán, en efecto desde 1996.

El otro ingrediente clave para el éxito de las nuevas sanciones es el tiempo. Varias personalidades, como Leon Panetta, Director de la Agencia Central de Inteligencia, han dicho que las sanciones, sin importar qué tan fuertes sean, tal vez hayan llegado demasiado tarde. Si ese es el caso, Estados Unidos necesita un plan de respaldo si Teherán no se deja intimidar. El objetivo de Teherán no es sólo "borrar a Israel del mapa", sino también amenazar directamente la seguridad y los intereses de EE.UU.

RUSIA SUMINISTRA COMBUSTIBLE A IRÁN PARA CONSTRUIR SU PRIMERA PLANTA NUCLEAR

El 21 de agosto de 2010, la historia registrará el matrimonio entre infame Rusia e Irán como socios nucleares, casados para ejercer su dominio en el Medio Oriente.

En este día de infamia, Rusia suministró combustible a la planta de energía nuclear localizada en la ciudad sureña de Bushehr. Tanto Rusia como Irán insisten en que el programa nuclear de Irán tiene fines pacíficos, aunque muchos sectores de la comunidad internacional tienen sospechas en este sentido.

"A partir de ese momento la planta de Bushehr será oficialmente considerada un instalación de energía nuclear."[4]

Rusia lleva quince años construyendo el proyecto nuclear en Bushehr, a un costo de mil millones de dólares. Sergei Kiriyenko, director de Rosatom —la Agencia Nuclear de Rusia—, estuvo presente en la ceremonia del 21 de agosto, que también "contó con la presencia del vicepresidente iraní, Ali Akbar Salehi, quien dirige la Organización de Energía Atómica de Irán."[5]

Irán, a quien las Naciones Unidas han sancionado debido a la sospecha de que está ocultando un programa de armas nucleares, es el primer país del Medio Oriente en producir energía atómica.

"Siempre que Irán cause algún problema, Occidente necesitará a Rusia", dijo Rajab Safarov, director del Centro de Estudios Contemporáneos de Irán en Moscú, y Rusia se sentirá como un importante actor geopolítico."[6]

"El simple hecho de mantener de las tensiones en la región es beneficioso para Rusia, porque las tensiones mantienen alto el precio del petróleo crudo y bloquean el gas iraní del mercado mundial", dijo Mikhail Krochemkin, director de Análisis de Gas para Europa oriental, un consultor industrial con sede en Malvern, Pensilvania.[7]

PREOCUPACIÓN POR EL ENRIQUECIMIENTO

Los Estados Unidos han declarado en repetidas ocasiones que reconocen el derecho de Irán a producir energía nuclear no militar. Si Irán es el cuarto productor de petróleo crudo más grande del mundo, ¿por qué necesita energía nuclear para fines civiles?

Si su propósito para la producción de la energía nuclear era el uso exclusivamente civil, ¿por qué le ocultaron sus ambiciones nucleares a la agencia Internacional de Energía Atómica de la ONU?

Rusia está jugando con Irán por punta y punta. Ellos son tanto la zanahoria como el palo. Rusia apoyó una cuarta ronda de sanciones de las Naciones Unidas contra Irán (el palo) y luego alimentó sus instalaciones nucleares en Bushehr (la zanahoria).

Rusia le ha ofrecido a Irán la entrega de misiles antiaéreos S-300, que son muy sofisticados y de gran alcance, y que harían virtualmente imposible un ataque israelí contra las instalaciones nucleares de Irán.

"Rusia no debe exagerar su papel, porque Irán es un comprador potencial de armas y podría entrometerse con la mayoría musulmana del Cáucaso Norte", dijo Ruslan Pujov, director del Centro de Análisis de

Estrategias y Tecnologías en Moscú. "Rusia puede haber perdido $4.500 millones en futuros contratos debido a la demora en la entrega de misiles S-300, según Pujov."[8]

Fyodor Lukyanov, editor de la revista *Rusia en Asuntos Globales* con sede en Moscú, señaló: "Si Rusia se hubiera negado a finalizar Bushehr, eso habría arruinado las relaciones (entre Rusia e Irán). La pregunta es si las relaciones entre Rusia e Irán se desarrollarán en el futuro."[9]

La respuesta a esta pregunta fundamental a nivel geopolítico es ¡SÍ!

Según los escritos del profeta Ezequiel, que se encuentran en el capítulo 38, Rusia e Irán unirán sus fuerzas en el futuro para dirigir un gigantesco ejército islámico que invadirá a la nación de Israel. Esta coalición ruso-iraní-islámica también estará integrada por Libia, Etiopía y Turquía.

¿El resultado?

La coalición islámica será eliminada por la mano de Jehová Dios. El Estado de Israel tardará siete meses en destruir las armas de la guerra que los invasores llevaron a la tierra de la alianza.

¿Cuál es el propósito de Dios en esta guerra de Gog Magog?

"Así que la casa de Israel sabrá que yo soy Jehová su Dios desde ese día en adelante…Entonces sabrán que yo soy Jehová su Dios, que los envió al cautiverio entre las naciones, pero también los llevó de regreso a su tierra… y no dejó ninguno de ellos en cautiverio. Y no ocultaré Mi rostro de ellos nunca más, porque yo he derramado mi Espíritu sobre la casa de Israel", dice el Señor Dios.
—Ezequiel 39:22, 28–29 NKJV

¿Qué tan cerca estamos de esta guerra monstruosa en el Medio Oriente? Lee el siguiente titular:

ISRAEL TIENE HASTA EL FIN DE SEMANA PARA ATACAR LA PLANTA NUCLEA0R DE IRÁN

El ex embajador de EE.UU. ante las Naciones Unidas, John Bolton, hizo esta declaración sorprendente, según informó Fox News. Esta declaración tuvo lugar cuando Rusia se comprometió a suministrarle combustible nuclear al reactor de Bushehr.

La lógica es que cuando el combustible nuclear entra en contacto con las armas, cualquier explosión causada por un ataque preventivo militar desencadenaría una radiación masiva y nociva en todo el Medio Oriente.

¡Obviamente Israel no atacó!

Pero lo harán… ¿y cuándo?

El embajador Bolton continuó diciendo: "Lo que hace este reactor es darle a Irán una segunda ruta para fabricar armas nucleares, además de uranio enriquecido. Es una victoria inmensa para Irán. Irán habrá logrado algo que no tiene ningún otro opositor de Israel, ningún otro enemigo de los Estados Unidos ni nadie en el Medio Oriente: un reactor nuclear en funcionamiento." [10]

Los líderes iraníes desafiaron a Israel a emprender una acción militar contra el reactor nuclear. Los medios de comunicación iraníes señalaron que Ahmad Vahidi, ministro de Defensa iraní, dijo que Israel correría un gran riesgo si atacaban a Irán en el futuro: "Es probable que perdamos una planta de energía, pero la existencia misma del régimen sionista estará en entredicho." [11]

HAY UN PELIGRO CLARO Y PRESENTE

El embajador John Bolton se dirigió ante una audiencia de más cinco mil personas en la televisión nacional durante la reunión anual "Noche para honrar a Israel" en la Iglesia Cornerstone en San Antonio, Texas. Los siguientes son comentarios y extractos tomados del discurso de Bolton, que fue recibido calurosamente y con entusiasmo por el público a favor de Israel. Bolton se refirió a la crisis que enfrenta el mundo en el Medio Oriente diciendo:

> Estamos en una "situación muy difícil." Esta frase se utiliza a menudo para el Medio Oriente… e Israel se encuentra en una posición muy difícil. Lo que me entristece en este momento es que una de las razones por las cuales es una situación difícil se debe a la administración política que actualmente está en el poder en Washington. Este esfuerzo, realizado en los últimos veinte meses, me preocupa que no sea un esfuerzo para lograr la paz en el Medio Oriente, sino para imponer la paz en el Medio Oriente.
>
> Cuando te encuentras en una negociación con dos bandos, uno de los cuales es razonable y el otro no, te sientes tentado a presionar

a la parte razonable. Eso es exactamente lo que está pasando hoy en día. Esta no es una preocupación ociosa o que descanse por completo en Israel. Estoy preocupado con esta iniciativa de paz por lo que le está haciendo a los Estados Unidos... ¡porque fallará!

La diplomacia sólo puede salvar las diferencias que son salvables. Y de hecho, en una negociación de paz tiene que haber dos partes que sean capaces de negociar en nombre de sus principios de respeto, y a continuación, cumplir con los compromisos que hagan. Me da tristeza decir que este no es el caso del lado palestino.

Así que finalmente, estas negociaciones de paz fracasarán, lo que dejará a Estados Unidos en una situación peor en el Medio Oriente y en todo el mundo, porque todos entenderán que han dedicado enormes cantidades de energía, y el prestigio de Estados Unidos, a un esfuerzo que fracasará. Dejará a los Estados Unidos en una posición peor.

Y vamos a ser muy cuidadosos en este punto, se le está pidiendo al Consejo de Seguridad el reconocimiento de un estado palestino dentro de las fronteras de 1967 o que la Autoridad Palestina invite a los Estados Unidos a reconocer un Estado palestino dentro de las fronteras de 1967.

Esta es una amenaza fundamentalmente peligrosa para la legitimidad a largo plazo del Estado de Israel. ¿Por qué? Porque es fundamental a la definición de un estado que tiene fronteras reconocibles. No puedes reconocer a una entidad que no controla su territorio. Eso es un postulado básico del derecho internacional consuetudinario. Así que decir que el Consejo de Seguridad y los Estados Unidos reconozcan un Estado palestino dentro de las fronteras del 67 significa que cada centímetro del territorio de Israel más allá de las fronteras del 67 es ilegítimo y debe ser devuelto al nuevo Estado palestino.

¡Vamos a ser muy claros! Si —y cuando— las negociaciones entre Israel y los palestinos fracasen, el impulso girará de manera inevitable en torno a este asunto del reconocimiento. Y creo —e invito— a todos ustedes a que tengan claro que el pueblo estadounidense no aceptará la imposición de un Estado palestino en Israel. AHORA, ESTE ES UN PELIGRO MUY CLARO Y PRESENTE. Pero no es el riesgo más importante para Israel hoy en día.

La concentración de nuestro gobierno en el equilibrio entre Israel y Palestina refleja un malentendido fundamental acerca de dónde está el verdadero peligro en el Medio Oriente. La sabiduría convencional en Europa es que todo mejoraría en el Medio Oriente si se le pudiera imponer la paz a Israel. ¡Esto es ciento por ciento falso! Es como mirar por el lado equivocado de un telescopio.

Al referirse al papel de Irán como el principal banquero del terrorismo internacional, el embajador Bolton, dijo:

Es una fuente de financiación de igualdad de oportunidades de terrorismo, bien sean sunitas o chiítas; no hay ninguna diferencia. Irán financia a Hamas en la Franja de Gaza. Financia a Hezbolá en el Líbano. Financia a los terroristas, que están matando a estadounidenses y a miembros de otras fuerzas de la OTAN en Irak. Financia a quienes fueron sus enemigos jurados, los talibanes de Afganistán, que también se dedican a matar a nuestros jóvenes hombres y mujeres allí. En suma, financiará a cualquiera que sirva sus intereses.

Y, sin embargo, es a este gobierno [hablando de la dictadura teocrática de Irán], que apoya a los terroristas, al que nuestro presidente quiere extenderle una mano abierta. No es de extrañar que se rían de nosotros en Teherán. [El público estalló en aplausos.]

Creo que tenemos que entender que la fuerza de Los Estados Unidos nunca es provocativa. Lo que es provocativo es la debilidad de los Estados Unidos, y actualmente estamos siendo muy provocativos.

HAY UN PLAN DE GUERRA PARA IRÁN

Thomas McInerney, ex teniente general de la Fuerza Aérea y antiguo piloto de caza, describió en detalle cómo un ataque militar contra Irán podría acabar con la energía nuclear:

Un ataque del Pentágono contra Irán recurriría en gran medida a los bombarderos B-2 y los misiles de crucero para tratar de destruir la capacidad de fabricar armas nucleares que tiene el régimen, según los analistas, después de que el alto oficial militar de EE.UU. señalara que existe un plan de guerra.

Los misiles, disparados desde buques de superficie, submarinos y bombarderos B-52, destruirían la defensa antiaérea y las mencionadas instalaciones nucleares.

Los B-2 arrojarían toneladas de bombas, incluyendo penetradores de tierra, en sitios fortificados y subterráneos donde se sospecha que Teherán está enriqueciendo uranio para alimentar sus armas y trabajando en la fabricación de cabezas nucleares.

Sería básicamente un ataque aéreo con trabajo encubierto para empezar una "revolución de terciopelo" a fin de que el pueblo iraní pueda recuperar su país." [12]

La pregunta ahora es: ¿El ejército de EE.UU. en la administración de Obama tiene la voluntad de atacar a Irán ahora que los rusos han alimentado la planta nuclear en Bushehr, arriesgando una radiación en el Medio Oriente?

Este ataque destruiría también cualquier oportunidad que tuviera el gobierno de Obama para lograr la paz en el Medio Oriente entre Israel y los palestinos.

¿Esperará Estados Unidos hasta que Irán les dé maletas con bombas nucleares a los terroristas islámicos radicales que ya están en Estados Unidos esperando a que comience la yihad nuclear?

¿Crees que no puede pasar?

¡Piensa otra vez!

¡UN INFORME SECRETO SEÑALA QUE IRÁN YA TIENE CAPACIDAD PARA FABRICAR BOMBAS NUCLEARES!

En un análisis confidencial, destacados miembros del personal de la agencia nuclear de la ONU han concluido que Irán ha adquirido "la información suficiente para poder diseñar y producir una bomba atómica viable." Las conclusiones del informe, descritas por altos funcionarios europeos, van más allá de las posiciones públicas adoptadas por varios gobiernos, incluidos los Estados Unidos.

De acuerdo con la información obtenida de delincuentes expertos nucleares en todo el mundo, Irán ha realizado una amplia investigación y pruebas sobre cómo ensamblar los componentes de un arma.

El informe, titulado "Posibles dimensiones militares del programa nuclear de Irán", contiene una foto de un programa iniciado en 2002, desarrollado por el Ministerio de Defensa de ese país, "dirigido a la elaboración de una carga nuclear que será utilizada mediante el sistema de misiles Shahab 3", los cuales pueden impactar al Medio Oriente y partes de Europa."[13]

¿CUÁNTAS INSTALACIONES NUCLEARES SECRETAS TIENE IRÁN?

Recientemente, Akbar Ali Selehi, jefe de la Organización de Energía Atómica, le dijo a la televisión estatal iraní que estaba trabajando en un calendario para la inspección del sitio nuclear secreto en las afueras de Qom que acababa de ser revelado.

Posteriormente, Selehi señaló que estaba preparando una carta para los inspectores internacionales "sobre de la ubicación de esa instalación *y de otras.*" Esto llamó la atención de todo el mundo.[14]

Algunos funcionarios de inteligencia e inspectores sospechan que Teherán mantiene una red de instalaciones nucleares secretas, proyectos y personal paralelos al programa nuclear declarados por ese país. En otras palabras, tienen tantas instalaciones secretas como instalaciones *conocidas.*

INTELIGENCIA BRITÁNICA

El Servicio Secreto de Inteligencia de Gran Bretaña (SIS), dice que Irán ha estado diseñando en secreto una ojiva nuclear "desde finales de 2004 o principios de 2005", evaluación que sugiere que Teherán ha emprendido los últimos pasos hacia la adquisición de armas nucleares.

Gran Bretaña siempre ha expresado en privado su escepticismo frente a la evaluación que hace EE.UU. de Irán, pero sólo ahora está aseverando con firmeza que el programa de armas se inició en 2004–2005.[15]

Esta es la "pregunta de 64.000 dólares" que nadie se hace: Si Irán produjo esta energía nuclear con fines pacíficos, como dicen ellos, ¿por qué tuvieron que hacerlo en secreto? Es obvio que su propósito es cumplir con la promesa que el presidente Ahmadineyad de Irán le ha hecho al mundo islámico: "Borrar a Israel del mapa." ¡Irán está listo para la guerra!

Es importante recordar que los iraníes son un pueblo muy inteligente y persistente. Ellos son persas y consideran un insulto que les digan árabes. Los persas inventaron el juego de ajedrez, el cual requiere que los jugadores conceptualicen las jugadas futuras, y no sentirse fascinados por el lugar donde se encuentran en un momento dado en el tablero, sino más bien cómo maniobrar con inteligencia para obligar al rival a rendirse. Irán ha estado manipulando a Washington, D.C., y a Europa en su tablero de ajedrez político con gran sutileza. Dicho sin rodeos, Irán ha estado tocando a Occidente como un arpa.

En lugar de enfrentar la ira del Consejo de Seguridad de la ONU que afirma estar decidido a poner fin al programa nuclear ilícito de Irán, Ahmadineyad le ha hecho ganar más tiempo a su país sin hacer ninguna concesión nuclear seria. Durante los seis años que Irán ha estado negociando su programa nuclear con Occidente, ha llevado la política del retraso y la dilación a un nivel completamente nuevo.

Mantiene las conversaciones en marcha, mantiene las centrifugadoras dando vueltas, y permanece al día con su programa de armas nucleares. Desde el momento en que Occidente intentó negociar un acuerdo nuclear con Irán, los iraníes han prometido mucho y entregado poco. Ellos han prometido en repetidas ocasiones congelar sus actividades de enriquecimiento en Natanz, para reanudar el enriquecimiento cuando vieron que Occidente no podía hacer nada para detenerlos.[16]

IRÁN, UNA DICTADURA TEOCRÁTICA Y BRUTAL

El pueblo iraní se encuentra actualmente bajo el puño de hierro de una dictadura teocrática. Se trata de un régimen corrupto, fanático, cruel y sin principios que es detestado por las masas, tal como se vio en los disturbios tras las últimas elecciones presidenciales.

Decenas de miles de iraníes salieron a las calles a clamar por la libertad y la democracia. Algunos fueron golpeados, y otros fueron asesinados a tiros mientras que el mundo lo veía en la televisión mundial, sin una palabra de aliento por parte de los Estados Unidos.

Es urgente que los estadounidenses entiendan la brutalidad y la astucia de esta dictadura teocrática. ¿Qué tan brutales son?

que Alemania hubiera poseído la religión "islámica en lugar de la 'manse-dumbre' y la 'flojera del cristianismo'."[26]

Al mismo tiempo, varios movimientos pro nazis aparecieron en el mundo árabe. Entre ellos estaban los "Scouts nazis" de la juventud árabe en la Palestina gobernada por Gran Bretaña, que se basaban en las Juventudes Hitlerianas; los "camisas verdes" de Egipto, Siria y el Partido Nacionalista Social. Incluso la Hermandad Musulmana de Egipto fue influenciada por los nazis en su ideología política, y muchos nazis que huían fueron recibidos calurosamente por los países árabes después de la Segunda Guerra Mundial. La ideología nazi también tuvo influencia en Irán. En 1935, Persia fue rebautizada como Irán (La tierra de los arios).[27] También hubo un partido nazi iraní conocido como SUMA KA, o el Partido Nacional Socialista de Irán, cuyo símbolo nazi tiene un parecido sorprendente con la esvástica nazi.[28]

El Gran Muftí de Jerusalén, Haj Amin al-Husseini, fue a Alemania en 1941 para reunirse con Adolf Hitler en un esfuerzo por convencerlo de que aplicara el programa de los nazis contra los judíos en el mundo árabe. Hitler creía que los árabes eran amigos naturales de Alemania porque tenían un enemigo en común: los judíos. El muftí le ofreció a Hitler su "agradecimiento por la simpatía que había mostrado siempre por la causa árabe y palestina en particular, las cuales había expresado claramente en sus discursos públicos."[29]

Alemania se opuso activamente a un hogar nacional judío en Palestina y proporcionó ayuda a los árabes que participaron en la misma lucha. "El objetivo de Alemania... es sólo la destrucción del elemento judío que reside en el ámbito árabe... El Mufti fue el portavoz más autorizado del mundo árabe durante ese período de la historia."[30]

En 1945, Yugoslavia intentó acusar al Mufti como criminal de guerra por su papel en el reclutamiento de veinte mil voluntarios musulmanes para las SS nazis, que masacraron a muchos judíos en Croacia y Hungría.[31]

EL NAZISMO, EL ISLAM RADICAL Y EL ANTI SEMITISMO

Después de la Segunda Guerra Mundial, Europa se cubrió con la sangre de seis millones de judíos que fueron asesinados sistemáticamente por Adolf Hitler y el nazismo mediante la Solución Final. El mundo actual se enfrenta a un baño de sangre que será muy superior a las más de 60 millones de personas que murieron en la Segunda Guerra Mundial, esta vez a manos de otro líder militante: Mahmoud Ahmadineyad. Por culpa del Islam radical y de la guerra nuclear (si cumple sus amenazas), el mundo tal como lo conocemos llegará a su fin.

El nazismo: *Intentaba dominar el mundo con un mandato exclusivamente ario.*
Hitler afirmó: "La lucha por la dominación del mundo se librará por completo entre nosotros, entre alemanes y judíos. Todo lo demás es fachada e ilusión. Detrás de Inglaterra se encuentra Israel, y por detrás de Francia, y detrás de Estados Unidos. Incluso cuando hayamos expulsado a los judíos de Alemania, ellos seguirán siendo nuestros enemigos." [32]

El islamismo radical: *Busca la islamización total del mundo.*
Numerosos pasajes del Corán muestran que Mahoma contempló la dominación islámica del mundo: "Él es el que envió a su mensajero…que puede hacer que [el Islam] prevalezca sobre todas las religiones." [33] M. M. Ali, conocido traductor del Corán al inglés, designa a estos tres pasajes como "La profecía del triunfo final del Islam en todo el mundo." [34]

El nazismo: *El odio de Hitler hacia los judíos se reflejó en el partido nazi.*
El partido nazi sostenía que todos los judíos eran racialmente iguales y muy inferiores a la raza aria. Este punto de vista radical fue impulsado aún más por escritos como el *Mein Kampf* de Hitler.

El islamismo radical: *La vertiente radical del Islam promulga la yihad, que significa "mi lucha interna."*
El Corán se refiere específicamente a "esforzarse en el camino de Alá." Los islamistas radicales creen que todos los no islamistas son infieles y deben ser eliminados. La Sección 7 del Pacto de Hamas señala que "El mensajero [Mahoma] dijo: "Los musulmanes combatirán a los judíos y los matarán, hasta que el judío se esconda detrás de las piedras y los árboles, y entonces, las piedras y los árboles dirán: 'Oh, musulmán, Abd Alá, hay un judío que está escondido, ven y mátalo'." Otra cita en el Corán relativa a los judíos es la siguiente: "Los judíos son una nación de mentirosos… Los judíos son traidores, mentirosos, y malos." [35]

los que te odian. Con astucia conspiran contra tu pueblo; conspiran
contra aquellos a quienes tú estimas. Y dicen: "¡Vengan, destruyamos
su nación! ¡Que el nombre de Israel no vuelva a recordarse!" Como un
solo hombre se confabulan; han hecho un pacto contra ti.

—*Salmo 83:1–5 NKJV*

Dios le dijo a David que los enemigos de Israel lo rodearán y conspirarán en su contra para derrotarlo; también le dijo a Isaías que Él defenderá a Israel contra sus enemigos:

"Te tomé de los confines de la tierra, te llamé de los rincones más
remotos, y te dije: 'Tú eres mi siervo. Yo te escogí; no te rechacé. Así que
no temas, porque yo estoy *contigo; no te angusties, porque yo soy tu*
Dios. Te fortaleceré y te ayudaré; te sostendré con mi diestra victoriosa'.
Todos los que se enardecen contra ti sin duda serán avergonzados
y humillados; los que se te oponen serán como nada, como si no
existieran. Aunque busques a tus enemigos, no los encontrarás. Los que
te hacen la guerra serán como nada, como si no existieran. Porque yo
soy el SEÑOR, tu Dios, que sostiene tu mano derecha; yo soy quien te
dice: 'No temas, yo te ayudaré'."

—*Isaías 41:9–13 NKJV*

El islamismo radical ha traído la yihad a los Estados Unidos.

Esta es una guerra que tienen toda la intención de ganar, una guerra que muchos políticos líderes de los Estados Unidos se niegan a reconocer que existe.

El 25 de diciembre de 2009, un nigeriano que iba a abordar en un vuelo desde Ámsterdam a Detroit, intentó detonar un artefacto explosivo oculto en su ropa interior. El artefacto era una mezcla de polvo y líquidos que no fue detectada por el personal de seguridad del aeropuerto. El supuesto atacante suicida era Omar Faruk Abdulmutallab.[45]

El 2 de mayo de 2010, las autoridades de la ciudad de Nueva York descubrieron una bomba en un vehículo estacionado en Times Square. Arrestaron a Faisal Shahzad, un paquistaní que recientemente se había convertido en ciudadano de los EE.UU., a quien acusaron por intento de uso de un arma de destrucción masiva y otros cargos federales.[46]

Otras pruebas de que el Islam radical le ha declarado la guerra a Estados Unidos se hace evidente en el informe que hizo Sean Hannity en Fox News, el 17 de febrero de 2009.

Dicho informe mostró una grabación pavorosa de los campos de entrenamiento del terrorismo en el patio trasero americano. Los campamentos de terroristas islámicos están funcionando aquí en Estados Unidos, en nuestros patios traseros. El grupo, los musulmanes de Estados Unidos, o Jamaat ul-Fuqra, como se les llama en Pakistán, han establecido más de treinta y cinco comunidades en todo Estados Unidos.

El grupo dice ser pacífico, pero un video reveló que se hacen llamar "Los soldados de Alá", y que el jeque Mubarak Ali Gilani, es el cerebro y líder del grupo en Estados Unidos.

El video muestra tácticas en la guerra de guerrillas, incluyendo el escalamiento de montañas, el sometimiento de los enemigos, el asesinato de guardias, el rapto de vehículos, el secuestro de personas, el entrenamiento con armas y la instalación de explosivos.

Gilani es un ciudadano paquistaní conocido por ser la persona con quien el periodista Daniel Pearl se iba a reunir en 2002, cuando fue secuestrado y horriblemente decapitado.[47]

El Ejército Islámico no está viniendo a Estados Unidos: ¡ya está aquí! Viven en tu vecindario y están esperando órdenes para atacar a una América que se ha dormido.

Magnate de la televisión musulmana es acusado de decapitar a su mujer

Esta historia impactante fue transmitida por *Buffalo News*, indicando que el fundador del canal de televisión islámico americano fue acusado de decapitar a su esposa.

La horrible muerte de Zubair Aasiya Hassan, residente en Orchard Park, y quien fue encontrada decapitada, así como la detención de su ex esposo, están llamando la atención general, ya que se especula sobre el papel que puede haber tenido la religión de la pareja.

Muzzammil Hassan, de 44 años, fue detenido… y acusado de asesinato en segundo grado después de decirle a la policía que su esposa había muerto en la oficina de su estación de televisión en Orchard Park…

"Esto fue al parecer una versión terrorista del crimen de honor, un asesinato arraigado en principios culturales de la subordinación de las mujeres a los hombres", dijo Marcia Pappas, presidente de la Organización Nacional de la Mujer en Nueva York...

Aunque la violencia doméstica afecta a todas las culturas, a las mujeres musulmanas les resulta más difícil romper el silencio en este sentido debido al estigma, declaró Pappas.

"Muchos hombres musulmanes utilizan sus creencias religiosas para justificar la violencia contra la mujer", señaló ella.

[Nadia] Shahram, profesora de derecho de familia y de Islam en la Facultad de Derecho de la Universidad de Buffalo, dijo que "fanáticos" musulmanes creen que los "asesinatos de honor" están justificados cuando el honor de la familia se ve manchado.[48]

Asesinato de honor en un estacionamiento

Una joven mujer iraquí —Noor Faleh Almaleki— cuyo padre, por su propia admisión, la golpeó con su auto porque estaba demasiado occidentalizada, murió a consecuencia de sus heridas después de permanecer casi dos semanas en coma. La policía dice que su padre la arrolló a ella y a la mamá de su novio con su Jeep mientras caminaban por un estacionamiento en el suburbio de Peoria, al oeste de Phoenix.

El padre huyó al Reino Unido, que le negó la entrada y lo envió de regreso a Atlanta, donde fue detenido. Stephanie Low, fiscal del condado, le dijo a un juez que Almaleki admitió haber cometido el crimen.

"Por su propia admisión, se trataba de un acto intencional, siendo el motivo que su hija había llevado la vergüenza a él y a su familia", dijo Low. "Este fue un intento de asesinato por honor."[49]

La policía dijo que los Almalekis se habían mudado de Irak a Peoria a mediados de los años noventa. Evidentemente, después de haber vivido más de una década en Estados Unidos, la teología de la muerte no se rindió al amor de la vida.

YIHAD: UN PELIGRO CLARO Y PRESENTE PARA OCCIDENTE

Mientras estaba en la plataforma esperando mi turno para dar la conferencia principal en la Noche de Honor a Israel, escuché este testimonio asombroso de David, una persona que durante varios años he conocido como un hombre de verdad, honor e integridad.

David y su esposa estaban de vacaciones en un país árabe cuando escucharon el llamado a la oración que se escuchaba en toda la ciudad desde una mezquita islámica cercana. Su guía era un joven árabe que era el retrato del aplomo y la sofisticación. Vestía impecablemente, hablaba un inglés perfecto, y era un profesional consumado y totalmente seguro de sí mismo.

En medio de los ecos del llamado a la oración resonando entre los edificios, David le preguntó a su joven guía árabe, "¿Eres musulmán?"

"Absolutamente", fue su respuesta inmediata y afable.

"Mi esposa y yo somos cristianos. Si el líder espiritual que está haciendo ahora el llamado a la oración te pidiera que mataras cristianos, ¿lo harías?" Le preguntó David.

Sin dudarlo, el guía educado, preparado y sofisticado, respondió, "¡Sí!" ¿Por qué? Por la interpretación de las exigencias de su fe para que él odie a los cristianos, judíos, y a cualquier otra persona que no proclame, "No hay Dios sino Alá."

Otro ejemplo es Abdurahman Alamoudi, quien fue una figura prominente en la comunidad musulmana estadounidense, y que fue invitado a la La Casa Blanca en numerosas ocasiones, seguidor reconocido de Hamas y Hezbolá. Al hablar ante la Asociación Islámica para Palestina durante una convención celebrada en Illinois en el año de 1996, Alamoudi predijo que algún día, los musulmanes se apoderarían de los Estados Unidos, y señaló:

No tengo ninguna duda en mi mente, de que tarde o temprano, los musulmanes serán el liderazgo moral de América. Depende de mí y de ti, ya sea que lo hagamos ahora o después de cien años, pero este país será un país musulmán. Y creo [que] si estamos fuera de este país, podemos decir: "Oh, Alá, destruye a América", pero si estamos aquí, nuestra misión en este país es cambiarlo.[50]

LA BOMBA DE LA POBLACIÓN ISLÁMICA

Pocos estadounidenses consideran el poder y la influencia que suponen los musulmanes como resultado de la bomba de la población islámica. A un hombre musulmán se le permite casarse hasta con cuatro esposas a la vez, y generalmente ellos no piensan en el control de la natalidad.

El musulmán más famoso en el mundo actual es Osama bin Laden, que es uno de cincuenta y tres hijos.[51] Él mismo tiene veintisiete hijos.[52] Mira esas cifras. Si ves el caso de Osama bin Laden y de su padre, verás que han engendrado ochenta hijos. ¿Cuántos padres conoces aquí en Estados Unidos, ya sean cristianos o judíos, que hayan engendrado tantos hijos en un período tan corto de tiempo?

La bomba de la población islámica es lo que está inclinando la balanza en Europa. Cuando los musulmanes se conviertan en mayoría, comenzarán a exigirle más derechos al gobierno. Exigirán una mayor representación.

La Guerra Civil en el Líbano ocurrió cuando los musulmanes se convirtieron en mayoría tras la expulsión de los palestinos de Jordania, cuando el rey Hussein expulsó a Yasser Arafat de ese país durante el conflicto de Septiembre Negro. Yasser Arafat y la OLP se unieron a los musulmanes en el Líbano y les declararon la guerra a los cristianos. La estrategia de los militantes musulmanes en la conquista de un nuevo país es concentrar a su pueblo en una región determinada y apoderarse de ella a través de la explosión demográfica. Es por eso que consideran que su guerra con Estados Unidos lleva cincuenta años y tienen toda la intención de ganar.

9/11: EL TERROR EMPIEZA EN ESTADOS UNIDOS

El 9/11, los terroristas islámicos volaron aviones comerciales secuestrados y los estrellaron contra las Torres Gemelas de Nueva York, matando a tres mil maravillosas personas americanas. Habían ido a trabajar ese día sin saber que sería su último día en la tierra. Fueron a trabajar para mantener a sus esposas, hijos, maridos y familias. Ellos murieron horriblemente, y algunos saltaron al vacío para escapar de las llamas.

Te garantizo que Khalid Sheikh Mohammad y los cuatro matones que ayudaron a planear a este acto criminal, tendrán toda una lista de abogados criminales de alto perfil que harán fila para tener el "honor" de defender a estos asesinos. Este proceso le dará al terrorismo global una plataforma para alabar y deificar los crímenes de estos asesinos en masa, inspirando a millones de jóvenes musulmanes a igualar o a superar sus crímenes.

Estos les envían una señal a todos los terroristas para que dejen de luchar en Irak o Afganistán y vengan a América, donde tendrán un abogado de alto perfil de la ACLU, para defenderlo sin costo alguno. Tendrán la cobertura de la televisión nacional y mundial durante varios meses y se convertirán en héroes para todos los terroristas. Traerán la lucha a las calles de Estados Unidos, serán acusados en los Estados Unidos, juzgados en los Estados Unidos de América, y quién sabe, podrían ser absueltos en un juicio con miembros del jurado. Recuerda: también dejaron a O. J. Simpson en libertad.

La celebración de estas pruebas en los tribunales civiles para los criminales de guerra es un acto de irresponsabilidad masiva en el gobierno. ¿Por qué? Porque nuestra CIA, bajo juramento, tendrá que declarar y suministrar información clasificada y secreta en una audiencia pública que será un tesoro para el Islam radical.

Estados Unidos será sometida a juicio, y las prácticas que nos mantuvieron a salvo después del 9/11 serán expuestas, condenadas, y explotadas por el islamismo radical, y los estadounidenses morirán en el futuro porque nuestros ciudadanos quedarán sin protección. ¡Realmente es algo bastante estúpido!

Aquí están algunas de las reacciones de ambos partidos a la noticia:

- Senador John Cornyn (R-T X): "Estos terroristas planificaron y ejecutaron el asesinato en masa de miles de estadounidenses inocentes. Es inconcebible tratarlos como delincuentes comunes."[53]

- Diputado Pedro Rey (R-NY): "Esto, creo, será recordado como una de las peores decisiones que haya tomado cualquier presidente."[54]

- Tim Brown, ex bombero de Nueva York: "Lo único que van a hacer es darles un escenario para burlarse de nosotros... y esto hace que se me revuelva el estómago."[55]

- Senador Joseph Lieberman (ID-CT): "Los terroristas que planearon, participaron, y colaboraron en los ataques del 11 de septiembre de

2001, son criminales de guerra, y no delincuentes comunes. No sólo son criminales de guerra; no son ciudadanos americanos que tengan derecho a todos los derechos constitucionales que tenemos los ciudadanos estadounidenses en nuestras cortes federales. Las personas acusadas de cometer estos actos atroces y cobardes… deberían ser juzgadas por lo tanto por estamentos militares, y no en tribunales civiles en los Estados Unidos."[56]

SITIO WEB MUSULMÁN PIDE A DIOS QUE "MATE A LOS JUDÍOS"

El propietario de un taxi-bicicleta de Nueva York, que el año pasado utilizó su página web para burlarse de la decapitación del periodista Daniel Pearl, publicó una arenga pidiendo el asesinato de los judíos y exhortando a los musulmanes a "tirarles destapadores de tuberías en sus caras." Y las autoridades no pueden hacer nada al respecto.

Yousef al-Jattab, que dirige RevolutionMuslim.com y pedalea un triciclo en la ciudad de Nueva York, insiste en que las palabras que ha publicado en su página web son una oración y no una amenaza, y que su odio está protegido por la Primera Enmienda.

"Si se tratara de una amenaza, yo estaría en la cárcel", dijo Al-Jattab, de cuarenta y un año de edad en su página web desde su casa en Queens. "Simplemente le estoy pidiendo a mi Dios. Cada partidario de Israel es un combatiente enemigo, y el sistema inmunológico no es antisemita para resistir la enfermedad." Al-Jattab le pidió a Alá descargar "su ira sobre los ocupantes judíos de Palestina y sus partidarios."

"Por favor, arrojen productos para limpiar tuberías en sus caras", escribió, "quemen sus sukkos inflamables mientras duermen… Oh Dios, responde a mi plegaria." ("Sukkos" se refiere a la fiesta judía donde los judíos comen sus comidas y duermen en cabañas al aire libre conocidas como "sukkahs", que son la representación de las chozas donde vivieron los judíos durante su éxodo de Egipto.)

El juez Andrew Napolitano, analista legal de Fox News, dijo que esta publicación estaba "absolutamente protegida por la Primera Enmienda."[57] La publicación refleja la "oración de todo verdadero musulmán", dijo Al-Jattab. Todo verdadero musulmán diría lo mismo. El operador del triciclo está casado y tiene cuatro hijos, y dijo que en los últimos tres años ha transportado a muchos pasajeros judíos sin incidentes.

"Nunca he matado a uno… Sufro del síndrome mental de Tourette. Digo lo que está en mi mente. Tenemos libertad de expresión."[58]

Al-Khattab declaró que su misión es "preservar la cultura islámica" y que cuenta con el apoyo del "amado jeque Faisal Abdullah, quien predica la religión del Islam y actúa como un guía espiritual."[59]

El jeque Faisal fue condenado en el Reino Unido en 2003 por difundir mensajes de odio racial e instar a sus seguidores a matar judíos y occidentales. En los sermones grabados que fueron presentados en su juicio, el jeque Faisal invitó a jóvenes musulmanes impresionables a que utilizaran armas químicas para "exterminar a los infieles", y "cortarles la garganta a los Kaffars [no creyentes] con un machete."[60]

YIHAD EN FORT HOOD

Todos los estadounidenses deberían estar indignados por la masacre criminal de soldados de EE.UU. en Fort Hood, Texas, perpetrada por el yihadista mayor Nidal M. Hasan, que mató a catorce personas e hirió a treinta. Soy consciente de que actualmente sólo le han formulado trece cargos por asesinato, pero una de sus víctimas estaba embarazada y ese bebé es un alma viviente a los ojos de Dios. ¡Asesinó a catorce personas!

¿Puedes creerlo?

Estados Unidos lleva ocho años luchando contra islamistas radicales en todo el mundo, y una de las mayores tragedias en la historia militar de EE.UU. sucedió en una base militar a manos de un terrorista islámico que fue oficial del Ejército de los Estados Unidos.

El ataque del mayor Hasan fue el tercer incidente de este año en el que instalaciones militares norteamericanas fueron atacadas por los radicales. Las células durmientes infiltradas en los estamentos militares de EE.UU. están viendo cómo el gobierno maneja el caso de Hasan con guantes de seda. Es una invitación para futuros asesinatos de militares estadounidenses.

En septiembre, dos hombres de Carolina del Norte fueron acusados de conspiración para matar a personal de EE.UU. en Quantico, sede de la escuela de entrenamiento para oficiales de la Marina y de la Academia del FBI.

En junio de 2009, Abdul Hakim Mujahid Muhammad, un estadounidense convertido al Islam, disparó contra dos soldados afuera de un centro de reclutamiento en Little Rock, Arkansas, matando a uno e hiriendo a otro.

Estos son los hechos relativos al mayor Hasan. Tú decides si es un radical islámico que cumplió con los principios de su fe.

1. Varios meses antes de la tragedia, el comandante Hasan defendió a los terroristas suicidas musulmanes en su página web y comparó esos actos con el sacrificio que hace un soldado de EE.UU. cuando se lanza contra una granada para salvar a sus compañeros.[61]

2. El coronel Terry Lee, que trabajaba con el asesino, comentó que Hasan dijo: "Los musulmanes no deberían luchar contra los musulmanes." En junio de 2009, cuando un musulmán converso asesinó a un soldado de EE.UU. en una estación de reclutamiento en Little Rock, Arkansas, el Coronel Lee dijo que el comandante Hasan parecía contento y que fue confrontado por otros oficiales.[62]

3. Nadie pareció darse cuenta del significado que tenía la ropa que Hasan llevaba el día de su masacre premeditada. Fue filmado por la cámara de seguridad de una tienda donde compró café, y el video fue trasmitido por la televisión nacional. Hasan llevaba el *shalwar kameez*, el traje tradicional utilizado por los pastunes a ambos lados de la frontera entre Pakistán y Afganistán. Hasan estaba vestido para la guerra.[63]

4. El mayor Hasan recitó el Corán el día de la masacre.[64]

5. Los sobrevivientes de la instalación donde Hasan cometió su ataque asesino, informaron que él gritó "Allahu Akbar [Alá es grande]" antes de abrir fuego. Esta es la misma frase yihadista utilizada en el 9/11, y que ha sido repetida por nuestros enemigos en todos los ataques islámicos a America.[65]

6. El teniente coronel Val Finnell, compañero de clase de Hasan en los Servicios Uniformados de la Universidad de Ciencias de la Salud en

Bethesda, Maryland, le dijo a Fox News: "Definitivamente había indicios claros de que Hasan no era leal con los Estados Unidos. Hasan les dijo a sus compañeros de clase y profesores, 'Ante todo, soy un musulmán y sigo la Sharia, la ley islámica, antes que la Constitución de los Estados Unidos'."

Hasan es un oficial militar estadounidense que juró defender la Constitución de los Estados Unidos contra todos los enemigos, tanto extranjeros como nacionales.

Sus comentarios son palabras de pura sedición. ¿Por qué no lo confrontaron los profesores y funcionarios de Bethesda? El teniente coronel Val Finnell declaró: "Ellos estaban demasiado preocupados por ser políticamente correctos."

7. El teniente coronel Finnell recordó una vez cuando sus compañeros de clase estaban exponiendo trabajos como la contaminación del suelo y del agua, y los efectos del moho en una clase de temas ambientales.

Cuando el mayor Hasan iba a presentar su trabajo, se puso de pie y comenzó a hablar sobre su tema: "¿La guerra contra el terrorismo es una guerra contra el Islam?" Hasan mantuvo su postura anti-americana durante dos años, mientras estudiaba para obtener una licenciatura en salud pública financiada por los contribuyentes de Estados Unidos.

8. El senador Joe Lieberman ha anunciado su intención de realizar una investigación por parte del Congreso sobre los asesinatos de Fort Hood, diciendo que había "fuertes señales de advertencia" de que Hasan era un extremista "islámico." "El ejército de EE.UU. debe tener tolerancia cero. Él tendría que haber sido expulsado", dijo Lieberman, quien es presidente del Comité Senatorial de Seguridad Nacional y Asuntos Gubernamentales.

9. Hasan asistió a una mezquita en el norte de Virginia a la que también asistieron dos terroristas del 9/11.

10. Los trece hombres y mujeres que murieron y las decenas de heridos en Fort Hood merecen recibir el honor del Corazón Púrpura. Una vez más, la corrección política puede impedir que esto suceda, y todo por esta razón: el congresista Frank Wolf (R-V) está llamando

al presidente Obama a concederles el Corazón Púrpura a los héroes de Fort Hood. Sin embargo, hay un problema: para concederles el Corazón Púrpura, el Secretario del Ejército debe reconocer que lo que ocurrió en Fort Hood no fue un ataque al azar, sino un acto de terrorismo.

En 1973, el ejército modificó los requisitos para concederle el Corazón Púrpura a una persona. Puede ser otorgado "como resultado de un ataque terrorista internacional contra los Estados Unidos o contra una nación amiga de los Estados Unidos, y que sea reconocido como tal por el Secretario del Ejército."

Tengo la esperanza de que nuestro presidente no permita que la corrección política le impida concederles a estos hombres y mujeres el reconocimiento adecuado por su servicio a los Estados Unidos. Lo que sucedió en Fort Hood fue un ataque terrorista. Hay pruebas abrumadoras de que Hasan era un islamista radical que perpetró la masacre debido a de sus creencias ideológicas. Los familiares de las víctimas de Fort Hood merecen algo mejor que la corrección política. ¡Ellos merecen la verdad![66]

11. Ahora sabemos que el mayor Hasan le envió entre diez y veinte mensajes a Amwar al-Awlaki, un clérigo islámico-fascista conocido por exhortar a los musulmanes a que se levanten y maten infieles. Los oficiales en la lucha contra el terrorismo interceptaron las comunicaciones, pero concluyeron —¿estás preparado para esto?— que los correos electrónicos probablemente hacían parte de un proyecto de investigación sobre el trastorno de estrés postraumático que había realizado en el Centro Médico Walter Reed.

¡Increíble!

Amwar al-Awlaki es un experto en metodologías yihadistas para cortarles la garganta a los no creyentes, y en todo lo que se requiere para un ritual apropiado de decapitación. Él no es propiamente un paciente con trastorno de estrés postraumático.

Sin importar qué tan "inocentes" parezcan ser los correos electrónicos, las campanas de alarma de nuestra "inteligencia" deberían haber repicado cuando un mayor del ejército le enviaba mensajes a un monstruo asesino.

Después de la masacre de Fort Hood, al-Awlaki elogió a Hasan en su página web, y escribió, "Nidal Hasan es un héroe. Él es un hombre de conciencia que no podía soportar la contradicción de ser un musulmán y servir en un ejército que lucha contra su pueblo. Cualquier musulmán decente no puede vivir, ni comprender adecuadamente sus deberes para con su Creador y sus hermanos musulmanes, y servir al mismo tiempo como soldado de EE.UU."[67]

¡Piensa en esto!

Tal vez el personal de seguridad nacional de nuestro país está tan traumatizado por los constantes ataques de la izquierda, que los acusa de violar los derechos constitucionales, que ha terminado por volverse ineficaz. Varios funcionarios de la CIA han sido amenazados con acciones judiciales, y varias compañías telefónicas podrían ser obligadas a cerrar sus puertas por haber cooperado con el gobierno de Bush en las interceptaciones telefónicas después de los ataques del 9/11. Algunos de nuestros funcionarios de contraterrorismo puede estar tan preocupados de terminar en la cárcel si son demasiado agresivos, que han quedado paralizados por la corrección política.

Es exactamente por eso que existe una preocupación en todo el país, mientras que millones de estadounidenses están pensando lo impensable: ¿Sobrevivirá Estados Unidos?

12. El mayor Hasan dio una conferencia a otros médicos en el Centro Médico Walter Reed del Ejército en Washington, donde dijo que los no creyentes debían ser decapitados y derramar aceite hirviendo en sus gargantas. Los colegas habían previsto un debate sobre un tema médico, pero en lugar de ello, recibieron una interpretación extremista del Corán en la que Hasan parecía creer.

Un médico del ejército que lo conocía, dijo que el temor de parecer discriminatorios contra un soldado musulmán, había impedido que sus compañeros presentaran una queja formal.[68]

Cuando los oficiales militares que dirigen nuestro ejército estén completamente intimidados por la corrección política y no hagan nada, ¿sobrevivirá Estados Unidos?

13. El *Washington Post* informa que el comandante Hasan hizo una presentación en PowerPoint de una hora de duración y con cincuenta

El plan de ataque de Irán

La información privilegiada ha moldeado el destino de las naciones y las fortunas financieras de los imperios. Noé construyó el arca basado en la información privilegiada de que una gran inundación destruiría todo ser viviente en la tierra.

Los tres Reyes magos recorrieron todo el oriente para a visitar a Jesús en el momento de su nacimiento, cuando la gente de al lado no sabía quién era, y mucho menos conocía su significado espiritual mundial.

Mayer Rothschild compró la riqueza de Europa por una fracción de su valor en cuestión de horas, porque las palomas mensajeras que se dirigieron a él desde el frente de batalla donde Wellington y Napoleón combatieron por el control de Europa, le llevaron información privilegiada, mucho más rápida y precisa que los mensajes enviados a caballo que utilizaban los agentes de valores en Londres. Rothschild sabía que Wellington había ganado en Waterloo varias horas antes de que los agentes de valores de Londres supieran la verdad. Gracias a esas horas, se convirtió en el hombre más rico de Europa. La familia Rothschild dirigió los destinos financieros de Europa durante algunos siglos porque un día en particular, un hombre obtuvo información privilegiada que nadie más tenía.

Las agencias de inteligencia de cada nación están creadas y diseñadas para darle a esa nación una información privilegiada que nadie más tiene, la cual puede significar la diferencia entre una victoria aplastante y una derrota desastrosa.

Cualquier nación que no tenga una agencia de inteligencia agresiva y sofisticada no tardará en convertirse en una simple reseña histórica.

Durante varios años he tenido una fuente especial en Israel, cuya información de carácter confidencial y privilegiado ha demostrado ser extremadamente precisa en los últimos años.

Hace unos meses, esta fuente de Jerusalén voló a San Antonio para comunicarme lo que él considera que es el plan de ataque contra Jerusalén, Arabia Saudita y Estados Unidos. Esta fuente no me avisa que vendrá a visitarme; simplemente aparece sin previo aviso, me da el mensaje, y regresa a su país.

Entró en mi oficina, nos saludamos efusivamente, y él se sentó al otro lado del escritorio. Nunca desperdicia tiempo ni palabras. Me da el mensaje y se va.

"¿Qué puedes decirme acerca de la crisis actual en el Medio Oriente?", le pregunté. Él respondió sin vacilar: "Yo creo que el presidente Ahmadineyad tiene la intención absoluta de atacar a Jerusalén con un misil nuclear, y atacar los yacimientos de petróleo de Arabia Saudita con misiles convencionales, arruinando así la economía estadounidense en un solo día. ¡Este ataque se realizará el mismo día y a la misma hora!"

Mientras él me hablaba, yo pensé en la adicción de Estados Unidos al petróleo extranjero. Gracias a los ecologistas radicales, no hemos construido una refinería de petróleo en esta nación desde 1976, y aunque tenemos mucho petróleo, nos negamos a perforar en busca de él. La OPEP se debe estar riendo a carcajadas por la estupidez de nuestra política energética nacional.

Si Irán ataca los campos petroleros de Arabia o cierra el estrecho de Ormuz, la frágil economía de Estados Unidos se desmoronaría.

"¿Cuándo crees que Irán tendrá la capacidad de fabricar y lanzar una cabeza nuclear?", le pregunté.

"Sólo puedo decirte lo que todo el mundo sabe… que el tiempo se está agotando… y el factor tiempo es crítico ahora que Irán se ha convertido en el maestro de la diplomacia, que es un engaño fabricado a Occidente."

"¿Por qué los seguidores de Ahmadineyad atacarían a sus compañeros de Islam en Arabia Saudita?"

"Porque él cree que son una rama de apóstata del Islam, y que hay fuertes diferencias doctrinales acerca de quiénes son los verdaderos descendientes de Mahoma."

"¿Cuándo crees que podría suceder eso?"

"Sólo Dios sabe el día y la hora, pero sólo tenemos dos opciones: la primera es un ataque militar preventivo contra las instalaciones nucleares de Irán antes de que los misiles rusos protejan esos sitios. La segunda opción es que el mundo se prepare para convivir con un Irán nuclear porque el diálogo y las sanciones no detendrán a Ahmadineyad. Si él recurre a las armas nucleares, las utilizará para iniciar un holocausto nuclear, y las utilizará contra los Estados Unidos. Recuerda, él cree que si puede crear un caos global, su mesías aparecerá de manera repentina y misteriosa para conducir a todo el mundo a la Sharia."

"¿Qué hará Israel si comienzan a caer misiles en ese territorio?", le pregunté.

"Haremos exactamente lo que hemos hecho durante varios siglos. Como judíos, haremos todo lo que esté a nuestro alcance para protegernos, y luego nos prepararemos para defender nuestros actos en contra de la prensa mundial que nos acusará de reaccionar exageradamente." Sonrió, se levantó de su asiento, y me dio las gracias por mi amistad mientras nos abrazamos, y luego salió de la oficina.

UN ENGAÑO FABRICADO

Toda guerra se basa en el engaño.
— Sun Tzu

Hassan Rowhani fue el jefe negociador nuclear de Irán desde 2003 hasta 2005.

Representó a Irán en las negociaciones clave que resultaron en una suspensión temporal de sus actividades de enriquecimiento de uranio en 2003.

Esto no impidió que Rowhani hiciera una revelación sorprendente en un discurso pronunciado en una reunión a puerta cerrada en Teherán, cuando se jactó de que había superado astutamente —y básicamente engañado— a las potencias occidentales, encabezadas por la Unión Europea. Rowhani dijo sin rodeos: "Mientras negociábamos con los europeos en Teherán, estábamos instalando equipos [nucleares] en algunas partes de la planta en Isfahan."[1]

Isfahan es conocido por las agencias de inteligencia occidentales por ser el lugar exacto donde los iraníes construyeron una instalación para completar la segunda fase en la producción de combustible para su programa clandestino de armas.[2]

Rowhani se sentía orgulloso del éxito tecnológico de Irán al haber terminado esta segunda etapa crítica para la producción de combustible de uranio. Se jactaba de que, gracias a los logros de su diplomacia engañosa, "el mundo se enfrentaría a un hecho consumado que cambiaría toda la ecuación."[3]

En otra entrevista, Rowhani explicó en detalle la verdadera magnitud del éxito de Irán al recurrir al proceso diplomático con Europa: "El día que iniciamos el proceso, el proyecto de Isfahan no existía."[4]

De hecho, durante el período de las conversaciones de Rowhani con los europeos, Irán comenzó realmente a transformar treinta y siete toneladas de torta amarilla (también conocida como urania) en UF6, que según las evaluaciones occidentales, bastaba para fabricar cinco bombas atómicas.[5]

Irán tuvo un éxito tan grande en engañar a Occidente a pesar de los esfuerzos diplomáticos occidentales, que el periódico inglés *Daily Telegraph*, al informar sobre el discurso de Rowhani el 3 de abril de 2006, publicó un titular que captaba de manera lacónica el significado de lo que había dicho él: "¿Cómo engañamos a occidente?, por el negociador nuclear de Irán."[6]

Rowhani también se jactó de crear una disputa entre Estados Unidos y Europa. "Desde el principio, los estadounidenses les decían a los europeos, 'Los iraníes les están mintiendo, engañando, y no les han dicho toda la verdad'." A continuación, Rowhani señaló con sarcasmo: "Los europeos siempre respondían: 'Nosotros confiamos en ellos'."[7]

Luego ocurrió la admisión de Abdollah Ramezanadeh, portavoz del gobierno del presidente Jatami, quien al reflexionar en términos retrospectivos sobre todo este período de tiempo, resumió la estrategia iraní de negociación con términos muy contundentes: "Hemos tenido una política abierta, que fue una de negociación y de fomento de la confianza, y otra de política encubierta, que era una continuación de las actividades [de creación nuclear]."[8]

El uso de la diplomacia de Irán en el engaño fabricado, fue reconocido sin rodeos por Javad Larijani, ex viceministro de Relaciones Exteriores, ante decenas de cámaras de televisión, quien declaró: "La diplomacia debe utilizarse para disminuir la presión sobre Irán por su programa nuclear."[9]

Larijani agregó que para él, la diplomacia era una herramienta "para aquello que nos permite alcanzar nuestros objetivos."[10]

Para Irán, las conversaciones nucleares eran un "concurso de las voluntades", y no una oportunidad de llegar a algún tipo de "terreno común" que los políticos americanos siempre intentan alcanzar. La duplicidad diplomática de Irán —que dice una cosa en la mesa de negociaciones mientras hace exactamente lo contrario—, no fue un motivo de vergüenza, sino que se consideró como una fuente de orgullo nacional.

Lo que demostró claramente la admisión de Hassan Rowhani, el jefe de negociaciones nucleares de Irán, fue que los esfuerzos europeos a nivel diplomático con Irán sobre su programa nuclear eran un completo fracaso. Los actuales esfuerzos diplomáticos de Estados Unidos con la República Islámica no están yendo a ningún lugar. Es más de lo que hemos visto en los últimos treinta años: el engaño diplomático diseñado para darle tiempo a Irán de lograr su sueño demencial de tener energía nuclear para dominar al Medio Oriente y al mundo.

¡El tiempo se está agotando!

El barco va viento en popa, navegando hacia el iceberg. La tormenta perfecta del Medio Oriente ha llegado. Justo después de la Revolución Islámica en Irán en 1979, el Ayatollah Jomeini llegó al poder e hizo la siguiente declaración, que es una revelación impactante de la mentalidad del Islam radical:

> Nosotros no adoramos a Irán, adoramos a Alá. El patriotismo es otro nombre para el paganismo. Yo digo que dejen que esta tierra se queme. Yo digo que dejen que esta tierra quede cubierta de humo, siempre y cuando el Islam salga triunfante en el resto del mundo.[11]

El liderazgo radical islámico de Irán no le teme a la guerra, sino que la recibe de buen gusto, como lo demuestra la declaración del Dr. Hadi Modaressi, un líder religioso cercano a Jomeini:

> Le damos la bienvenida a la agresión militar contra nosotros, ya que fortalece la revolución y aglutina a las masas a su alrededor.[12]

El presidente Ahmadineyad cree que la creación de un caos global mediante armas nucleares sólo aceleraría la reaparición del Imán Oculto del siglo IX, una figura mesiánica, conocida en la tradición religiosa chiíta como el Mahdi. La guerra acelerará la llegada de esta versión chiíta del "fin de los días." [13]

Ahmadineyad asoció la propagación del caos con la llegada de un nueva era de revelación divina. En una reunión con diplomáticos extranjeros en Nueva York el 15 de septiembre de 2005, Ahmadineyad les preguntó: "¿Saben por qué debemos desear el caos a cualquier precio?" Y luego respondió su propia pregunta retórica: "Porque después de caos, podremos ver la grandeza de Dios." [14]

Lo que es aún más dramático, Ahmadineyad insistió en el tema de que el regreso del Imán Oculto no era un evento en el futuro lejano. Dijo: "Los que no están versados [en la doctrina de Mahdismo] creen que el regreso del Imán Oculto sólo sucederá dentro de mucho tiempo, pero según la promesa divina [su regreso] es inminente." [15]

La mayoría de los estadounidenses creen que anunciar un ataque masivo contra Irán por el uso de armas nucleares impediría que un pueblo racional quisiera fabricar las armas nucleares.

¡No es así!

La posibilidad de que de miles de civiles iraníes murieran en las calles, haría realidad la obsesión del islamismo radical con el martirio y la muerte.

Recuerda que la última presentación en PowerPoint del mayor Hasan era: "Nosotros amamos la muerte más de lo que ustedes aman la vida."

La verdad fría y desnuda es la siguiente: Irán se ha burlado de Europa y de América mediante una diplomacia del engaño planificado, diseñada para darle tiempo de hacer lo impensable.

Habrá una guerra nuclear en el Medio Oriente a menos que sea prevenida por la fuerza militar. ¿Tiene Israel un socio para la paz en el Medio Oriente? A menos que la comunidad internacional actúe de forma agresiva e inmediata por medio de sanciones y de esfuerzos diplomáticos, Israel quedará reducido a dos opciones: un ataque militar preventivo, o vivir bajo la constante amenaza de un dictador teocrático con energía nuclear.

¡El mundo está observando y esperando!

¡El tiempo se agota!

¡El iceberg está justo enfrente!

Irán ha comenzado con los juegos de guerra para ejercer la defensa de sus instalaciones nucleares.

Se escucha el sonido de los diplomáticos arrastrando sillas de playa en la cubierta mientras suena la música.

CÓMO LAS ARMAS NUCLEARES IRANÍES PODRÍAN ALTERAR EL MEDIO ORIENTE

Un programa nuclear iraní alteraría la vida política, económica y cultural del Medio Oriente. Cuando Irán tenga la bomba, otras potencias regionales se verán obligadas a desarrollar programas nucleares, o a someterse a las demandas de Irán, que se convertirá en el matón del Medio Oriente.

Inevitablemente, en una región tan volátil como esa, podrían presentarse catástrofes nucleares. La historia demuestra que los islamistas radicales no se avergüenzan de matar a su propio pueblo. Recuerda que Saddam Hussein les lanzó gases letales a los kurdos y eliminó a muchos chiítas. Hafez Assad masacró a los sunitas de Hama, y las fosas comunes en toda la región dan testimonio de la voluntad de los líderes árabes para matar a su propio pueblo. Las armas nucleares bajo su control son simplemente una actualización de su tecnología represiva para imponer su voluntad a todo aquel que se oponga.

Una bomba iraní es una prueba concreta de que la estrategia de "resistencia" a los Estados Unidos es exitosa. Esto cambiará la cultura política de la región, que ya de por sí es radical, a otra mucho más radical. Una bomba iraní les envía un mensaje al resto de los terroristas en el Medio Oriente de que deben sentirse libres de emprender el terrorismo abierto en los Estados Unidos. ¡No hay solución militar para el terrorismo!

Si los estadounidenses se están doblegando al darles a conocidos criminales de guerra conocido como Khalid Sheikh Mohammed, el cerebro detrás del 9/11, un abogado de la ACLU y cobertura de la televisión en horarios de máxima audiencia durante varios años sin la amenaza de una represalia nuclear, seguramente Estados Unidos se doblegará con mucha mayor rapidez y facilidad cuando Irán tenga la bomba.

¿Que tan atrevidos serán en el control del petróleo del Golfo Pérsico mientras pasan la cadena por el cuello de Estados Unidos, gracias a nuestra adicción al petróleo extranjero? Ten la seguridad de que Rusia estará en la esquina aplaudiendo efusivamente a Irán.

¿PORQUÉ RUSIA NO TEME UNA BOMBA IRANÍ?

Hace varios años, después de que el primer ministro Benjamín Netanyahu había terminado su primer mandato como líder audaz y agresivo de Israel, nos sentamos a conversar en mi oficina antes de asistir a la "Noche para honrar a Israel" en la Iglesia Cornerstone, que fue retransmitida por televisión a las naciones del mundo.

El primer ministro y yo discutimos sobre cómo la inteligencia estadounidense se muestra reacia a admitir que hace varios años, en la década de los noventa, los científicos rusos estaban ayudando a Irán a construir instalaciones nucleares y misiles de alcance mediano que tenían la capacidad de llegar a Jerusalén, Londres y la costa este de Estados Unidos.

Le pregunté al primer ministro:

"¿Cómo convenciste a nuestro gobierno de que Rusia estaba realmente ayudando a Irán?"

"Dediqué tiempo y esfuerzos para obtener pruebas fotográficas y las entregué personalmente a Washington, *D.C*, por lo que no puede haber duda de que Rusia fue y sigue siendo un aliado de Irán."

La conversación terminó y salimos para el auditorio abarrotado con cinco mil cristianos pro-Israel que creen que ese país tiene derecho a existir, a defenderse contra todos sus enemigos, y a controlar y construir en cualquier lugar dentro de la ciudad de Jerusalén.

¿Por qué Rusia está tan comprometida con Irán?

Los intereses tácticos y estratégicos de Rusia no pueden ser ignorados. Irán es una amenaza existencial para Israel y Arabia Saudita. Irán se opone tradicionalmente a movimientos radicales islámicos suníes como el Talibán y Wahabiyya, que se han convertido en una seria amenaza para los rusos en el norte de zona del Cáucaso, especialmente en Daguestán. Estos enemigos comunes unen a Rusia y a Irán.

Rusia e Irán serán socios unidos hasta el final de los tiempos. Según el profeta Ezequiel, unirán sus fuerzas para invadir Israel, en algún momento en el futuro.

Según el profeta, el resultado final será que Dios aplastará al ejército ruso-islámico casi del mismo modo en que Él destruyó al Faraón y por la misma razón: por atacar al pueblo judío. Rusia e Irán serán aniquilados por la mano de Dios mientras defiende a la "niña de sus ojos": Israel.

En la actualidad, la Guardia Revolucionaria, la fuerza militar más poderosa de Irán, dice que Teherán "destrozará el corazón de Israel" si el Estado judío o los Estados Unidos atacaran a Irán."[16]

EL ATAQUE A ESTADOS UNIDOS YA HA COMENZADO

¿Te acuerdas del 9/11? Todos los terroristas que secuestraron los aviones americanos y los usaron como misiles de la muerte eran musulmanes radicales.

Puedes estar seguro de que ellos estaban citando el Corán, anticipando la aparición de setenta vírgenes, cuando se estrellaron contra las Torres Gemelas y mataron a más de tres mil estadounidenses. El ataque terrorista del 9/11 demostró que el Islam radical tiene la voluntad de matarnos en masa, y sólo les falta el poder para hacerlo.

Cuando Irán tenga energía nuclear, la seguridad americana estará en un peligro constante y mortal.

Paul L. Williams, un ex consultor del FBI sobre el terrorismo, indica que siete ciudades en los Estados Unidos han sido declaradas como objetivos de organizaciones terroristas radicales islámicas que están aquí, están muy bien organizadas y son lo suficientemente sofisticadas para ejecutar un ataque en siete ciudades de manera simultánea.

Esas ciudades son Nueva York, Miami, Houston, Las Vegas, Los Ángeles, Chicago y Washington, D.C.

Un titular reciente en el periódico *USA Today* fue un llamado de alerta para todos los estadounidenses, pues reveló que la pasión radical islámica para matarnos no ha terminado ni disminuido. El titular del *USA Today* decía "Presunta amenaza terrorista considerada como la "más grave" desde el 9/11."[17]

Esta historia de última hora fue la peor pesadilla para la inteligencia estadounidense. Najibullah Zazi, un terrorista estadounidense de "cosecha propia" que vive en nuestro país, voló desde Newark, Nueva Jersey, a Pakistán para entrenar terroristas.

Zazi atrajo la la atención del FBI por su visita el 28 de agosto 2008 a Peshawar, un bastión de los grupos terroristas. Después de entrenar a terroristas en el campo de al-Qaeda en Pakistán durante cinco meses, Zazi regresó a Estados Unidos y pasó de ser de un conductor anónimo en el aeropuerto de Denver al la figura central de una investigación contra una campaña del terrorismo nacional para atacar a los Estados Unidos mediante la detonación de bombas contra diversos objetivos.

Las autoridades federales advirtieron que los estadios deportivos, los centros de entretenimiento, y otros lugares podrían ser objetivos de ataques terroristas.

"Esta es la amenaza más grave… que he visto desde el 9 /11", dijo Tom Fuentes, un ex funcionario del FBI que dirigió la oficina de operaciones en Bagdad. "Tenían una persona aquí que recibía explosivos e instrucción sobre el manejo de armas, y aparentemente estaba tratando de conformar un equipo para realizar la operación." [18]

Bruce Hoffman, profesor de la Universidad de Georgetown que lleva tres décadas analizando el terrorismo, señaló: "Para cualquier persona que dudaba de que al-Qaeda todavía estuviera activo, esto debe responder a esa pregunta." [19]

Además del caso de Zazi, los fiscales federales están acusando al inmigrante jordano Hosam Smadi de conspirar para volar un rascacielos en Dallas.

Zazi puede haber estado legalmente en el país, pero Smadi no, pues se le había vencido su visa de turista. Su caso pone de relieve el hecho preocupante de que, como señala el *New York Times*, "Ocho años después de los atentados terroristas del 11 de septiembre… los Estados Unidos todavía no tiene un sistema confiable para verificar que los visitantes extranjeros hayan abandonado el país."

Una vez más, las escandalosas deficiencias de nuestro sistema de inmigración están demostrando ser un riesgo terrible para la seguridad nacional.

EL PRESIDENTE TRANQUILIZA AL MUNDO MUSULMÁN

Cuando el presidente Obama dio su primera entrevista en televisión como presidente de los Estados Unidos, optó por hacerlo en una cadena satelital árabe. En su discurso, el Presidente hizo dos afirmaciones que nos dan una idea de su visión del mundo.

En primer lugar, dijo que sentía que su "trabajo" era comunicarle "al mundo musulmán… que los estadounidenses no son sus enemigos." ¿Por qué el Presidente siente que debe tranquilizar a los musulmanes al decirles que "los estadounidenses" no son sus enemigos?

Fue Estados Unidos quien fue atacado el 9 /11 por los yihadistas que actuaron en nombre del Islam. La respuesta americana a ese acto cobarde fue enviar a nuestras fuerzas armadas no para subyugar a los musulmanes, sino para liberar a millones de ellos del imperio de los tiranos y los matones en Irak y Afganistán.

Los habitantes de ambos países pudieron votar por primera vez en sus vidas. Actualmente, en las zonas de Afganistán donde los Estados Unidos tienen el control, las niñas musulmanas pueden ir a la escuela. Pero allí donde los islamistas radicales tienen el control, el ácido es arrojado en los rostros de las niñas que tratan de ir a la escuela, y sus escuelas son bombardeadas.

Después del ataque del 9/11, Estados Unidos fue muy enfático en asegurar que las mezquitas de los Estados Unidos estaban a salvo de cualquier tipo de reacción.

A lo largo del mundo musulmán, los cristianos y los judíos siguen siendo perseguidos.

A los judíos no se les permite entrar en Arabia Saudita, para que el suelo de ese país no sea contaminado por las plantas de sus pies. Arabia Saudita tiene lo que Hitler intentó lograr: un país libre de judíos. A pesar de todo el bien que ha hecho Estados Unidos, el Presidente siente la necesidad de decirle a los musulmanes que no son sus enemigos.

El Presidente le dijo a su audiencia musulmana que tenía otra tarea. Es así como él mismo lo dijo: "Y mi trabajo es comunicarle al pueblo americano que el mundo musulmán está lleno de gente extraordinaria que simplemente quiere vivir su vida y ver que sus hijos tengan una vida mejor."

¡Ese el problema!

Los musulmanes que simplemente quieren disfrutar de la paz y la tranquilidad no son el problema. Se trata de los musulmanes que nutren grupos como al-Qaeda, los talibanes, Hamás, Hezbolá, la Yihad Islámica, y un sinnúmero de otros fanáticos religiosos. Desde Londres a Madrid, Manhattan a Mumbai, Beslán a Buenos Aires, son los islamistas quienes han cometido de manera intencional asesinatos y destrucción sobre la población civil indefensa en nombre de Alá. Si sólo el 10 por ciento del "mundo musulmán" apoya a estos asesinos, entonces nuestros enemigos son 150 millones de personas.

Por desgracia, hay amplia evidencia de que el número es muchísimo mayor. Si a esto se le suma a que el recalcitrante odio a los judíos que parece infectar a los países musulmanes "moderados" como Indonesia y Jordania, la magnitud de nuestro problema se hace evidente.

Si yo tuviera la oportunidad de hablar personalmente con nuestro presidente, le diría lo siguiente:

Señor Presidente, usted es nuestro líder, debidamente elegido y el líder del mundo libre. Como líder espiritual de una congregación de unas veinte mil personas y otros miles de personas en el país y en todo el mundo a través de la televisión, le he pedido a mi congregación nacional e internacional que todos los días oren por usted, por los miembros de su familia, y por los miembros del Congreso.

Señor Presidente, su visión de Israel está empujando a este país hacia un ataque militar preventivo a las instalaciones nucleares de Irán. Este ataque podría tener éxito o no. Sea cual fuere el resultado, el precio del petróleo se disparará, habrá otra guerra en el Medio Oriente, posiblemente nuclear, y las tropas estadounidenses se verán atrapadas en Afganistán. La frágil economía estadounidense se desmoronará, y el mundo tal como lo conocemos dejará de existir.

Señor Presidente, Irán está fuera del alcance de la elocuencia. Llevamos treinta años hablando con Irán, y no han demostrado absolutamente nada. La verdad es que, básicamente, nuestras "negociaciones" han promovido los objetivos iraníes por encima de todo. Con cada día que pasa, el régimen de Ahmadineyad se acerca al día en que podrá transformar al Medio Oriente y al mundo al declararse con orgullo como una nación nuclear.

Sabemos que Irán nos ha mentido sobre sus instalaciones nucleares "secretas."

Sabemos que Irán está dispuesto a asesinar a sus propios ciudadanos que claman por la libertad frente a las cámaras de la televisión mundial, cuando han cometido fraudes en la elección presidencial.

Sabemos que Irán es directamente responsable por el asesinato de las tropas norteamericanas en Irak y Afganistán.

Sabemos que los líderes de Irán son chiítas radicales que creen que un Mesías islámico vendrá pronto para destruir a los infieles (cualquier persona que no acepte el Islam), e Irán tiene un papel especial en obligar a su Mesías a aparecer luego de crear un gran caos global.

Sabemos que Ahmadineyad niega el holocausto, al mismo tiempo que les promete a sus seguidores que se acerca el día en que Israel será "borrado del mapa" y Estados Unidos deje de existir.

Más importante aún, sabemos que una superpotencia que externaliza asuntos de guerra y paz a otro estado (Israel), está renunciando a sus responsabilidades.

Sabemos que usted le ha dado el "asiento del conductor" al primer ministro Benjamín Netanyahu, a quien conozco personalmente. Él ha estado en mi casa y en mi oficina en varias ocasiones.

Es un hombre de coraje ilimitado y defenderá a Israel con todas las armas que tenga a su disposición. Sus palabras están grabadas para que el mundo las lea, tal como se refleja en los titulares de *The Atlantic*...

¡DETENGAN A IRÁN, O LO HARÉ YO!

Señor Presidente, ¿sería posible que dos democracias, Estados Unidos e Israel, unan sus fuerzas para derrotar a la dictadura teocrática radical que amenaza a la paz mundial?

¿Vamos a esperar hasta que los terroristas globales, alentados y animados por el juicio de KSM en Nueva York, vengan a nuestro país para hacer bombas o activar bombas nucleares en maletas con el patrocinio de Irán, cada una de las cuales podría matar a varios millones de americanos?

¿Cómo sería como si una bomba nuclear camuflada en una maleta explotara en tu ciudad?

Descubre la verdad en el capítulo siguiente: "El día después de la bomba"

¿Crees que no puede pasar?

¡Piensa otra vez!

SEGUNDA PARTE

La caída de los Estados Unidos

para hundir cualquier barco cuyo capitán fuera lo suficientemente estúpido como para intentar atacar durante la marea alta.

Las primeras oleadas de soldados estadounidenses que desembarcaron en la playa de Omaha fueron sacrificados. Tiñeron las playas y la costa de Normandía con el más preciado regalo que un ser humano puede darle a otro: la sangre de su vida. "Nadie tiene amor más grande que el dar la vida por sus amigos" (Juan 15:13 NKJV).

Ellos murieron en aquellas playas gritando de dolor, suplicándole a Dios que les enviara un médico. Finalmente, cuando ninguno fue y la muerte les pisaba los talones, se dirigieron a la fuente última del amor y consuelo que conocen todos los hombres, y se pusieron a gritar en su agonía, llamando a sus madres.

Con un guía talentoso que me daba todos los detalles sangrientos y desgarradores de la batalla feroz e histórica entre los hijos de americanos amantes de la libertad y los nazis de Hitler, subimos los riscos de los acantilados donde la masiva artillería de Hitler, custodiada por gruesas paredes de concreto, arrojaban su lluvia de terror y muerte sobre los hijos americanos en ese día histórico.

Entre los cañones monstruosos que podían disparar a varias millas de distancia en el océano había fortificaciones de concreto para las ametralladoras de los nazis, que podían disparar 1.200 balas por minuto, creando así un fuego cruzado letal con tres ametralladoras en cada "nido" de las armas.

Yo estaba en uno de esos búnkeres de ametralladoras mirando la playa de Normandía y me asombré de que algún alma viviente lograra bajar de los barcos, atravesar las barreras con alambres de púas y cables de acero con vigas cruzadas, y subiera los acantilados, para luchar contra viento y marea por la sagrada causa de la vida y la libertad.

Finalmente, salí de la escena de la batalla hacia el cementerio y vi las interminables filas de cruces blancas de mármol y las estrellas de David plantadas en la hierba verde intensa, filas y filas y filas hasta donde mis ojos podían ver.

Cada cruz era el hijo precioso de una madre, el niño de un padre que nunca regresaría a casa, el marido de una esposa, el hermano de alguien, el padre de un hijo. Estas personas se sentarían para siempre a la mesa mirando una foto de su ser querido desaparecido y su silla vacía.

Caminé entre las filas de los héroes caídos, leyendo sus nombres y observando sus fechas de nacimiento. La mayoría tenían entre dieciocho y veinte años. Lo tenían todo, pero ofrecieron de buen grado sus vidas en el altar de los sacrificios para que la próxima generación pudiera vivir en libertad. ¡La libertad no es gratis!

Me senté en un banco de mármol y miré el océano de sacrificios humanos que tenía frente a mí en Normandía. Y en el teatro de mi mente, fui transportado a otro campo de batalla. ¡No era en suelo extranjero!

Era un campo de batalla en las calles de Estados Unidos entre los terroristas entrenados del Islam radical y Estados Unidos. Era una batalla por la supervivencia y, a diferencia de la Segunda Guerra Mundial y de Normandía, Estados Unidos estaba cayendo en una niebla políticamente correcta, y no se había dado cuenta de que la batalla de vida o muerte había comenzado.

Los funcionarios nuestro gobierno se niegan a utilizar la palabra *terrorista*, y nuestro liderazgo nacional se somete a los líderes de países extranjeros que financian la guerra para destruirnos. Los criminales de guerra están siendo juzgados por la ley civil en Nueva York, dándoles a los terroristas islámicos radicales una plataforma mundial para predicar su teología de "mata por Alá", y destilar veneno anti-estadounidense y anti-Israelí a los cuatro vientos.

En la actualidad hay cerca de siete mil lápidas en el cementerio tras la batalla de Estados Unidos con el Islam radical. Cuatro mil en Irak y Afganistán y tres mil en Nueva York, las víctimas del 9/11, asesinadas por musulmanes radicales que citaban el Corán mientras dirigían los misiles de la muerte contra las Torres Gemelas.

De manera trágica e increíble, los trece guerreros más valientes han caído en Fort Hood a manos de un radical musulmán, y nuestros líderes están diciendo que no deberíamos apresurarnos a hacer juicios sobre Hasan, el mayor del Ejército que asesinó e hirió a nuestras tropas.

¿Cuántos miles más caerán antes de que nuestros líderes salgan de esta niebla políticamente correcta y admitan que estamos en guerra? ¿Van a esperar hasta que una serie de bombas nucleares exploten simultáneamente en siete ciudades y causan la muerte de millones de estadounidenses?

¿Crees que no puede pasar?

¡Piensa otra vez!

Los terroristas radicales llevan varios años cruzando nuestras fronteras abiertas para formar células en toda la nación, que han sido reclutadas en nuestros colegios y universidades para ser entrenadas en los campamentos de entrenamiento terroristas de Pakistán en el arte de la fabricación de bombas y disparos de armas automáticas, convirtiéndose en maestros del asesinato y del caos, todo para volver a casa y matar a americanos inocentes en una fecha designada en el futuro, para complacer a sus amos islámico-fascistas.

En el futuro, la historia podría llamarla "La guerra de los cincuenta años" entre los Estados Unidos y el Islam radical, pero sus batallas finales se librarán en las calles y ciudades de esta nación. La yihad contra Estados Unidos comenzó el 9/11… y no terminará hasta que Estados Unidos no derrote al Islam radical, o hasta que la bandera del Islam ondee en la Casa Blanca.

EL DÍA D ELA BOMBA

¿Cómo será para ti el día en que los terroristas, sin previo aviso, detonen una bomba nuclear de 10 kilotones de fisión nuclear de uranio en tu ciudad? ¿Qué tan diferente será todo?

La explosión de una bomba nuclear terrestre extendería el daño de la explosión y del fuego sobre un área más pequeña que una bomba nuclear lanzada desde un edificio alto. Una bomba nuclear lanzada desde un edificio alto tendría mayores consecuencias radiactivas y mataría a más personas que la explosión inicial. ¡En el día de la bomba, la forma en que sople el viento determinará quién viva y quién muera!

¡El expreso nuclear se está acercando!

El presidente Ahmadineyad ha prometido fielmente a todos los grupos de terroristas islámicos que compartirá su energía nuclear con ellos para conquistar a los infieles.

La amistad de Ahmadineyad con Hugo Chávez, su colega dictador, de Venezuela, hará que sea muy fácil mandar bombas sucias a través de envíos a Venezuela, para luego pasar a Estados Unidos a pie a través del Río Grande con las legiones que cruzan frecuencia sin ser detectadas.

Las células terroristas islámicas que tienen la capacidad de fabricar y lanzar bombas nucleares no son cosa del futuro: ya están aquí. ¡Ellos están entrenados! ¡Ellos están listos! ¡Ellos están dispuestos! ¡*Tú* y tu familia son los objetivos!

Paul L. Williams, un ex consultor sobre el terrorismo del FBI, indica que hay pruebas empíricas de que al-Qaeda posee armas nucleares. Agentes británicos se hicieron hacen pasar por reclutas de al-Qaeda y se infiltraron en sus campos de entrenamiento. En otro caso, un agente de al-Qaeda fue arrestado en Ramallah con un arma nuclear amarrada a su espalda.

¡Si te cuesta creer que los terroristas pudieran tener un arma nuclear en los Estados Unidos sin ser detectados, piensa en lo impensable!

Williams señala que no hay sólo un grupo, sino al menos siete.[1] Ellos están trabajando en las mezquitas y en los centros islámicos, y en los Estados Unidos, un juez federal no les dará al FBI o a los agentes de la ley una orden para allanar una mezquita o un centro islámico por ninguna razón, pues estos lugares figuran como "casas de culto."[2] Williams también afirma que siete ciudades en los Estados Unidos han sido señaladas por los terroristas como los principales objetivos. Esas ciudades son Nueva York, Miami, Houston, Las Vegas, Los Ángeles, Chicago y Washington, D.C. Los ataques están diseñados para ocurrir de manera simultánea en estas siete ciudades.

Antes de dar un suspiro de alivio y decir "yo no vivo en ninguna de las grandes ciudades", ¿te acuerdas de la ciudad de Oklahoma y el edificio Murrah?

La verdad es que la yihad llegó a Estados Unidos el 9/11, y todas las ciudades de Estados Unidos son un objetivo potencial.

El titular de una edición reciente del *USA Today* expresa la peor pesadilla de la comunidad de inteligencia de Estados Unidos. Los islamistas americanos están siendo reclutados por gobiernos extranjeros hostiles a los Estados Unidos, entrenados en campamentos terroristas, y regresan a Estados Unidos con conocimientos sobre la fabricación de bombas, el manejo de armas automáticas, y un deseo ardiente de matar a ciudadanos estadounidenses.

¡Esto sería, a *ti* y a *tu* familia!

Recientemente, las autoridades federales formularon cargos por terrorismo contra ocho sospechosos bajo la acusación de que eran los encargados de reclutar a jóvenes estadounidenses a las filas de al-Shabaab, un grupo de insurgentes violentos en Somalia con vínculos con al-Qaeda. La operación de reclutamiento se centró básicamente en hombres somalíes-americanos de Minnesota. Los reclutas recibieron instrucción en campos de entrenamiento en Somalia, por parte de somalíes, árabes, y occiden-

¿Quién traerá suministros médicos? ¿Te acuerdas del huracán Katrina? Mucha gente en Luisiana estuvo varios días sin alimentos, sin agua, sin refugio y sin atención médica. Los muertos yacían boca abajo en la calle. Los cadáveres flotaban en los canales.

Era una ciudad sumergida en el caos y en el sufrimiento desatados por un huracán. ¿Qué sucederá cuando Estados Unidos sea atacado de costa a costa por un desastre nuclear que deje millones de muertos en el acto y varios millones más por la radiación? ¿Quién tomará las decisiones para trazar el rumbo de este desastre nacional? ¿A quién atacaremos? Debido a que estas sucias bombas nucleares serán detonadas por células terroristas vivales, no habrá una nación a la que podamos atacar.

¡No hay una solución militar al terrorismo!

Los escalofriantes efectos de un estallido de 10 kilotones son muy claros. Una milla en todas las direcciones del centro de la ciudad con los rascacielos, el estadio de fútbol, o el centro comercial que sean el epicentro de la explosión, estarán totalmente contaminados.

Los rascacielos serán montones de escombros de diez a quince pies de altura, extendiéndose una milla al norte, al sur, al este y al oeste. No habrá sobrevivientes en esta milla convertida en un círculo de la muerte.

Más allá de este círculo devastado por la explosión, las personas serán golpeadas por los escombros que volarán por los aires, por los incendios instantáneos que son un infierno imparable, y por la radiación severa. Tendrán pocas probabilidades de supervivencia.

Pasarán varios días antes de que los socorristas puedan llegar a ellos, ya que cualquier hospital del centro de la ciudad quedará reducido a escombros, en ruinas. En caso de que los socorristas llegaran de inmediato, las quemaduras de las víctimas y la radiación aguda por la exposición requerirían un tratamiento médico intensivo y sostenido, reduciendo así cualquier posibilidad de supervivencia.

La nube de desechos radiactivos comenzaría a extenderse desde el sitio de la detonación. ¡Es la nube de la muerte! Su forma y tamaño dependerá de las condiciones del viento y de la lluvia, pero en el lapso de un día, las personas que vivan a diez millas cuadradas a la redonda que no encuentren refugio o no puedan huir en pocas horas, recibirán una dosis letal de radiación. En una ciudad como Nueva York o Los Ángeles, esto podría representar más de un millón de personas.

Debido a que es poco lo que puede hacerse para ayudar a las personas que están en la zona de la explosión y en los alrededores, el servicio médico probablemente dividirá la ciudad en cuatro zonas y concentrará a la población en la misma dirección del viento desde el epicentro, donde la nube de radiación será menor, lo que les dará una mayor oportunidad de supervivencia a algunos. Los que están a una milla de la zona del epicentro estarán desahuciados y sin esperanza, al igual que la mayoría de las personas ubicadas en el borde de la zona de una milla cuadrada donde ocurrió la explosión.

Varios meses y años después del ataque, los líderes cívicos enfrentarán este dilema. Si les permiten regresar pronto a los residentes, experimentarían una tasa de cáncer más alta que el resto de la población. Aquellos que no estén dispuestos a exponerse al cáncer tendrían que abandonar sus hogares. Durante un año o más, el centro de la ciudad sería demasiado radiactivo como para construir allí.[4]

¡Mientras se imprime este libro, el gobierno de los Estados Unidos no tiene planes para proteger a los ciudadanos de esta nación del impacto y los efectos de un ataque nuclear!

Estoy seguro de que si ocurre un ataque nuclear durante este gobierno, y si quedan suficientes congresistas que voten un proyecto de ley en este sentido, alguien querrá elaborar con rapidez un proyecto de ley para que "los ricos" paguen por los daños ocasionados por el ataque nuclear, y otros redactarán un proyecto de ley para culpar a George W. Bush por el ataque. Y estoy seguro de que, después del ataque nuclear, el Congreso hará que algún comité escriba una obra maestra políticamente correcta, titulada "¡Lo que nos gustaría haber hecho antes de la bomba!"

Mientras tanto, el USS *Titanic* navega en la noche oscura sin binoculares, sin las bengalas adecuadas, sin suficientes botes salvavidas para evitar un desastre, recibiendo informes de inteligencia muy breves como para recibir información precisa, mientras que la orquesta sigue tocando y el iceberg se acerca, y los líderes les siguen diciendo a todos los estadounidenses: "¡Todo está bien!"

Si el titular de tu periódico dice: "¡Irán tiene la bomba!", deberías hacer lo siguiente a fin de prepararte a ti a tu familia para vivir en un mundo en el que un ataque nuclear es una posibilidad muy real.

1. Ten la capacidad de evacuar la ciudad con tus propios medios de transporte. Asegúrate de evacuar inmediatamente, viajando en direc-

ción perpendicular a la columna de la explosión. Dicho de otra manera, cuando veas la nube con forma de hongo en el cielo, sal de tu ciudad tomando la dirección opuesta.

Recuerda: Más personas morirán a causa de la radiación de esa nube que por la explosión nuclear. La radiación puede matar por medio de quemaduras que son incurables, y/o haciendo que tengas una probabilidad mucho más alta de contraer cáncer por el resto de tu vida. ¡La radiación es *mortal!*

2. Si estás atrapado en la ciudad y no puedes evacuar, busca un refugio subterráneo y permanece allí durante al menos tres días. Si tu casa tiene un sótano, será una bendición. Si no lo tiene, prepárate para sellar las ventanas y las puertas con cinta adhesiva. Esto reducirá en gran medida el factor de exposición tuyo y de tu familia a la radiación.

3. Debes tener suficiente comida y agua almacenada para abastecer a tu familia por lo menos durante un período de tres días. Se recomienda guardar alimentos suficientes para períodos más largos, ya que si hay múltiples ataques o amenazas de ataques múltiples contra Estados Unidos, el gas y el petróleo podrían ser racionados por el gobierno, lo que haría imposible que los camiones llevaran alimentos y suministros a tu supermercado local durante varios días.

4. Debes tener un suministro de energía alternativa, como pilas para linternas y generadores de electricidad. Iluminar con velas es mejor que permanecer en la oscuridad durante horas interminables.

5. Consigue una radio que funcione con pilas para informarte de los mensajes de la defensa civil cuando la civilización vuelva a la normalidad.

6. Muchas veces me han hecho esta pregunta inteligente: "¿Por qué debería preocuparnos que Irán obtenga la bomba? ¿Cuál es la diferencia entre que Irán obtenga una bomba nuclear y que Rusia tenga una bomba nuclear? Rusia la tiene desde hace muchos años y no ha habido ningún problema."

La respuesta: "Durante los años de la Guerra Fría, Estados Unidos y Rusia sabían que si el uno atacaba al otro, éste respondería, ejecutaría la política DMA, el acrónimo de Destrucción Mutua Asegurada (por sus siglas en inglés).

Básicamente, los rusos y los americanos habían comprendido que cualquier ataque por alguna de las dos partes garantizaría que la atacada destruiría a quien realizó el ataque.

La simple verdad es que cuando dos grupos racionales de personas llegan a un entendimiento común, la convivencia es posible.

Ese es exactamente el problema que existe con los dirigentes de Irán: que no son racionales. Son fanáticos religiosos que creen que si comienzan una guerra mundial y su nación y varios millones de sus habitantes son dados de baja en una guerra nuclear, morirán como mártires y llegarán de inmediato al cielo.

Recuerda: ellos mismos lo han confesado que aman más la muerte que la vida.

Ellos no tienen miedo a morir, sino que están deseando que llegue ese día.

Recuerda las palabras que les dijo Hasan a sus compañeros radicales islámicos amigos de terroristas antes de asesinar a trece soldados estadounidenses en Fort Hood: "No veo la hora de acompañarlos en el más allá."

El presidente de Irán ha prometido "borrar a Israel del mapa" y ha amenazado con un holocausto nuclear. También ha declarado que puede llegar el día en que ya no existan los Estados Unidos de América. Es un peligro claro y presente para nuestra seguridad nacional.

Él les ha prometido a los grupos radicales terroristas islámicos que compartirá con ellos el poder nuclear que está desarrollando Irán. Esto sucede mientras este libro va a la imprenta. El mayor desafío para nuestro gobierno no es el cuidado de la salud: es impedir que Irán obtenga armas nucleares. ¡La única manera de ganar la guerra nuclear es asegurarse de que nunca empiece!

¡El día que Irán obtenga armas nucleares, las condiciones cambiarán en el planeta Tierra! ¡La vida nunca será la misma!

7. ¡Cuando ores, ora por los Estados Unidos! Si no utilizamos nuestra libertad para defender nuestra libertad, la perderemos. Una de las verdades fundamentales que establecieron los Padres Fundadores fue el principio de que la deuda hacía que todos los hombres fueran es-

clavos. Salomón consignó en sus escritos: "...el deudor es siervo del que presta" (Proverbios 22:7 NKJV).

Actualmente, Estados Unidos está nadando en un mar de deudas, y sin embargo, seguimos gastando un dinero que no tenemos y enterrando a nuestros hijos y nietos bajo una montaña de deudas económicas que los convertirán a todos ellos en esclavos.

Muy pronto, otras naciones como China pedirán que el dólar americano deje de ser la moneda para el pago internacional de deudas. Las naciones del mundo responderán favorablemente, y en pocos meses, verás cómo el contenido del siguiente capítulo se hace realidad: la *muerte del dólar*.

CINCO

La muerte del dólar

Yo… pongo a la economía entre la primera y más importante de las virtudes republicanas, y a la deuda pública como uno de los mayores peligros que debemos temer… A fin de preservar [nuestra] independencia, no debemos permitir que nuestros gobernantes nos dejen una deuda perpetua. Tenemos que elegir entre la economía y la libertad, o la abundancia y la servidumbre.

—*Thomas Jefferson*[1]

La deuda nacional americana se ha convertido en el principal problema de seguridad nacional. Los siguientes comentarios han sido realizados por los líderes más destacados de América, quienes reconocen el peligro extremo que enfrenta Estados Unidos debido a nuestras deudas nacionales.

Nuestro aumento de los niveles de la deuda [representan] una amenaza para la seguridad nacional.
—Hillary Clinton, secretaria de Estado americana[2]

La mayor amenaza que tenemos a nuestra seguridad nacional es nuestra deuda… los intereses de nuestra deuda serán de $571 mil millones en 2012, es decir, casi del mismo tamaño que el presupuesto del Departamento de Defensa. ¡No es algo sostenible!
—Almirante Michael Mullen, jefe del Estado Mayor Conjunto[3]

Hemos llegado a un punto en el que hay una relación íntima entre nuestra solvencia y nuestra seguridad nacional.

—Richard Haass, presidente, Concejo para las Relaciones Exteriores[4]

Hace varios meses, un grupo de oficiales de logística del Colegio Industrial de las Fuerzas Armadas desarrollaron una estrategia de seguridad nacional durante un ejercicio académico. Su primera recomendación para mantener el liderazgo global de EE.UU. fue "restaurar la responsabilidad fiscal."

—*Washington Post*[5]

El Pentágono patrocinó su primer juego de guerra… sobre cómo naciones hostiles podrían tratar de paralizar la economía de los EE.UU. utilizando las acciones, bonos y divisas como armas… Fue la primera vez que el Pentágono organizó un juego de guerra de carácter puramente económico.

—Politico.com[6]

Los rusos realizaron un "acercamiento de alto nivel" con los chinos, porque juntos podrían vender grandes porciones de sus tenencias de GSE [Fannie Mae y Freddie Mac] para obligar a los EE.UU. a utilizar a sus autoridades de emergencia a apuntalar a estas compañías… los chinos se negaron…. El informe fue muy preocupante… las ventas masivas podrían crear una pérdida repentina de confianza en las GSE y agitar los mercados de capitales. Esperé hasta llegar a casa para informarle al presidente en un entorno seguro.

—Henry Paulson, ex secretario del Tesoro de EE.UU.[7]

No tenemos una deuda de un billón de dólares porque no hemos gravado lo suficiente. Tenemos una deuda de billones de dólares porque gastamos demasiado.

—Ronald Reagan, ex presidente de EE.UU.[8]

Como si las afirmaciones anteriores no fueran suficientes, hay todavía más.

Antonia Orprita informó que "la supremacía de los Estados Unidos como la mayor economía del mundo terminará antes de lo que mucha gente cree, por lo que el oro es una mejor inversión que el dólar a pesar de alcanzar un nuevo récord", según Tom Winnifrith, presidente ejecutivo de la firma de servicios financieros Rivington Street Holdings.

"El déficit comercial de EE.UU. y la deuda seguirán creciendo, y las autoridades son reacias a abordar el problema, prefiriendo imprimir dinero. Estados Unidos es prácticamente propiedad de China."[9]

Con el euro tan estable como un tazón de gelatina y los medios de comunicación partidistas que apoyan el "Verano de la recuperación" del Presidente Obama, el cual es un mito total, el dólar de EE.UU. ha conseguido un aplazamiento de la ejecución en el estado judicial de la economía mundial.

Jim Amrheim informa que cuando la crisis económica estalló en noviembre de 2007, Allen Greenspan dijo que era "absolutamente concebible que el euro reemplace al dólar como moneda de reserva, o que sea reemplazada por una moneda de reserva de igual importancia."[10]

La declaración de Allen Greenspan reflejó los sentimientos de otras naciones importantes, entre ellas China, Rusia, India, Brasil, Venezuela, Irán y otras.

Recordemos que las Naciones Unidas, la OPEP, el Fondo Monetario Internacional, y el G-20 han pedido que el dólar deje de ser la moneda de reserva mundial.

La muerte del dólar en el futuro cercano es una realidad, no un producto de la histeria.

Amrheim continúa: "Incluso después de que la zona euro organice sus cosas, seguiremos imprimiendo toneladas de dólares, conteniendo artificialmente la inflación con un montón de recursos y recetas mágicas y les pediremos (o les mendigaremos) a otras naciones que respalden nuestro gasto excesivo comprando una deuda basada en el dólar. No es así como se mantiene una moneda fuerte y estable de reserva mundial."[11]

Actualmente, los Estados Unidos están bajo el dominio económico de China debido a que "el deudor [Estados Unidos] es siervo del que presta [China]" (Proverbios 22:7).

China, con su botín económico de guerra lleno de dólares americanos, está escogiendo y comprando nuestros mejores activos. China está dando pasos importantes en el mercado mundial del oro con el posicionamiento del yuan (moneda china) para reemplazar al dólar de EE.UU. como la moneda internacional en el comercio mundial.

"Con el ascenso de Barack Obama a la presidencia, la debacle en el cuidado de la salud, la economía nacional incierta, el "clima-gate", las numerosas crisis de la deuda europea, los derrames de petróleo, y los rescates y adquisiciones del gobierno dominando las noticias… el desarrollo monetario mundial significativo está cayendo por la borda… el hecho es que China está haciendo todo lo posible para acumular la mayor parte del oro del planeta tierra dentro de sus fronteras."[12]

Jim Amrheim informa que China ha hecho tres cambios importantes en su política, destinados a buscar y acumular más oro:

1. China está almacenando oro en secreto.

2. China está levantando la moratoria sobre la propiedad privada de los metales preciosos al permitir que los ciudadanos chinos tengan oro, e invitándolos a que tengan el 5 por ciento de sus ahorros en oro y plata.

3. China está prohibiendo estrictamente la exportación de lingotes de oro.[13]

"El renombrado economista Nouriel Roubini fue aún más lejos en su declaración. Según un artículo del periódico británico *Telegraph* publicado el pasado mayo, el profesor de la Universidad Nueva York advirtió que el yuan estaba mejor posicionado que el dólar para ser la moneda de reserva del siglo 21, y que China hará todo lo posible —a través del Fondo Monetario Internacional para que así sea."[14]

Por lo tanto, la muerte del dólar parece inminente, mientras que los chinos se posicionan para convertirse en la potencia económica del planeta Tierra.

Estados Unidos está depositando su fe en el futuro en papel, promesas, y en la economía de vudú, mientras que China es cada vez más solvente con una moneda respaldada por el oro.

Bloomberg News informó el 8 de septiembre de 2010, que "China y Rusia planean comenzar a negociar en sus respectivas monedas, mientras el segundo mayor consumidor de energía y el mayor proveedor mundial de energía tratan de disminuir el papel del dólar en el comercio mundial." [15]

El titular urgente de Jerome Corsi dice: "¡420 BANCOS EXIGEN UNA SOLA MONEDA MUNDIAL!." [16]

Charles Dallara, director administrativo del Instituto de Finanzas Internacionales, "invitó a regresar al compromiso del G-20 para utilizar los derechos especiales del Fondo Monetario Internacional con el fin de crear una *moneda mundial alternativa* al dólar de EE.UU. como un nuevo estándar de reservas extranjeras." [17]

Asimismo, un informe de la ONU emitido en julio, pidió la sustitución del dólar como la norma para tener reservas de divisas extranjeras en el mercado internacional, por una nueva moneda mundial emitida por el Fondo Monetario Internacional." [18]

Las potencias económicas del planeta tienen al dólar de EE.UU. en su punto de mira. Mientras las imprentas americanas monetizan nuestra deuda, las naciones del mundo van por el oro y se divorcian del dólar.

La suerte está echada y el resultado es cierto. El resultado final afectará a todas las personas en la tierra... y devastará a Estados Unidos.

PODER MILITAR Y FORTALEZA ECONÓMICA

Los dos símbolos más poderosos del poder americano en el mundo son el poderío militar y su fortaleza económica. El poderío militar de los Estados Unidos se demostró en numerosas ocasiones en el siglo pasado, desde cuando rescató a las democracias europeas en la Primera Guerra Mundial, hasta su victoria sobre las potencias del Eje en la Segunda Guerra Mundial, y con su victoria en la larga Guerra Fría contra el expansionismo soviético. En 1991, una coalición encabezada por Estados Unidos derrotó a uno de los mayores ejércitos del mundo gracias a un ataque aéreo durante seis semanas, complementado con un asalto terrestre de cuatro días, para expulsar a Irak de Kuwait. Doce años más tarde, una coalición más pequeña liderada por Estados Unidos derrotó al ejército iraquí, esta vez en sólo tres semanas, derrocando al gobierno. Cuando se trata de poder militar, los Estados Unidos son una superpotencia sin igual.

Pero el poder militar de una nación está basado en su fortaleza económica, ya que es la economía de una nación la que paga por sus fuerzas militares, por sus equipos y formación. Una vez más, la economía americana ha sido líder mundial desde la Segunda Guerra Mundial, hasta el punto en que las personas comparan la moneda estadounidense con una deidad, en referencia al "dólar todopoderoso." Pero en la historia económica mundial también han existido otros pesos pesados. En el mundo antiguo, la dracma griega era "todopoderosa." El liang chino y el dinar islámico reinaban con supremacía en sus grandes esferas de influencia. Luego, en el mundo moderno, la libra esterlina británica fue una potencia internacional durante más de dos siglos.[19] Pero la suerte de la libra esterlina le ofrece una señal de advertencia a los Estados Unidos. La libra, que fue la moneda predominante a nivel mundial hasta la Segunda Guerra Mundial, perdió esa condición en 1945, y con ello, el Reino Unido perdió su posición como líder mundial a nivel económico y militar.[20]

Los Estados Unidos no son inmunes a la misma suerte. La amenaza más clara a la capacidad de los Estados Unidos de conservar su fortaleza económica y militar, es el peligro representado por las políticas fiscales de la nación, o por la falta de ellas. El declive del dólar como la moneda de reserva mundial ha sido impulsado por las decisiones y medidas tomadas por los líderes políticos, tanto en términos de cambiar las bases de nuestra moneda, y en implementar políticas presupuestarias que han disparado el déficit presupuestario y nuestra increíble deuda. En este capítulo, analizaremos el *doble problema de la salud de la moneda* y *el presupuesto de la salud*. Pero antes de poder entender realmente esta doble problemática, primero necesitamos hacer un breve repaso histórico: ¿Cómo hemos llegado a donde estamos ahora? ¿Para dónde vamos? ¿Y por qué es importante? La historia que contaré aquí debe ser de motivo de gran preocupación para todo individuo a quien le importe la futura salud de la nación.

UNA BREVE HISTORIA DEL DÓLAR

Para entender el peligro actual del dólar, primero debemos entender su historia. El dólar ha sido la moneda de reserva de divisas mundiales desde el final de la Segunda Guerra Mundial y representa casi el 90 por ciento de todas las transacciones de divisas. Siempre que las monedas se negocian, por lo general son convertidas primero a dólares, lo que demuestra el lugar preponderante del dólar en el mundo.

Esta moneda universal le presta varios servicios valiosos a la economía del mundo, incluyendo el hecho de servir como un medio de cambio, un depósito de valor, y una unidad de cuenta. En otras palabras, una moneda global les permite a las personas llegar a un acuerdo sobre los precios, preservar los ahorros, y medir el valor de los objetos o de los servicios.[21]

Los estadounidenses siempre han sospechado de los bancos centrales. El primer banco de los Estados Unidos fue creado por Alexander Hamilton, quien fue secretario del Tesoro del presidente George Washington, pero el proyecto murió en 1811 cuando el Congreso no votó a favor de renovar sus estatutos. El congreso revirtió su decisión pocos años después, creando un segundo banco de los Estados Unidos en 1816, pero el presidente Andrew Jackson lo vio como una herramienta de los intereses financieros de la élite, le declaró la guerra al banco, y terminó por destruirlo. Siguieron alrededor de ochenta años de pánicos bancarios y de crisis financieras periódicas, con un gobierno federal incapaz de lidiar efectivamente con los problemas económicos. Las cosas se agravaron tanto durante el Pánico de 1907, que los líderes políticos acudieron al banquero J.P. Morgan para rescatar el sistema.[22]

Al mismo tiempo que los estadounidenses estaban discutiendo sobre la existencia de los bancos centrales, discutieron también sobre la base de los dólares que serían depositados en esos bancos. Los primeros americanos debatieron constantemente el asunto del dinero en papel o en monedas de oro y plata. La idea detrás de "un patrón de oro" era que una nación debía fijar su moneda a una cantidad específica de oro. En teoría, cualquier persona puede ir a un banco y cambiar su dinero por oro. Este sistema frena la inflación, ya que el oro puede circular dentro y fuera de un país dependiendo de cuánto dinero haya sido emitido, y de si el dinero es visto como creíble o no. Pero este sistema también hace que sea muy difícil librar grandes guerras, y no es casualidad que la inflación se asocie con la guerra, ya que los gobiernos deben imprimir grandes cantidades de papel moneda para financiar el esfuerzo bélico. El presidente Abraham Lincoln, por ejemplo, suspendió la garantía de oro para billetes de banco, e imprimió grandes cantidades de "billetes verdes", es decir, dinero de papel que sólo estaba respaldado por la palabra del gobierno, para poder pagar la campaña de la Unión en la Guerra Civil. Los precios aumentaron 74 por ciento desde 1861 hasta 1864, el mayor repunte de la inflación desde la Guerra de la Independencia. Cuando la guerra terminó, los billetes fueron retirados poco a poco y la nación volvió al patrón de oro, y las dos décadas siguientes fueron conocidas como el período de la "gran deflación", pues los precios cayeron al nivel anterior a la guerra.[23]

El patrón de oro continuó siendo el estándar global, del que se beneficiaron Gran Bretaña y la libra esterlina británica. Pero a raíz del Pánico financiero de 1907, los Estados Unidos respondieron con la creación de otro banco central: la Reserva Federal. La Ley de Reserva Federal, firmada por el presidente Woodrow Wilson en diciembre de 1913, creó un nuevo banco central, conformado por una serie de bancos regionales coordinados por una junta nacional de banqueros comerciales. Cuando las naciones europeas abandonaron el oro de nuevo para financiar la Primera Guerra Mundial, el dólar estadounidense se convirtió cada vez más en una moneda de elección en el comercio internacional, y la Reserva Federal se convirtió en el "prestamista de última instancia." Los extranjeros sabían que cuando hacían negocios en dólares, había una institución que respaldaba esas transacciones en nombre de los bancos comerciales americanos.[24]

La Gran Depresión y la Segunda Guerra Mundial causaron estragos en el sistema financiero mundial. En los Estados Unidos, la fuerte competencia entre los bancos a principios de la década de 1930 ocasionó la ruina de una gran cantidad de empresas y desempleo muy alto. Los clientes exigían oro por sus dólares, lo que hizo que el presidente Franklin Roosevelt a retirara al dólar del patrón oro, declarara un día festivo para los bancos, e intentara confiscar el oro que estaba en manos privadas. Roosevelt emitió una orden ejecutiva que decía: "Todas las personas estarán obligadas a entregar, a más tardar el 1 de mayo de 1933, todo el oro de monedas, lingotes de oro y certificados de oro que tengan en la actualidad a un banco de la Reserva Federal, a una sucursal, a una agencia de la misma o a cualquier banco miembro del Sistema de la Reserva Federal." Es decir, que debían entregar su propiedad. El gobierno les pagaba a los ciudadanos dólares al cambio oficial de 20.67 dólares la onza, y luego devaluó el dólar 69 por ciento, elevando la tasa de cambio a $35 la onza en 1934.[25] La Segunda Guerra Mundial terminó de devastar la economía mundial, pero esta vez, la salud relativa de la economía estadounidense —comparada con las de Europa y Asia devastadas por la guerra, dejó al dólar como el rey del mundo.

Estados Unidos se convirtió en 1944 en la mayor potencia económica.

Fue entonces, en una reunión de delegados de cuarenta y cuatro naciones en Bretton Woods, New Hampshire, que el dólar se convirtió en la moneda de reserva mundial.

El famoso economista británico John Maynard Keynes propuso un nuevo sistema financiero global en el que una moneda mundial llamada "bancor" reemplazaría al oro. Pero los Estados Unidos eran el verdadero poder a nivel mundial al término de la guerra y pudo controlar las decisiones tomadas en Bretton Woods. Los delegados americanos, que rechazaron la propuesta de Keynes, acordaron nuevos planes para fijar el precio del dólar con respecto al oro, a razón de 35 dólares la onza, con todas las otras monedas fijadas a su vez con el dólar, y las tasas de cambio dependían de la fortaleza de las economías de los distintos países. Washington acordó, bajo petición, convertir las tenencias extranjeras de dólares del banco central en oro.

Por lo tanto, el dólar haría cumplir la estabilidad en el mundo, manteniendo monedas extranjeras a valores fijos, mientras que el propio dólar se mantendría estable y legítimo por estar anclado al oro. En teoría, era posible que otros países no ampliaran su oferta de dinero irresponsablemente al imprimir dinero, ya que suponía un perjuicio para su tasa de cambio con respecto al dólar.

Los Estados Unidos tampoco podrían imprimir más dinero que pudiera canjearse por oro. El acuerdo de Bretton Woods también creó el Fondo Monetario Internacional (FMI), que tenía el poder de decidir si un país podía cambiar su tipo de interés fijo frente al dólar. Por lo tanto, al término de la Segunda Guerra Mundial, el dólar estadounidense alcanzó una condición inesperada de ser la moneda contra la cual serían medidas todas las demás.[26]

Pero las semillas de la caída del dólar se plantaron incluso antes de que el dólar hubiera logrado su estatus dominante. Aunque John Maynard Keynes no ganó la batalla en Bretton Woods, ganó la guerra más grande de las políticas económicas. La Gran Depresión terminó con el anterior paradigma económico que consideraba que los presupuestos equilibrados eran el objetivo apropiado para el gobierno federal. Este viejo paradigma fue considerado por los economistas progresistas como parte de una visión calvinista más amplia en la que se esperaba que las personas practicaran la negación de sí mismos, el sacrificio y el aplazamiento de la gratificación, pues la verdadera recompensa estaba en el futuro a largo plazo. Keynes es famoso por señalar que, "Todos estaremos muertos a largo plazo." Supuestamente, lo importante era disfrutar de la vida *ahora*. El placer debe ser perseguido, y el sufrimiento es innecesario. En lugar de la gratificación retrasada, deberíamos abrazar la auto-gratificación. Una parte esencial de esta nueva filosofía era un programa más liberal de crédito por parte del gobierno. Los estadounidenses podrían perseguir el "sueño americano" de tener una casa, pues las hipotecas, que eran de siete a diez años, pasaron a un límite sorprendente (para la época) de veinte años. El consumo se convirtió en la filosofía económica popular. El sufrimiento y el sacrificio de la Guerra Mundial, no sólo en la batalla, sino también en el frente interno, consolidó esta perspectiva. Los altos niveles de ahorro personal durante la guerra llevaron a la demanda acumulada de los consumidores y al consumo masivo al término de la guerra, lo que produjo una inflación. La combinación de los grandes programas y presupuestos de defensa del Nuevo Trato de Roosevelt, exigidos por la nueva Guerra Fría para la desmovilización de posguerra que rápidamente hicieron la transición a un gran pie de fuerza militar, puso en peligro la salud fiscal de nación.[27]

En los años posteriores a Bretton Woods, la pregunta clave era si Estados Unidos podría seguir convirtiendo dólares en oro según la demanda, y el sistema funcionó así durante casi dos décadas. La inflación y las tasas de interés eran relativamente bajas, y la economía estadounidense creció a un tasa promedio anual del 6,6 por ciento. Pero la economía mundial creció más rápido que la oferta de oro. El déficit presupuestario comenzó a subir mientras los Estados Unidos ayudaban a la reconstrucción de Europa Occidental en el marco del Plan Marshall, y luego se desempeñaban como el principal defensor militar de Occidente al tratar de contener a la Unión Soviética, sostenían guerras en Corea y Vietnam, al tiempo que se apoyaban todos los programas sociales respaldados por el Nuevo Trato. La filosofía liberal, programática y predominante culminó en la Gran Sociedad del presidente Lyndon Johnson, donde la nación adoptó el gasto masivo en nuevas áreas, tales como Medicare y Medicaid, préstamos estudiantiles, y vivienda para personas con bajos ingresos. A medida que los Estados Unidos imprimían o prestaban más dinero para pagar el costo de estos programas, se daba una mayor inflación, que también hizo que miles de millones de dólares fueran al extranjero, donde no había oro para respaldarlos. Otros países se preocuparon de que Estados Unidos no fuera capaz de intercambiar todos esos dólares por oro. La ausencia de límites bancarios podría devastar la economía mundial.[28] Si el acuerdo de Bretton Woods de 1944 señaló el ascenso del dólar a una posición dominante, su decadencia puede identificarse fácilmente a partir de agosto de 1971. Para entonces, los extranjeros tenían más de $45 mil millones, y los Estados Unidos sólo tenían $10 mil millones en reservas de oro. En respuesta a esta sobrevaloración del dólar, el presidente Richard Nixon sacó al dólar del patrón oro, y estableció la suspensión del derecho que tenían los bancos centrales extranjeros para convertir sus dólares en oro. Esta medida, destinada en un principio a ser temporal, puso fin al acuerdo de Bretton Woods y liberó a otras monedas para el comercio contra el dólar y entre ellas. El Acuerdo Smithsonian sustituyó a Bretton Woods algunos meses más tarde, devaluando el dólar un 7,9 por ciento a $38 por una onza de oro. Poco más de un año después, el gobierno devaluó de nuevo el dólar en un 11 por ciento, a $42 la onza de oro. En marzo de 1973, los funcionarios determinaron que el sistema estaba muerto, y abandonaron por completo la garantía del oro. A partir de ese momento, todas las monedas, incluyendo el dólar, "flotarían" una contra la otra, y buscarían su propio valor en el mercado de divisas. Lo único que respaldaba al dólar ahora era la fe que tenía el mundo de que el gobierno norteamericano era capaz y estaba dispuesto a reconocer todos los dólares. Sin la restricción de los suministros limitados de oro o de cualquier objeto tangible, el gobierno podía imprimir y prestar prestado más dinero que nunca.[29]

Según la medida de Nixon, el valor del dólar se determinaría por el mercado de divisas. Los operadores de divisas podrían examinar las políticas económicas de la nación, y observar aspectos como el presupuesto y el déficit del comercio, los tipos de interés y la inflación, ninguno de los cuales gozaba de buena salud en los Estados Unidos en la década de 1970. Un efecto secundario de la decisión de Nixon fue el boicot de petróleo por parte de la OPEP en 1973, el cual cuadruplicó el precio del petróleo. La inflación erosiona el valor del dólar, y la gente no quiere comprar dólares cuando la inflación es mayor que el interés pagado sobre los bonos. El petróleo, sin embargo, es negociado en dólares, por lo que una disminución en el valor del dólar también implica una caída en el precio del petróleo. Los países petroleros árabes, teniendo como pretexto el apoyo norteamericano a Israel en la Guerra de Yom Kipur, compensaron la inflación mediante el aumento de los precios del petróleo. El resultado fue una inflación aún mayor (12 por ciento) y una recesión, con el desempleo alcanzando el 9 por ciento, una combinación de factores que llevaron a la "estanflación" de la década de 1970. El presidente Jimmy Carter se lamentó tristemente de la caída del dólar en su célebre discurso "Crisis de confianza", pronunciado en 1979. Durante la era del patrón oro, la tasa de inflación anual fue de sólo 0,3 por ciento. En otras palabras, durante esta época el dólar se redujo en valor a una tasa anual de sólo el 0,3 por ciento. Desde que se decidió abandonar el patrón oro, un proceso que se inició con Roosevelt, la inflación ha promediado una tasa anual más de diez veces superior al patrón oro promedio.[30]

La Reserva Federal, encabezada por Paul Volcker, respondió a la crisis de confianza de Carter aumentando fuertemente las tasas de interés para contener la inflación, que alcanzó el 13 por ciento. Las tasas de interés se acercaron a una cifra inaudita del 20 por ciento, y el desempleo en la recesión subsiguiente fue superior al 10 por ciento. La combinación de los recortes de impuestos del presidente Ronald Reagan y el aumento en las tasas de interés decretado por Paul Volcker dieron resultado. La inflación se redujo finalmente a un 4 por ciento, y el mercado de valores inició un aumento durante un cuarto de siglo que vio los promedios del Dow Industrial pasar de menos de 800 a más de 14.000. El fin de la Guerra Fría y el colapso del bloque soviético abrieron nuevos mercados, consolidando de nuevo el lugar del dólar en la economía mundial.[31]

Sin embargo, la prosperidad de fines del siglo XX escondió debilidades persistentes de la economía estadounidense. La burbuja del mercado tecnológico que estalló en el año 2000 condujo directamente a una burbuja inmobiliaria que estalló con una ferocidad aún mayor en 2006. Siguiendo una filosofía pública que predicaba vivienda propia para todos —el sueño americano—, la Reserva Federal mantuvo unas tasas de interés excepcionalmente bajas y estimuló el desarrollo y utilización de préstamos de alto riesgo a personas que tenían una historia crediticia débil o turbulenta, otro ejemplo de la creencia de Keynes de que el consumo es bueno. Muchas personas creyeron que la nación había entrado en un nuevo período de "riesgo sin riesgos", en el que los precios de la vivienda permanecerían altos y las casas podían ser usadas como inversiones a corto plazo.[32] La crisis inmobiliaria resultante y la pérdida de confianza en los mercados crediticios tuvo consecuencias en todo el mundo, ya que la nación entró en lo que ha sido conocida como la Gran Recesión.

Al sacar a los Estados Unidos del patrón oro, Nixon le permitió al gobierno imprimir grandes cantidades de dinero. El mercado exterior para esos dólares le ha permitido a la nación pedir dinero prestado al extranjero para aumentar el gasto del gobierno y reducir al mismo tiempo los impuestos, lo que constituye el máximo ejemplo de comer el pastel y tenerlo al mismo tiempo. Esta capacidad siempre ha dependido de que los mercados extranjeros crean que Estados Unidos tiene una economía sólida y que su deuda no es muy alta.[33] La crisis financiera que estalló en 2008 puso estas creencias en duda, y el resultado ha sido una disminución dramática del valor del dólar. Esta disminución no es del todo mala. Un dólar más barato permite que las exportaciones estadounidenses sean más baratas en el extranjero, lo cual podría ayudar a la industria estadounidense, y a reducir tal vez el déficit comercial.

Por supuesto, esto significa también que los bienes importados sean más caros, como por ejemplo, los viajes de vacaciones a países extranjeros.[34] Más importante es, sin embargo, que el declive actual está asociado a las consecuencias fiscales de la crisis financiera, consecuencias que tienen sus raíces en decisiones anteriores.

Acabamos de ver una breve historia del dólar estadounidense. El déficit presupuestario y la deuda nacional han aparecido varias veces en esta historia. Antes de poder entender el peligro *actual* que enfrenta Estados Unidos, tenemos que hacer un viaje más por el camino de la historia para concentrarnos en la política presupuestaria.

UNA BREVE HISTORIA DE LA DEUDA NACIONAL

No hay nada nuevo sobre una deuda nacional. La nación fue fundada con deudas necesarias para luchar contra la Guerra de la Independencia. La deuda es un fenómeno totalmente constitucional, pues la Constitución le otorga al Congreso el poder de "tomar prestado dinero con el crédito de los Estados Unidos."[35] Alexander Hamilton, el primer y más grande Secretario de hacienda de Estados Unidos, dijo: "Una deuda nacional, si no es excesiva, será para nosotros una bendición nacional."[36]

La pregunta obvia, por supuesto, es cómo definir la palabra "excesiva", aunque Hamilton utilizó hábilmente la gestión de la deuda y la creación de un banco nacional para poner a la nueva nación sobre bases fiscales sólidas.

burocráticas que permitieran que los asuntos públicos fueran decididos y administrados por expertos, tecnócratas profesionales que sabían lo que era correcto para el país y lo mejor para el bien común. La capacidad de respuesta democrática se vio devaluada en favor de la administración por parte de los expertos, quienes podían implementar los cambios necesarios sin la carga de la política, incluyendo a personas que sabían cuál era el nivel "adecuado" de riquezas para todos, y que utilizaron el código de impuesto sobre la renta para lograr ese objetivo. La teoría liberal intentaba aumentar los ingresos al subir las tasas marginales en los ingresos de los ricos, aun cuando ellos tienden a encontrar maneras de proteger esos ingresos. Con el impuesto sobre la renta en su lugar, la estructura de ingresos del presupuesto federal pasó de un prejuicio por los aranceles a otra dominada por el impuesto sobre la renta. Los aranceles y los impuestos especiales han pasado de proporcionar más del 90 por ciento de los ingresos federales a menos del 10 por ciento actual, mientras que los impuestos sobre la renta habían alcanzado rápidamente un papel dominante en el código tributario incluso en una fecha tan temprana como 1920, y ha sido así desde entonces. La Primera Guerra Mundial creó más préstamos e impuestos, pero el gasto y la deuda nacional se incrementaron tanto, que los nuevos ingresos de los impuestos produjeron ingresos con mucha rapidez.[40]

Es aquí donde John Maynard Keynes vuelve a entrar en nuestra historia. Durante gran parte de la historia americana hasta la Gran Depresión, la práctica habitual fue aumentar la deuda nacional para hacer frente a guerras o depresiones, pero luego había que trabajar para disminuir la deuda (mediante el equilibrio o el superávit presupuestario) cuando los conflictos o depresiones terminaran. La Gran Depresión, sin embargo, cambió ese entendimiento, y el objetivo principal del gobierno federal desde entonces ha sido evitar una repetición de ese desastre económico.

La filosofía de "paga mientras consumes" fue abandonada en favor del déficit de gasto controlado. Es común que los seguidores contemporáneos de los presupuestos equilibrados comparen el gobierno y la familia. A las familias se les dice que deben gastar sólo lo que tienen, o tendrán que pedir prestado a alguien y endeudarse. Del mismo modo, debemos esperar que el gobierno federal gaste sólo el dinero que recibe. Sin embargo, Keynes argumentó que las familias y el gobierno no son la misma cosa, pues las familias deben pedir préstamos a otros, mientras que un país puede prestarse a sí mismo. Por lo tanto, los déficit no son necesariamente malos, y la deuda nacional realmente no importa. El resultado de esta filosofía económica fue un cambio en la práctica política de utilizar unos impuestos más altos y un mayor gasto —no para equilibrar el presupuesto o pagar la deuda, sino para financiar programas sociales y populares como un llamamiento a los diferentes segmentos de la población a través de la política fiscal. Los líderes políticos utilizan programas gubernamentales y tributarios para conceder favores a los grupos de interés, ninguno de los cuales está muy interesado en reducir nada.

A pesar de que la Gran Depresión no terminó gracias a los programas sociales, sino debido a la Segunda Guerra Mundial, la prioridad del gobierno cuando la guerra terminó, no fue la reducción de la deuda, sino la administración de sus nuevos programas.[41]

John Steele Gordon resume hábilmente las debilidades de este sistema, las cuales giran en torno a la naturaleza humana. En primer lugar, el gobierno federal es incapaz de controlar un sistema económico muy complejo, dinámico e impredecible. La ley de las consecuencias no deseadas deja ver con frecuencia su fea cabeza. Por ejemplo, en 1947 el Congreso eximió del impuesto sobre la renta a las compañías que ofrecían seguros de salud, haciendo que un gran número de personas dejaran de preocuparse tanto por los costos de la salud, ya que su seguro muchas veces era ofrecido y pagado por su empleador. Este elemento aparentemente inocente de las políticas públicas, además de la implementación del Medicare y Medicaid en la década de 1960, condujo a los costos astronómicos del cuidado de la salud que tenemos hoy, lo cual despertó un gran esfuerzo del gobierno federal para controlar los costos a través de la reforma masiva de atención médica que fue en gran parte una consecuencia no intencionada y produjo el desarrollo imprevisto de políticas públicas. Otro ejemplo de esta incapacidad es el impuesto de lujo a los barcos y aviones impuesto por el Congreso en 1990. Diseñado para recaudar $16 millones, realmente recaudó mucho menos, porque los individuos ricos, simplemente dejaron de comprar barcos y aviones, lo que ocasionó despidos en esas industrias.[142]

En segundo lugar, el gobierno carece de datos actualizados y confiables para tomar decisiones. No sabe que la nación está en recesión desde hace varios meses, y los datos económicos se actualizan constantemente con nueva información, haciendo que esta se utilice para tomar decisiones políticas obsoletas. Con frecuencia, las teorías económicas suponen que la información es perfecta, pero eso no es cierto.

En tercer lugar, es un hecho de la vida política que ningún político electo quiere implementar políticas impopulares en tiempos económicos difíciles, aunque esas políticas sean sabias. Los políticos son personas ambiciosas que siempre buscan la reelección, y son una especie extraña que está dispuesta a asumir la responsabilidad por una decisión difícil. Sin embargo, los programas de gastos crean grupos de interés que buscan fomentar y perpetuar esos programas a costa de la salud fiscal de la nación.[43]

El presidente Ronald Reagan logró reducir las tasas de impuesto sobre la renta, haciendo de los recortes de impuestos uno de los sellos distintivos en los últimos treinta años. Sin embargo, a pesar de una filosofía política más conservadora, predicar el equilibrio de los presupuestos y el recorte en los programas de gobierno, el gasto es cada vez más automático, orientado a derechos enormes e intocables como la Seguridad Social y Medicare, que en gran medida, están fuera del control político. El resultado de esto es un déficit cada vez más alto, ya que el gobierno gasta más dinero en programas que el sistema fiscal no puede financiar. Para poner la situación en perspectiva, el *déficit* de 2009 fue más grande que todo el presupuesto federal de 1993, apenas dieciséis años antes. Y el mayor déficit condujo a una espiral de la deuda. El gobierno tardó hasta 1962 en acumular una deuda de $300 mil millones, la mayor parte asignada para combatir guerras. En los cuarenta y siete años transcurridos desde entonces, la deuda ha crecido treinta y nueve veces.[44]

Esta crisis fiscal ha agravado los problemas con el dólar, los cuales se han detallado en la sección anterior de este capítulo. Ahora que hemos explicado el trasfondo de estos dos problemas —la salud monetaria y la salud del presupuesto (o la falta de esta), podemos dirigir nuestra atención a las preguntas más importantes: ¿Por qué es importante y hacia dónde vamos? ¿Cuáles son los peligros que enfrenta la América contemporánea, y cuáles son las grandes consecuencias de esta crisis actual?

PELIGROS ACTUALES:
¿CÓMO LLEGAMOS A DONDE ESTAMOS?

En primer lugar, el desfase entre los ingresos del gobierno y el gasto del gobierno es la causa de muchos de estos problemas, así que comenzaremos con esto. Además del crecimiento del gasto como describimos anteriormente, la recesión que comenzó en 2008 exacerbó en gran medida la crisis fiscal de la nación. No sólo los ingresos fiscales disminuyeron, sino que también se disparó el gasto público en un esfuerzo por evitar una catástrofe económica mayor. Algunos ejemplos de este aumento los gastos del gobierno son los $700 mil millones para el Programa de Alivio de Activos en Problemas (TARP), un rescate bancario que tuvo el apoyo del presidente George W. Bush en los últimos días de su presidencia, y $787 mil millones para el primer programa de estímulo económico del presidente Barack Obama en 2009. Los gastos adicionales produjeron un déficit récord en el año fiscal de 2009 de más de $1 billón, una cifra que triplicó la del año anterior, que había marcado un récord.[45]

La Figura 1 ilustra gráficamente el problema, y rastrea los excedentes y déficits presupuestarios desde comienzos de la posguerra en 1946 a cifras estimadas hasta el año 2015. Aunque hay más años con déficit que con superávits incluso al de la tabla, el déficit de las dos primeras décadas parece bastante manejable. Sólo en los años sesenta se vuelven persistentes, antes de explotar en los años setenta y ochenta. La prosperidad de los años noventa —que ahora sabemos que estuvo basada en los pilares inestables—, condujo a un breve período de superávits en el presupuesto a finales de la década, pero el colapso de las acciones tecnológicas en la bolsa y los ataques terroristas del 9/11 hicieron que la nación tuviera de nuevo un gran déficit. Incluso estas grandes cifras palidecen en comparación con el masivo aumento del déficit, impulsado por la crisis financiera de 2008. Los cálculos más optimistas para los años siguientes siguen estimando déficits que son significativamente más altos que las cifras anteriores a la crisis. También suponen con optimismo que la economía crecerá, y no dan cuenta de proyectos de gasto que aún deben ser legislados, como las reformas de salud a gran escala y las posibles regulaciones sobre el cambio climático. De hecho, el déficit de los proyectos de la administración de Obama podría ascender a más de $9 billones durante la próxima década.

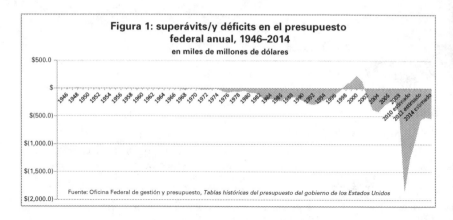

Figura 1: superávits/y déficits en el presupuesto federal anual, 1946–2014
en miles de millones de dólares

Fuente: Oficina Federal de gestión y presupuesto, *Tablas históricas del presupuesto del gobierno de los Estados Unidos*

Otra manera de entender el problema del déficit es examinando los superávits y déficits en el presupuesto como un porcentaje del producto interno bruto de la nación (PIB). El producto interno bruto es la suma de todos los bienes y servicios producidos dentro de las fronteras de los Estados Unidos. El PIB puede considerarse como una medida que resume los resultados económicos generales de una nación. El crecimiento del PIB está asociado con la prosperidad, y su disminución está asociada con recesiones y depresiones. Cuanto mayor sea el déficit como porcentaje del PIB, mayor será la carga del déficit en la sociedad. La Figura 2 retoma los datos de la Figura 1, esta vez expresando los superávit y déficit desde la Segunda Guerra Mundial como porcentajes del PIB de la nación. Debido a los efectos de la inflación sobre el valor del dólar, esta versión de los datos parece ser una descripción más precisa y realista del problema. Tal como lo muestra la figura, durante gran parte de la era de posguerra, los déficits como porcentaje del PIB fueron menores de lo que fueron en la Segunda Guerra Mundial. De hecho, el déficit de 1943 superó el 30 por ciento del PIB, lo cual es comprensible dado que Estados Unidos estaba profundamente involucrado en la guerra más grande de la historia humana. Hasta hace poco, el mayor aumento del déficit de posguerra fue entre mediados de los años setenta y mediados de los noventa, cuando el déficit osciló entre el 3 y el 6 por ciento del PIB. Una vez más, sin embargo, la crisis financiera ha cambiado las reglas. El déficit del porcentaje del PIB se triplicó de 2008 a 2009, a poco menos de 10 por ciento. Esta cifra es significativamente más alta que cualquier otro presupuesto desde la Segunda Guerra Mundial. Un análisis sugiere que para 2050 el déficit federal estará integrado por un 20 por ciento del PIB.[46] Para decirlo en otros términos, el gobierno federal está comenzando a gastar dinero en cantidades que son típicamente necesarias para participar en guerras mundiales.

Figura 2: Superávits/y déficits en el presupuesto federal anual, como porcentajes del PIB, 1946–2014

Fuente: Oficina Federal de gestión y presupuesto, *Tablas históricas del presupuesto del gobierno de los Estados Unidos*

Por último, podemos hacer comparaciones ajustadas a la inflación entre los superávits y déficits comparando las cifras en dólares constantes. Cuando utilizamos una medida como los dólares constantes, podemos comparar valores basados en una fecha específica. Por ejemplo, los dólares de 2010 son significativamente inferiores a los del año 1946, un hecho que puede servir para exagerar el rendimiento del presupuesto. La Figura 3 retoma los datos de las dos figuras anteriores en dólares constantes de 2005, es decir, en el valor del dólar en 2005. Esto nos da una idea muy clara de los cambios a través del tiempo sobre la base de una norma constante. Así, vemos unas curvas más pronunciadas tanto en los superávits como en los déficits desde 1946, incluso en años anteriores. Lo que *no* cambia es el pico tan pronunciado a partir de 2009. Es evidente que la crisis financiera ha cambiado las reglas, por lo que deberíamos creer que estamos "más allá de toda comprensión."

Por supuesto, todos estos déficits aumentan cada vez más la deuda en números que son verdaderamente sorprendentes. La Figura 4 rastrea el crecimiento de la deuda nacional desde 1946 hasta las cifras calculadas para el año 2015. Es interesante observar la transformación que sucede con el tiempo. La deuda nacional de $271 mil millones en 1946 fue sólo ligeramente superior a la de una década más tarde. La deuda tardó diez años en crecer un tercio, pasando de casi $300 mil millones en 1962 a $408 mil millones en 1971. Luego, la deuda duplicó en los años setenta (pasando de $381 mil a $909 mil millones), y se triplicó en los años ochenta (pasando de $909 mil millones a $3,2 billones). El crecimiento de la deuda disminuyó un poco en la década de 1990, debido al aumento en el mercado de valores, y tardó un total de trece años para que el nivel de los años noventa se duplicara. Por desgracia, ha tardado sólo la mitad de ese tiempo en casi duplicarse una vez más, pasando de $6,2 billones en 2002 a casi $12 billones en 2009. La Oficina Federal de Gestión y Presupuesto (OMB) estima que la nación sumará de nuevo más de la mitad, de este porcentaje en el año 2015, con un nivel de la deuda superior a $19 billones. Esto representa una triplicación de la deuda que teníamos en el año 2002.

Figura 3: Superávits/y déficits en el presupuesto federal anual, en dólares constantes, 1946–2014

miles de millones de dólares

Fuente: Oficina Federal de gestión y presupuesto, *Tablas históricas del presupuesto del gobierno de los Estados Unidos*

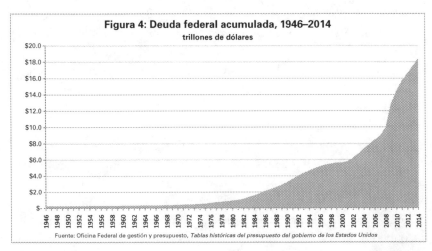

Figura 4: Deuda federal acumulada, 1946–2014

trillones de dólares

Fuente: Oficina Federal de gestión y presupuesto, *Tablas históricas del presupuesto del gobierno de los Estados Unidos*

Un método más eficaz para entender de estos números es examinar la deuda pública como porcentaje del PIB. Comparar el nivel de la deuda con el PIB es algo parecido a un examen de la deuda de una familia y compararla con su patrimonio neto. Tendemos a preocuparnos mucho más preocupados por la perspectiva de que nuestro hijo recién graduado de la universidad ingrese a una fuerza laboral cuando tiene una deuda de $100.000 por préstamos estudiantiles, sin posibilidades de reembolso, de lo que nos preocupa que alguien tenga un saldo menor en su tarjeta de crédito. Lo mismo ocurre con la deuda nacional. La figura 5 retoma los datos de la Figura 4, reflejando esta vez la acumulación de la deuda nacional desde la Segunda Guerra Mundial como porcentajes del PIB de la nación. Una vez más, nos encontramos cerca de los niveles de deuda típicamente asociados con una guerra mundial. De hecho, la deuda nacional durante la Segunda Guerra Mundial estuvo muy por encima del 100 por ciento del PIB de la nación. El nivel disminuyó gradualmente después de la guerra, bajando a sus índices de posguerra a mediados del 30 por ciento en los años setenta. Desde entonces, la deuda se ha incrementado constantemente, alcanzando el 40 por ciento del PIB en 1984, un 50 por ciento del PIB en 1987, y 60 por ciento en 1991. El país rompió la barrera del 80 por ciento en 2009, y las proyecciones de OBM indican que la deuda nacional pasará del 90 por ciento en 2010 a más de 100 por ciento en 2012, unos niveles que no se veían desde el final de la Segunda Guerra Mundial.

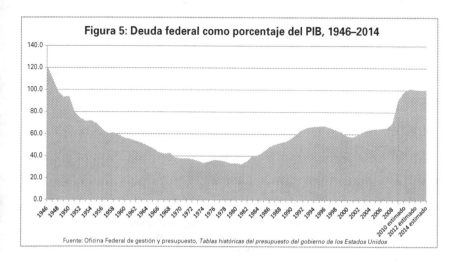

Figura 5: Deuda federal como porcentaje del PIB, 1946–2014

Fuente: Oficina Federal de gestión y presupuesto, *Tablas históricas del presupuesto del gobierno de los Estados Unidos*

Quizás el método más eficaz para entender la deuda nacional es examinar lo que significa para cada habitante del país. Podemos pensar en la deuda en términos per cápita, lo que significa dividir la totalidad de la deuda nacional por el número de personas que hay en el país, y quienes en última instancia son los que tienen que pagar la deuda, a través de impuestos o con la reducción de los programas de beneficios. La Figura 6 retoma los datos sobre la deuda nacional de 1950 a 2007 (este ejercicio requiere cifras exactas de población, que provienen del Censo de EE.UU.). Para efectos comparativos, en 1920 la deuda per cápita era de sólo $137. En 1940, y debido al Nuevo Trato, el gasto había aumentado a $281 por persona. Esa cifra aumentó considerablemente en la Segunda Guerra Mundial. Sin embargo, vemos que la deuda per cápita se mantuvo muy constante hasta finales de 1960, pues no aumentó más de $1.700 por persona hasta 1967. Por desgracia, la cifra se duplicó en la década de 1970, pasando de $1.858 en 1970 a $3.992 en 1980. En la década de 1980, se triplicó, pues en 1990 era de $12.818. Después de nivelarla durante unos años a finales de 1990, la deuda nacional subió de nuevo a más de $29.000 por persona en 2007, elevándose a más de $38.000 por persona en 2009. Esta cifra equivale a más de $154.000 para una familia de cuatro personas. El presupuesto y las proyecciones demográficas del gobierno estiman una deuda nacional per cápita de casi $59.000 en 2020, una cifra enorme de $236.000 para una familia de cuatro personas.[47]

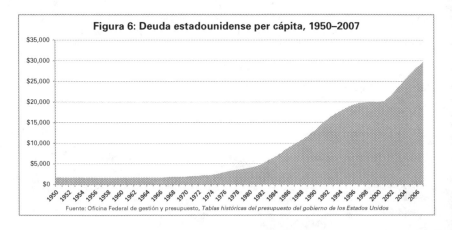

Figura 6: Deuda estadounidense per cápita, 1950–2007

Fuente: Oficina Federal de gestión y presupuesto, *Tablas históricas del presupuesto del gobierno de los Estados Unidos*

Una de las razones por las que el nivel de la deuda es tan perjudicial es que un porcentaje significativo del presupuesto federal actual se destina para pagar los intereses de la deuda. Este dinero no va a ningún programa tangible del gobierno. Al igual que con las tarjetas de crédito, los préstamos no son gratis, y cuanto más alta sea la deuda, mayor será el pago de los intereses. La Figura 7 presenta rastrea el crecimiento de los intereses pagados sobre la deuda nacional a partir de 1962 y las cifras estimadas para 2015. Mientras los intereses sean manejables, no será un gran motivo de preocupación, del mismo modo en que pagos pequeños por concepto de intereses en una tarjeta de crédito no afectan significativamente un presupuesto familiar. Cuando el interés comienza a ocupar una mayor parte del presupuesto total, las cosas se vuelven más preocupantes, y eso es exactamente lo que ha sucedido en los Estados Unidos. Los intereses netos de la deuda nacional para el presupuesto federal de 2008 fue más de $252 mil millones, y las proyecciones del gobierno estiman la duplicación de esta cifra en los próximos años. Nos estamos acercando rápidamente a un punto en que los intereses de la deuda consumen más del 10 por ciento del total del presupuesto federal. Es decir, de cientos de miles de millones de dólares que podrían ser utilizados para otros fines o para recortes de impuestos. De hecho, los pagos de intereses sobre la deuda ahora integran la cuarta categoría en el presupuesto, después de la Seguridad Social, Medicare/Medicaid, y la defensa nacional. Peor aún, estos números no cuentan toda la historia, porque no incluyen los gastos por intereses de la deuda intra-gubernamental. Esta es lo que el gobierno le debe al Fondo Fiduciario de la Seguridad Social, ya que el gobierno pide prestado dinero cada año a partir de ese fondo para pagar los gastos funcionamiento habitual es. La verdadera estimación de la deuda para el año 2008 fue de casi $451 mil millones. Y para el año 2015, podría ascender a $888 mil millones.[48]

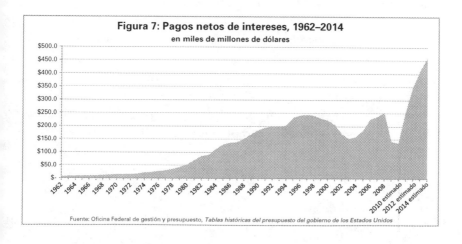

Figura 7: Pagos netos de intereses, 1962–2014
en miles de millones de dólares

Fuente: Oficina Federal de gestión y presupuesto, *Tablas históricas del presupuesto del gobierno de los Estados Unidos*

La situación empeora. La salud fiscal de la nación a largo plazo está gravemente amenazada por las catástrofes financieras en los programas de derechos como el Seguro Social y Medicare. Estos programas le asignan dólares de manera automática a cualquier persona que reúna los requisitos, haciendo que sean parte no discrecional del presupuesto federal. El número de trabajadores que sostiene a cada jubilado en los Estados Unidos —en otras palabras, el número de personas que actualmente paga estos programas de ayuda social que sostienen a los jubilados actuales— se ha reducido de más de 5 trabajadores en 1960 a poco más de 3 en 2008. Las proyecciones dicen que este número se reducirá aún más en las dos décadas siguientes, cuando será de 2,2. Esto significa que habrá menos trabajadores sosteniendo a más jubilados, creando así una mayor carga sobre la salud financiera de la Seguridad Social y Medicare. Entre 2000 y 2030, las personas mayores de sesenta y cinco años serán más del doble, a medida que los baby boomers se jubilen y comiencen a recibir sus beneficios. Esto equivale a un total del 20 por ciento de la población, y los programas de derecho que actualmente constituyen el 40 por ciento del presupuesto federal saltarán al 75 por ciento.[49]

Actualmente, Medicare se encuentra en una situación particularmente difícil. Sus beneficios de seguro *ya* han excedido sus ingresos fiscales. La Figura 8 muestra el creciente déficit anual del programa de Medicare, con un déficit proyectado de más de $50 mil millones en 2014. Los proyectos del gobierno actualmente no podrán pagar los beneficios completos de Medicare en 2019, es decir, sólo nueve años a partir de ahora. Los beneficios del Seguro Social serán superiores a sus ingresos por impuestos en 2017, y a principios de la década de 2040 no podrán para mantener el ritmo de los beneficios programados. Las únicas opciones para resolver este problema —aumentar los impuestos, disminuir los beneficios, o prolongar la edad de jubilación— son impopulares. Los tres principales programas de derechos —Seguridad Social, Medicare y Medicaid—, consumirán el 100 por ciento de los presupuestos federales dentro de los próximos sesenta años, desplazando a todas las otras rúbricas presupuestarias, incluyendo los pagos de intereses y la seguridad nacional. La Figura 9 ilustra el grado en que la Seguridad Social y Medicare han superado el gasto en defensa nacional y los programas internacionales en los últimos años. Puede esperarse que el gasto de defensa se estabilice, como señala la administración de Obama con la guerra contra el terrorismo, pero ninguna magia demográfica evitará que los costos de los programas de derechos sigan subiendo. En efecto, para el año 2080, la deuda nacional podría aumentar a más de 600 por ciento del PIB, casi seis veces la cifra máxima histórica de 109 por ciento al final de la Segunda Guerra Mundial.[50] Un análisis sugiere que, cuando uno agrega pasivos, presupuestos de jubilación a largo plazo sin fondos, y del cuidado de la salud a la deuda nacional, el verdadero nivel de las obligaciones de la nación asciende a una cifra asombrosa de $56 billones, que corresponde básicamente a $184.000 por cada estadounidense, o una cifra inimaginable de $736.000 para una familia de cuatro personas.[51]

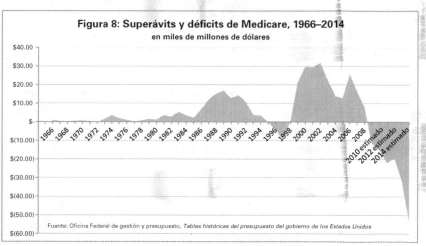

Figura 8: Superávits y déficits de Medicare, 1966–2014
en miles de millones de dólares

Fuente: Oficina Federal de gestión y presupuesto, *Tablas históricas del presupuesto del gobierno de los Estados Unidos*

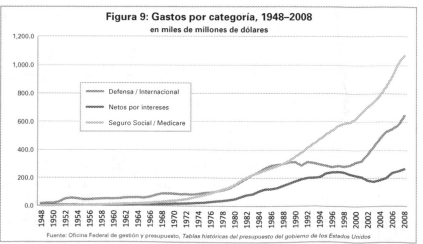

Figura 9: Gastos por categoría, 1948–2008
en miles de millones de dólares

Defensa / Internacional

Netos por intereses

Seguro Social / Medicare

Fuente: Oficina Federal de gestión y presupuesto, *Tablas históricas del presupuesto del gobierno de los Estados Unidos*

Por último, las políticas gubernamentales actuales y futuras parecen destinadas a no hacer nada para aliviar la crisis fiscal de la nación y de hecho, es probable que las cosas empeoren. La mencionada legislación TARP y el primer plan de estímulo añadió casi $1,5 billones al presupuesto federal. Se habla de un segundo proyecto de ley de estímulo, aunque según algunos parámetros, el tamaño del primero duplicó los gastos del Nuevo Trato de Roosevelt como porcentaje del PIB. Esto ocurre también a pesar de que algunos expertos sostienen que los programas de estímulo del gobierno en realidad no funcionan, y más bien son recetas para la inflación. Los diversos planes para cumplir con la promesa de una reforma en la salud realizada por la administración de Obama, cuestan $1 billón o menos, pero con la aplicación plena retrasada en varios años (y por lo tanto, contando también el gasto total del retraso), las proyecciones son que los costes actuales se dispararán a $2,5 billones entre 2014 y 2023. Cualquier reducción en el déficit será marginal en el mejor de los casos y no impedirá que los déficits galopantes sigan aumentando. Sin duda, aumentarán los impuestos en varias categorías, que ascenderán quizá a medio billón de dólares, muchos de ellos dirigidos a empresarios y pequeñas empresas, así como también se harán recortes en las tasas de reembolso de Medicare, suponiendo que el Congreso haga esto. En caso contrario, los costes serán aún más altos.[52]

Todo esto supone a su vez que las estimaciones gubernamentales de los costos y beneficios son exactas. Pero el gobierno federal ha realizado una tarea miserable en proyectar con precisión los costes reales de la reforma de salud con el paso del tiempo. En 1965, el Congreso estimó que la Parte A de Medicare costaría alrededor de $9 mil millones anuales para 1990, pero en realidad, el costo real fue de $67 mil millones. En 1967, el Comité de Supervisión y Legislación de Finanzas, predijo que todo el programa de Medicare costaría alrededor de $12 millones en 1990, pero el costo real fue de $110 mil millones. En 1988, el Congreso estimó que el costo de los beneficios de atención domiciliaria de Medicare sería de $4 mil millones en 1993, tan sólo cinco años después; en realidad, el costo real fue de $10 mil millones, más del doble de la cantidad proyectada. En 1997, el Congreso estableció el Programa estatal de seguro de salud para los niños (SCHIP), pensando en destinarle $40 mil millones en más de diez años. El Congreso tuvo que consignar la suma adicional de $283 millones en el año fiscal 2006, y $650 millones en el año fiscal 2007 para evitar una falta de cobertura a nivel masivo. Por diversas razones, las estimaciones del gasto sanitario siempre son demasiado optimistas, en proporciones que pueden ser superiores a 10:1. Si este patrón continúa vigente, una reforma de salud que, se calcula, costará $3,5 billones durante los próximos quince años, realmente podría costar mucho más, lo cual tendría un costo significativo para la salud fiscal de nación.

Además de todo esto está la posibilidad de una legislación sobre el comercio de derechos de emisión para enfrentar el cambio climático, y algunos estiman que podría hacer que los gastos globales ascendieran a más de $10 billones durante veinte años en infraestructuras energética, obligándonos a parafrasear y revisar al alza. El ex senador de Illinois Everett Dirksen lo dijo muy bien en su famosa frase: "Un billón aquí, un billón allá, y muy pronto estarás hablando de dinero de verdad."[53]

Nada de esto es un buen augurio para el futuro cercano

Algunos dirigentes políticos esperan que todos estos gastos estimularán la economía, y que la prosperidad resultante, además de varias reformas políticas, van a resolver nuestro problema de la deuda. Sin embargo, parece más probable que el hecho de dejar atrás la recesión no implicará que los niveles de empleo sean los mismos de antes. La combinación de un alto desempleo y la disminución del valor de la vivienda han llevado a una disminución en la actividad de los consumidores. Algunos analistas creen que podría tomar cinco años o más para recuperar todos los empleos perdidos en la recesión.

Un número récord de estadounidenses están trabajando medio tiempo porque no tienen otra opción, la semana laboral promedio se hace más corta (es decir, menos dinero en salarios por hora), y el desempleo de jóvenes se acerca al 20 por ciento. El hecho de que el alto desempleo se haya mantenido mucho después de que las últimas recesiones hayan terminado, indica que hay muchos más puestos de trabajo podrían perderse. La incertidumbre en torno a las propuestas de la política actual exacerba aún más el problema, pues muchas empresas no contratarán nuevos empleados hasta que tengan una idea más firme de lo que va a pasar con la reforma a la salud y al cambio climático. Dado que los programas cambian la dinámica económica en Estados Unidos de manera significativa, las empresas tienen todos los incentivos para no contratar hasta saber

En los últimos treinta años, Estados Unidos ha pasado de ser el mayor acreedor del mundo al mayor deudor del mundo. Uno de los factores que contribuyó a la estabilización del dólar en los años noventa fue la voluntad de los inversionistas extranjeros a reciclar sus dólares en la economía estadounidense. El país exporta muchos productos al extranjero, pero importa mucho más. La producción de bienes más baratos en lugares como China les permite a las empresas estadounidenses cerrar sus fábricas en Estados Unidos y abrir otras en el extranjero, haciendo que tiendas como Wal-Mart puedan vender mercancías baratas, provenientes de países donde los salarios son bajos. El resultado es un déficit anual en el comercio, es decir, la diferencia entre los valores de lo que se vende y se compra a otras naciones.[56] La Figura 11 rastrea los superávits y déficits comerciales de Estados Unidos desde 1960 hasta 2008. Durante los años sesenta, Estados Unidos tuvo pequeños superávits comerciales, con un promedio de más de $3 mil millones por año. El primer déficit comercial —casualmente o no— fue en 1971. Después de eso, se presentaron superávits sólo en dos años, en 1973 y 1975. El déficit en el comercio de 1980 asciende a un promedio de $85 mil millones por año. En los años noventa, tuvo un promedio de $106 millones por año, aumentando a $265 mil millones en 1999. Desde el año 2000, el déficit del comercio ha seguido aumentando, con un promedio más de $571 mil millones por año. El punto más alto fue en 2006, con $760 mil millones. Debido a la caída del dólar, el déficit comenzó a retroceder, y esta caída fue más dramática en 2009. En noviembre de 2009, el déficit comercial era de "apenas" $340 mil millones. El déficit comercial más famoso es el que afecta a las relaciones entre EE.UU. y China, pero también ocurre con Japón y la Unión Europea. La ventaja del déficit comercial es que los estadounidenses disfrutan de un amplio surtido de productos baratos y servicios de otros países. La desventaja es que es una prueba de la disminución en la manufactura estadounidense en las últimas décadas. Por otra parte, el déficit comercial significa que las naciones extranjeras como China están almacenando grandes cantidades de dólares americanos como reservas para respaldar sus propias monedas. Para 2003, los inversores extranjeros eran propietarios de $9,4 billones en activos estadounidenses, mientras que los inversores estadounidenses eran propietarios de sólo $7,2 billones en activos extranjeros.[57] Mientras que los inversionistas extranjeros reciclen sus dólares en la economía de EE.UU., las cosas se mantendrán estables.

Figura 11: Déficits comerciales de Estados Unidos, 1960–2008
en billones de dólares

Fuente: Departamento federal del censo y de estadísticas sobre Comercio Exterior

El temor es que los inversores extranjeros podrían hacer algún día un balance de la débil situación fiscal de Estados Unidos y decidir que el país ya no es digno de la fe que durante tantos años depositaron en él. Si esto ocurriera, podríamos ver a muchos países extranjeros deshacerse de sus dólares. Esto podría ocurrir si las naciones extranjeras pierden la confianza en el dólar, tal vez debido a las alarmantes tendencias descritas en este capítulo. Un colapso del dólar podría ser consecuencia de la deflación, la hiperinflación, o de que el gobierno de Estados Unidos no pueda pagar su deuda. Estos países podrían decidir diversificar su tipo de reservas de cambio, lo que significa que cambiarían los dólares por el euro o el yen. De hecho, en 2005 aparecieron informes de que el banco central de Corea del Sur tenía la intención de hacer precisamente eso, y en consecuencia, el dólar se devaluó contra todas las monedas extranjeras, y el mercado de valores sufrió su mayor caída en casi dos años.[58] Además de las importaciones baratas, un dólar fuerte mantiene las tasas hipotecarias más bajas y ayuda a financiar el déficit presupuestario. Todo eso cambia con la debilidad del dólar. En muchos sentidos, la economía de EE.UU. depende tanto de dinero extranjero como del petróleo extranjero. Un analista lo dijo mejor: "Tener la condición de moneda de reserva es como poder hacer un cheque tras otro y no tener dinero en ellos. Sin embargo, cuando se pierde la condición de moneda de reserva, es como si todos esos cheques fueran sacados debajo del colchón, y cobrados de repente."[59]

No está claro cuál moneda podría reemplazar al dólar como moneda de reserva d mundial. Muchos expertos y analistas defienden el uso de los Derechos Especiales de Giro (DEG s) del FMI como base para una nueva moneda mundial. Ciertamente, el euro es una opción, y se ha hablado de una "unidad monetaria asiática" que serviría como una moneda regional, pero existen importantes obstáculos para tal evolución.[60]

El hecho de que existen obstáculos para monedas alternativas, no significa sin embargo que la amenaza no exista. En la cumbre del G-8 en julio de 2009, el presidente ruso, Dimitri Medvedev, mostró una moneda llamada la "Futura Moneda Mundial Unificada", y abogó por la diversificación del sistema monetario mundial en detrimento del dólar, propuesta que fue respaldada por Francia y China. Un informe publicado por el diario *The Independent* en octubre de 2009, sugirió que los estados árabes se han unido a China, Rusia y Francia para dejar de usar el dólar en las transacciones de petróleo, en favor de varias divisas que incluyen el yen japonés y el yuan chino. La transición supuestamente tomaría alrededor de nueve años, con el oro sirviendo tal vez como moneda de transición hasta 2018.

Brasil y la India están supuestamente interesados, y la Conferencia de las Naciones Unidas sobre Comercio y Desarrollo también informó sobre la conveniencia de cambiar el dólar por otro sistema. Esto haría que Estados Unidos tuviera mayores dificultades para solicitar préstamos en el extranjero a fin de financiar sus déficits presupuestarios y comerciales, lo que produciría tasas de interés mucho más altas, e inflación. El oro, a su vez, seguiría aumentando en valor. Algunos analistas especulan incluso que un colapso del dólar podría llevar a otro intento del gobierno de confiscar, no monedas de oro ni lingotes como en 1930, sino activos en 401 (k) s e IRAs.[61]

Igual de inquietante, cada vez es más claro que estos sucesos están haciendo reducir el apalancamiento de los Estados Unidos con otros países. China es el mayor prestamista extranjero a los Estados Unidos. En julio de 2009, los funcionarios chinos cuestionaron a sus homólogos estadounidenses sobre la reforma a la salud y cómo esto afectaría el déficit presupuestario. Los chinos querían saber que Estados Unidos estaría en condiciones de pagar la financiación de la deuda. El resultado fue una visita muy conciliadora del presidente Obama a China en noviembre de 2009, evitando las reuniones anteriores con el Dalai Lama en un intento por no enemistarse con Pekín.

China quiere sustituir a los Estados Unidos como la potencia dominante en la región del Pacífico, un movimiento que podría tener consecuencias potencialmente elevadas en la seguridad de Taiwán, la libertad para el Tíbet, y esperanza para los muchos individuos que sufren violaciones a sus derechos humanos en la República Popular de China. Los vínculos cercanos de Estados Unidos con China también tendrían consecuencias profundamente negativas cuando estalle la burbuja económica de China. Ese país está tratando de solucionar algunos problemas internos graves, el menor de los cuales no es su intento, en palabras de David Smick de, "casarse con una economía de mercado, con un régimen político marxista." Tal combinación parece insostenible a largo plazo, especialmente teniendo en cuenta las implicaciones demográficas de China con la política de un solo hijo, que ha dado lugar a un excedente de hombres sobre mujeres. El gasto militar acelerado puede ser una manera de absorber el exceso de hombres. El resultado de una explosión de la burbuja china sería una deflación masiva y un gran aumento del desempleo; la bolsa se desplomaría, y se produciría un estancamiento económico. Una posible respuesta a esta perspectiva es que China retire sus reservas del sistema global para usarlas en casa. De cualquier manera, la dependencia estadounidense de China supone graves peligros.[62]

CONCLUSIÓN

Volvemos ahora al tema más amplio de la fortaleza económica de Estados Unidos. La única razón por la que el dólar ha sorteado el temporal de la crisis financiera hasta el momento es que la recesión azotará a Europa y a Japón con más fuerza incluso que a los Estados Unidos. Las tasas de interés aumentarán con el tiempo, y el costo de la deuda pública subirá también. Un aumento de sólo el 2 por ciento en las tasas de interés causaría una deuda de $10 billones a un costo extra de $100 mil millones. Si continúan las tendencias actuales, existe una posibilidad real de que el país no pague la deuda nacional, o intente evitar esa posibilidad mediante la impresión de más dinero, lo que produciría una época dominada por la hiperinflación. Así, mientras no haya una moneda única que pueda reemplazar al dólar a corto plazo, es evidente que el dólar está perdiendo su predominio sobre otras monedas.

Tuvieron que pasar décadas para que la libra esterlina británica a perdiera su lugar con respecto al dólar, y el dólar puede tardar el mismo tiempo para hacer lo mismo. Sin embargo, si varios países igualan a los Estados Unidos y compiten por la predominancia —lo que llevaría a bloques regionales separados en términos monetarios—, o a una moneda alternativa que se cotice hasta desplazar por completo al dólar, perder su condición de moneda de reserva mundial significa que Estados Unidos perderá su estatus como superpotencia económica. Si eso ocurre, habrá menos recursos disponibles para las Fuerzas Armadas, poniendo en peligro el estado de la nación como una superpotencia militar. El historiador Niall Ferguson señala que este patrón de declive imperial se ha repetido en numerosas ocasiones en la historia mundial.[63]

Todos estos cambios se remiten de nuevo a las decisiones humanas. Al eliminar el patrón oro, Estados Unidos puede imprimir grandes cantidades de dólares, lo que tendrá un costo cuando los mercados consideren que la nación esté profundamente endeudada, lo que debe concluir sin duda en algún momento. Al perseguir aumentos temporales en el gasto público para hacer frente a la crisis financiera, los líderes políticos sientan las bases para programas nuevos y permanentes, y para un gasto y una deuda pública aún mayores. Y cuando un segmento de la población se beneficia de las políticas de gobierno, sea a través de programas o exenciones de impuestos, probablemente se deba a una ley de la naturaleza humana que dicho grupo trate de mantener esos beneficios. Muchos estadounidenses piensan actualmente que el gobierno es el responsable por el crecimiento económico y el bienestar. Han creído el argumento de Franklin Roosevelt de que gobierno no sólo debe garantizar los derechos tradicionales naturales de la vida, la libertad y la búsqueda de la felicidad, sino también "la libertad para vivir sin miseria" y "estar libres del miedo", objetivos que están más allá de lo que puede satisfacer cualquier institución humana. Estas expectativas irrazonables representan un cambio en la perspectiva de pensar que nosotros, como individuos, somos responsables de nuestro bienestar, para pasar a una filosofía del derecho público. Esperamos que el gobierno haga más por nosotros.[64] Y como tenemos el gobierno que nos merecemos, este aumenta su tamaño para dar cabida a esas expectativas. El intento de ignorar la naturaleza humana nos ha llevado a donde estamos hoy.

Estados Unidos no podía estar en peor situación si la hubiera orquestado su mayor enemigo. Pero tal vez nosotros mismos nos hemos encargado de hacer su trabajo. John Maynard Keynes escribió: "Se dice que Lenin señaló que la mejor manera de destruir el sistema capitalista era corrompiendo la moneda. Lenin tenía razón. No existe un medio más sutil ni más seguro de trastocar la base existente de la sociedad que corrompiendo la moneda."[65] Lo que Keynes —y Lenin— dijeron con respecto a la inflación podría aplicarse con relativa facilidad al estado general del dólar y a la economía estadounidense. Las decisiones grandes y pequeñas de los filósofos y políticos que rechazan la sabiduría consagrada por el tiempo a una población demasiado dispuesta a comprar lo que ellos les estaban vendiendo, a abrazar el consumo conspicuo, y a negarse a decir rechazar la expansión excesiva del gobierno, nos han llevado a este punto. Necesitamos un nuevo patrón de opciones si queremos invertir el rumbo. La pregunta es si hay algún líder dispuesto a articular una nueva visión y si la población está dispuesta a seguirlo. Si ese cambio de rumbo no se realiza en breve, podemos dar por hecho la muerte del dólar, asesinado por nuestras propias manos.

El rechazo a Israel

EL RECHAZO DE ESTADOS UNIDOS
A ISRAEL

En 1776, cuando los padres fundadores comprometieron "sus vidas, sus fortunas y su honor sagrado"[1] al nacimiento de Estados Unidos, el faro de la esperanza comprendía a toda la tierra, e invitaba a "tus cansadas, tus pobres, tus abigarradas masas al deseo de ser libres."[2]

El nacimiento de los Estados Unidos no se habría convertido en realidad sin la contribución de la comunidad judía a Estados Unidos y Europa. Uno de los muchos actos de heroísmo y de ayuda humanitaria es la increíble historia de Haym Salomon, un banquero de Filadelfia.

En agosto de 1781, el ejército continental había capturado al Teniente General Charles Cornwallis en Yorktown, una pequeña ciudad costera de Virginia. George Washington, el ejército y el Conde de Rochambeau y su ejército francés, decidieron avanzar desde el Altiplano de Hudson a Yorktown para dar el golpe final. Pero las arcas de Washington para la guerra estaban completamente vacías, al igual que las del Congreso.

Washington decidió que necesitaba una gran suma de dinero para financiar su campaña. Cuando Morris le dijo que no había fondos ni crédito disponible, Washington le dio una orden sencilla pero elocuente: "Busca a Haym Salomon." Haym llegó y consiguió el dinero. Washington emprendió la campaña de Yorktown, que resultó ser la última batalla de la Revolución, gracias a Haym Salomon.[3]

Según Peter Wiernik, en su libro *Historia de los judíos en América*:

Salomon negoció la venta de la mayoría de la ayuda de la guerra de Francia y Holanda, vendiendo letras de cambio a los comerciantes americanos.

Salomón también apoyó personalmente a varios miembros del Congreso Continental durante su estancia en Filadelfia, incluyendo a James Madison y James Wilson. Actuando como el patriota que era, pidió unas tasas de interés por debajo del mercado, y nunca pidió pago alguno.[4]

La Guerra de la Independencia terminó con el Tratado de París, firmado en septiembre 3 de 1783, pero los problemas financieros de Estados Unidos continuaron. Fue Haym Salomon quien logró, otra vez, conseguir el dinero para hacer realidad el sueño de la libertad de los Estados Unidos.

Las muchas contribuciones de los judíos en el nacimiento, crecimiento y el desarrollo de los Estados Unidos en los campos de la medicina, las ciencias, las artes, el gobierno federal, el poder judicial, la política, la educación militar, y las causas humanitarias son interminables y monumentales. Estados Unidos ha sido un país que les ha ofrecido refugio a los judíos que estuvieron diseminados por la faz de la tierra durante siglos en busca de un hogar. En una ironía de la historia, el pueblo judío recibió un hogar por parte de Dios, pero estuvieron sin hogar durante varios siglos.

El vínculo entre Estados Unidos y el pueblo judío se fortaleció el 15 de mayo de 1948, cuando el presidente Harry Truman reconoció el renacimiento del Estado de Israel once minutos después que el primer ministro Ben Gurión leyera la declaración del estado israelí.

Todos los presidentes, desde George Washington hasta George Bush, han sido defensores consumados del Estado de Israel. Luego vino el presidente Barack Obama y el cambio que nadie pudo haber predicho se convirtió en una realidad impactante. El presidente de los Estados Unidos rechazó a Israel con valentía y sin pedir disculpas, pidiendo una política de "no crecimiento" en los asentamientos y casas que se construirían en Jerusalén. ¿Por qué hizo esto?

En su libro, *La gran yihad: Cómo el Islam y la izquierda sabotean a*

América, Andrew McCarthy explica el total sometimiento del presidente Obama al monarca de Arabia Saudita, diciendo:

> Por lo tanto, de todos los potentados del planeta, ¿por qué un presidente de Estados Unidos degrada su posición en homenaje a éste? Porque Arabia Saudita es la cuna del Islam. Más específicamente, es la cartera sin fondo y la corona simbólica de un movimiento cuyo objetivo es nada menos que suplantar los valores políticos, económicos y culturales de Occidente. La subversión de esos valores es el mayor deseo de Obama: la labor de su presidencia, y la esperanza detrás del cambio. El presidente se estaba inclinando ante un sueño compartido.[5]

El hecho de compartir del sueño islámico permite entender el rechazo del presidente Obama a Israel, el aliado más confiable de Estados Unidos por más de sesenta años, así como la única democracia en el Medio Oriente.

En una encuesta reciente de Gallup, el 67 por ciento de los estadounidenses dijeron que tenía una opinión favorable de Israel, mientras que el 17 por ciento tenía una opinión favorable del Congreso. Reconociendo la amplia base de apoyo público a Israel, dos tercios de la Cámara de Representantes de EE.UU. firmaron una carta en la que la Secretaria de Estado Clinton declara: "Nos dirigimos a reafirmar nuestro compromiso con el vínculo indisoluble que existe entre nuestro país y el Estado de Israel y expresarle nuestra profunda preocupación por las tensiones recientes."[6]

La "tensión reciente" era una referencia a la visita a la Casa Blanca del primer ministro Netanyahu. El presidente se negó a tomarse una foto con el primer ministro Netanyahu, no hubo conferencia de prensa, no hubo cena de estado, y no hubo apretones de manos.

El presidente de los Estados Unidos dejó al primer ministro de Israel solo en la Oficina Oval, mientras cenaba con su familia en la Casa Blanca. Nunca en la historia de América un Jefe de Estado ha sido tratado tan mal.

El presidente sermoneó al primer ministro sobre el atrevimiento de Israel de construir viviendas en la ciudad de Jerusalén. Pregunta: ¿Con qué autoridad el presidente de los Estados Unidos le dice al pueblo de Israel qué pueden construir y dónde? El Estado de Israel no es un estado vasallo de los Estados Unidos. Israel es una democracia con el derecho a la libre determinación sin la presión de la Casa Blanca.

En marzo de 2010, la secretaria de Estado Hillary Clinton pasó cuarenta y cinco minutos sermoneando al primer ministro Netanyahu por teléfono, debido a la construcción de viviendas en Jerusalén para el pueblo judío, en una tierra que el presidente Obama tiene la intención de darles a los palestinos en un obsceno ofrecimiento de paz en el futuro.

Greg Sheridon, director de la sección internacional del periódico *Australian*, escribió sobre el anuncio de la construcción de viviendas planificadas en Jerusalén, "la yihad anti israelita de Barak Obama es una de las políticas más irresponsables de cualquier presidente moderno estadounidense."

En septiembre de 2009, el presidente Obama anunció que los Estados Unidos "no aceptan la legitimidad de la continuación de los asentamientos israelíes" también conocidos como las comunidades judías en tierra judía en el Estado de Israel. Israel debe "poner fin a la ocupación que comenzó en 1967." [7]

Repasemos brevemente la historia. Israel fue atacado en 1967 en la Guerra de los Seis Días por los ejércitos árabes. Los israelíes tuvieron una imponente y decisiva victoria, incluyendo el Muro Occidental en Jerusalén. Ahora, el presidente de Estados Unidos quiere que Israel devuelva las tierras ganadas en una guerra comenzada por los árabes. Probablemente también le gustaría que Arizona, Texas, y California pongan fin a su ocupación de territorios mexicanos que fueron incautados brutalmente en la primera mitad del siglo XIX. La misma lógica podría aplicarse.

Irán se unió al club nuclear mientras Estados Unidos aprobó sanciones tibias en su contra. El presidente se esfuerza por encontrar un terreno común con Ahmadineyad y su dictadura teocrática de Irán, que asesinó a ciudadanos de Irán en las calles porque estaban protestando en favor de la libertad.

¿Por qué el presidente tiene una paciencia infinita con los terroristas radicales islámicos, y con los dictadores teocráticos, pero una tolerancia cero con la nación de los sobrevivientes del holocausto que quieren construir casas en la tierra que Dios les ha dado?

Con respecto a las elecciones de noviembre de 2010. Creo que el presidente comenzará una gran ofensiva política tras las elecciones para dividir a la ciudad de Jerusalén. El objetivo es que a los palestinos deberían recibir Jerusalén Oriental como recompensa por la paz. Y al pueblo judío se le preguntará si quieres ser parte de Jerusalén y así poder vivir en paz, o que todo Jerusalén viva una guerra constante.

¿Quién es el hombre sabio?

Los sabios de Israel dicen que el hombre sabio es el hombre que ve el futuro.

¿Quién es el tonto? El profeta Isaías dice: "¡Ay de los que llaman al mal bien, y al bien mal!" (Isaías 5:20).

Estados Unidos se ha perdido en una niebla políticamente correcta que carece de claridad moral. No podemos ver el futuro porque nos falta el valor para admitir la realidad de que el Islam radical es el enemigo de toda sociedad libre. Nuestra voluntad para mirar el mal y lo llamarlo el bien es una locura moral y una traición a la libertad.

Y para empeorar las cosas: si Estados Unidos presiona a Israel para dividir la ciudad de Jerusalén, el juicio de Dios vendrá a Estados Unidos. El profeta Joel afirma este concepto con claridad en Joel 3:2, cuando dice:

> *Reuniré a todas las naciones, y las haré descender… y allí entraré en juicio con ellas a causa de mi pueblo, y de Israel mi heredad, a quien ellas esparcieron entre las naciones, y repartieron mi tierra.*
> —*Joel 3:2 NKJV*

ISRAEL: LA TIERRA DEL PACTO

Israel es diferente a cualquier otra nación sobre la faz del planeta: Israel es la única nación creada por un acto soberano de Dios, que entró en la eterna sangre del pacto con Abraham hace 3.500 años.

Dios dijo a Abraham que dejara su tierra, su lugar de nacimiento, y la casa de su padre y viajara a "una tierra que te mostraré" (Génesis 12:1 NKJV).

Dios le prometió a Abraham la tierra en siete ocasiones, una vez a Isaac, y tres veces a Jacob.

El pacto para esta tierra que Dios Todopoderoso ama y que el Islam radical odia apasionadamente está registrada en Génesis 17:7–8. Dios le

Señor lo ha jurado: Jehová tendrá guerra con Amalec de generación en generación."

—*Éxodo 17:14, 16 NKJV*

El renacimiento de Israel el 14 de mayo de 1948, fue el cumplimiento literal de las promesas hechas por los antiguos profetas de Israel. Fue el cumplimiento literal del profeta Isaías, quien escribió:

¿Quién ha oído cosa semejante? ¿Quién ha visto jamás cosa igual? ¿Será que la tierra se hizo para dar a luz en un día? ¿Puede una nación nacer en un solo día?

—*Isaías 66:8 NKJV*

Mi padre, un ministro ordenado del Evangelio por más de cincuenta años, y yo, estábamos sentados a la mesa de la cocina en nuestra casa escuchando la radio en aquel día histórico en que Israel volvió a nacer. Cuando el locutor de radio declaró que las Naciones Unidas habían reconocido al Estado de Israel, mi padre, con lágrimas en los ojos, dijo: "Este es el milagro más grande del siglo XX."

La declaración de las Naciones Unidas de la concesión del Estado de Israel y de una patria para los judíos del mundo fue reconocida por el presidente Harry Truman once minutos más tarde. Inglaterra se abstuvo en la votación, negándose a apoyar a los judíos a tener una patria que se llamara Israel. Las largas raíces antisemitas de Inglaterra dieron frutos amargos ese día histórico.

¿Por qué esta alianza divina de una tierra específica para el pueblo judío es tan crucial en el siglo XXI? Es urgente, porque la Tercera Guerra Mundial está a punto de comenzar debido a que en la humanidad no ha logrado reconocer el derecho histórico de Israel a la tierra.

El primer ministro británico Benjamín Disraeli, quien a pesar de haber sido bautizado como cristiano, sentía un orgullo enorme por su ascendencia judía, dijo en una respuesta a un insulto del Daniel O'Connell, un católico irlandés, "Sí, soy judío, y cuando los antepasados de los honorables caballeros eran salvajes brutales en una tierra desconocida, los míos eran sacerdotes en el Templo de Salomón."

El punto es este: Jerusalén fue la capital de Israel antes que Berlín, París, o Nueva York existieran. La ciudad de Jerusalén ha sido la capital de

Israel y del pueblo judío desde que el rey David derrotó a los jebuseos allí hace 3.000 años.

Qué extraño que los líderes ignorantes y desinformados del siglo XXI crean que la antigua ciudad Bíblica no debe ser judía. El pueblo judío tiene más derecho a Jerusalén que los franceses a París, los alemanes a Berlín o los británicos a Londres.

LAS FRONTERAS DE ISRAEL

Los límites de esta transacción de bienes raíces sagrados abarcan un área mucho mayor que los que tiene en la actualidad el Estado de Israel. Génesis 15:18 afirma que la tierra que Dios dio a Abraham, Isaac y Jacob hace tres mil quinientos, se extiende desde el Mar Mediterráneo en el oeste, al río Éufrates en el este.

Ezequiel declara que la frontera norte está en Hamat, cien kilómetros al norte de Damasco (ver Ezequiel 48:1) y el límite sur en Cades, 100 kilómetros al sur de Jerusalén (cf. Ezequiel 48:28). Cuando venga el Mesías, Israel obtendrá el control de cada pulgada de las plazas de la tierra prometida dada por Dios a Abraham y al pueblo judío en herencia perpetua.

Si miras un mapa del Medio Oriente y fijas los límites registrados en la Escritura, llegará el día en que Israel será el propietario y tendrá el control sobre todo el Israel actual, incluido Jerusalén, Líbano, Cisjordania, Jordania, y la mayor parte de Siria, Irak y Arabia Saudita. Creo que el Mesías vendrá, y aunque tarde en venir, le dará a Israel la tierra prometida por un acto soberano de Dios desde hace 3.500 años, y a las naciones del mundo les rechinarán sus dientes de la angustia.

LA HISTORIA DEL RECHAZO

Hay una maldición sobrenatural asociada a la tierra de Israel. Es una maldición divina de Dios a los hombres y a las naciones que, con premeditación y alevosía, hagan daño al pueblo judío o ataquen al Estado de Israel.

El profeta Abdías escribe:

> *"¡Como hiciste [a Israel], se te hará! ¡Sobre tu cabeza recaerá tu merecido!"*
>
> *—Abdías 1:15 NKJV*

El profeta Joel habla del juicio Dios a las naciones que dividan la tierra de Israel, que incluye la ciudad de Jerusalén, diciendo:

Reuniré a todas las naciones… Allí entraré en juicio contra los pueblos en cuanto a mi propiedad, mi pueblo Israel, pues lo dispersaron entre las naciones y se repartieron mi tierra.

—Joel 3:2–3 NKJV

El profeta Jeremías dice que cualquier nación que intente apoderarse de la tierra de los judíos perderá sus tierras:

En cuanto a todos los vecinos malvados que tocaron la heredad que le di a mi pueblo Israel [La Tierra Prometida], los arrancaré de sus tierras.

—Jeremías 12:14 NKJV

El profeta Zacarías escribe:

Porque así dice el SEÑOR Todopoderoso. "Su gloria me envió contra las naciones que los saquearon a ustedes; la nación que toca a mi pueblo [al judío], me toca la niña de los ojos. Yo agitaré mi mano contra esa nación, y sus propios esclavos la saquearán."

—Zacarías 2:8–9 NKJV

Dios hizo esta promesa a Abraham ya sus descendientes en el Libro del Génesis, y el cementerio de la historia humana está lleno de naciones que no comprendieron la promesa de que la maldición de Dios Todopoderoso caería sobre cualquier pueblo o nación que oprimiera a Israel o al pueblo judío.

El relato del Génesis dice: "Maldeciré a los que te maldigan" (Génesis 12:3 NKJV).

Viajemos por las páginas de la historia mundial y veamos a los hombres y naciones que oprimían al pueblo judío y que murieron bajo la maldición de Dios. Descubriremos que lo mismo que los hombres y las naciones le hicieron a Israel, Dios lo hizo exactamente con los opresores de Israel y del pueblo judío.

También veremos en el futuro a las naciones maldiciendo todas las noches a Israel y al pueblo judío en la televisión, y veremos el juicio de Dios aplastando a esas naciones y sus ejércitos en el futuro. El profeta Isaías escribe:

"Yo soy Dios, y no hay ningún otro, Yo anuncio el fin desde el principio; desde los tiempos antiguos, lo que está por venir. Yo digo: 'Mi propósito se cumplirá, y haré todo lo que deseo'."

—Isaías 46:9–10 NKJV

EL RECHAZO DEL FARAÓN: EL FARAÓN SE AHOGA EN SU PROPIA PROFECÍA

El faraón egipcio que mantuvo cautivos a los hijos de los de Israel tenía un plan para matar a los judíos, obligando a las parteras de Egipto a ahogar en el río a los judíos varones recién nacidos (ver Éxodo 1:22).

¿Por qué el faraón odiaba a los judíos con tanta malicia que quería matar a sus hijos varones? ¿Por qué los judíos vivían en Egipto? Para entender porqué los niños hebreos terminaron en un país extranjero, desde donde emprenderían un éxodo tras 430 años de cautiverio, debemos empezar desde el principio en el libro de Génesis.

Jacob, quien más tarde sería conocido como Israel, era el nieto de Abraham; vivió en Canaán y tuvo doce hijos. José, el hijo favorito de Jacob, recibió de su padre un abrigo de muchos colores, utilizado por la realeza. La preferencia que Jacob sentía por José fue son para que sus once hermanos lo odiaran tanto que quisieran matarlo. En el transcurso del tiempo, lo vendieron a los madianitas, los cuales lo llevaron a Egipto y lo vendieron por segunda vez a Potifar, un egipcio rico que servía en la corte del faraón.

¡Había un problema!

La esposa de Potifar deseaba al hermoso José y trató de seducirlo en varias ocasiones. José siempre se negó, y la esposa de Potifar lo acusó falsamente de violación. Fue enviado a la cárcel, esperando sin saberlo el día de Dios que Dios lo condujera al palacio del Faraón, una promoción al privilegio y al poder que la mente de un prisionero no podía comprender nunca.

Cuando José se convirtió en primer ministro de Egipto, sus hermanos fueron a Egipto en busca de alimentos, pues tenía mucha hambre. Al llegar a Egipto, los hijos de Israel se vieron obligados a comparecer ante el primer ministro —José, su hermano—, a fin de recibir el permiso para comprar grano. En su tercera visita a Egipto, José se reveló a sus hermanos, quienes pensaban que estaba muerto.

La familia reconciliada trajo la unidad, y la unidad trajo la bendición de Dios. El rey David escribe:

"¡Cuán bueno y cuán agradable es que los hermanos convivan en armonía!… el SEÑOR concede bendición y vida eterna." (Salmo 133:1, 3 NKJV).

Una familia de setenta personas en la tierra de Egipto, donde se convertiría en una nación de millones en 430 años de esclavitud.

La Biblia dice: "Sin embargo, los israelitas tuvieron muchos hijos, y a tal grado se multiplicaron que fueron haciéndose más y más poderosos. El país se fue llenando de ellos." (Éxodo 1:7 NKJV).

Cuando José murió, surgió en Egipto un faraón que no conocía José. Ese faraón comenzó a temer a los hijos de Israel, y temió que israelitas dominaran a Egipto si alguna vez se enfrentaban en una batalla. El faraón dijo a su pueblo "Vamos a tener que manejarlos con mucha astucia; de lo contrario, seguirán aumentando y, si estalla una guerra, se unirán a nuestros enemigos, nos combatirán y se irán del país." (Éxodo 1:10 NKJV). Entonces, el faraón oprimió a los hijos de Israel y los obligó a convertirse en esclavos egipcios. Insatisfecho con la esclavitud, el faraón planeó diezmar a los hijos de Israel, para que no fueran más poderosos que Egipto. Entonces, coordinó a las parteras híbridas que mataran a cualquier varón que naciera en Egipto.

"Sin embargo, las parteras temían a Dios, así que no siguieron las órdenes del rey de Egipto sino que dejaron con vida a los varones." (Éxodo 1:17 NKJV).

En consecuencia, Dios bendijo a las parteras y les dio hogares, y los hijos de Israel continuaron multiplicándose y prosperando. El Faraón, todavía decidido a aniquilar al pueblo judío, mandó que cada bebé hebreo fuera ahogado en el río. Por esa época, nació Moisés, biznieto de Jacob. Con el fin de salvar su vida, Moisés fue colocado en un cesto y puesto en la orilla del río, donde se bañaba la hija del Faraón.

Todo salió según lo planeado. La hija del Faraón descubrió a Moisés en la cesta, se apiadó de él, y lo crió como a su propio hijo. Por otra parte, la hija del Faraón contrató a la madre biológica de Moisés para que fuera su nodriza y lo amamantara, Moisés creció sabiendo que era hebreo, y comprendiendo su legado judío.

Cuando estaba adulto y era el príncipe de Egipto, Moisés vio cómo golpeaban a un esclavo hebreo. Entró en la pelea, mató al egipcio y lo enterró en la arena. Después de haber violado la ley de Egipto y ocasionando la ira del Faraón, Moisés huyó para salvar su vida en las profundidades del desierto.

Allí se casó con Séfora y se convirtió en el padre de Gersón, que significaba, "He sido un extranjero en una tierra extraña" (Éxodo 2:22 NKJV). Al estar Moisés cuidando el rebaño de Jetro, su suegro, vio un arbusto en llamas que no estaba siendo consumido por el fuego y oyó la voz de Dios que le ordenaba regresar a Egipto para liberar al pueblo judío de la esclavitud.

Moisés, que tenía ochenta años, regresó a Egipto para sacar al pueblo judío del cautiverio egipcio. Moisés aceptó el papel a regañadientes, y los hijos de Israel lo aceptaron como su libertador. El Faraón, sin embargo, no aceptó la petición de Moisés para liberar a los niños hebreos.

Dios envió una plaga sobre suelo egipcio por cada una de las negaciones del Faraón para liberar a los hijos de Israel. Milagrosamente, las plagas sólo afectaron a los egipcios y los niños hebreos salieron ilesos. Diez plagas cayeron sobre el pueblo egipcio. ¿Por qué diez plagas?

Hubo diez plagas, debido a que Egipto servía a diez dioses principales. Con cada plaga, Dios Todopoderoso destruyó a cada uno de los principales dioses de Egipto. El pueblo judío había vivido 430 años en una tierra de idolatría, con dioses que se podían ver y tocar. Estaban a punto de ser introducidos a un Dios que nadie podía ver ni tocar, pero que tenía todo el poder en el cielo y en la tierra.

Ya fueran ranas, piojos, langostas, enfermedades, granizo, u oscuridad, nada fue lo suficientemente convincente como para motivar al Faraón a liberar a los hijos de Israel, hasta que cayó la décima plaga, que produjo la muerte de todos los primogénitos egipcios. Por instrucciones de Dios, los israelitas pintaron sus puertas con sangre de un cordero y se salvaron del Ángel de la Muerte.

Con su propio hijo muerto en su cama, el Faraón le dijo a Moisés que los niños de Israel podían abandonar la tierra de Egipto.

A pesar de que el Faraón les permitió huir a los niños hebreos, rápidamente cambió de opinión y los persiguió. El Señor, siempre fiel como defensor de Israel, preparó a Moisés para lo que estaba por venir. El Señor dijo a Moisés: "Yo, por mi parte, endureceré el corazón del Faraón para que él los persiga. Voy a cubrirme de gloria, a costa del Faraón y de todo su ejército. ¡Y los egipcios sabrán que yo *soy* el SEÑOR!"(Éxodo 14: 4 NKJV).

Mientras los hijos de Israel salían de Egipto con todos sus animales y los carruajes cargados con las riquezas de Egipto, el faraón y su ejército los persiguieron con una furia alimentada por la muerte de su hijo, el primogénito de todo Egipto.

Cuando Moisés y los hijos de Israel llegaron al Mar Rojo, Dios estaba preparado para eliminar al dios principal de Egipto: al Faraón. El Señor dividió las aguas para que los hijos de Israel pudieran pasar a través de tierra seca. Los niños hebreos cruzaron el mar y el ejército enfurecido del Faraón los persiguió.

Una vez que los hijos de Israel pudieron cruzar el Mar Rojo, el Señor cerró las paredes de agua, y las dejó caer sobre los egipcios. La Palabra dice: "Al recobrar las aguas su estado normal, se tragaron a todos los carros y jinetes del faraón, y a todo el ejército que había entrado al mar para perseguir a los israelitas. Ninguno de ellos quedó con vida." (Éxodo 14:28 NKJV).

Poco sabía el Faraón que conspiró para exterminar a los hijos de Israel al ahogar a sus hijos en el agua, que simplemente estaba estableciendo las condiciones de su propio destino. Exactamente lo que él le había hecho al pueblo judío le sucedió a él por la mano de Dios.[8] "Maldeciré a los que te maldicen" podría haber sido esculpido en su lápida real."

EL RECHAZO DE AMÁN Y DE HITLER: LOS HIJOS DE AMÁN Y EL JUICIO DE NUREMBERG

Los sabios nos dicen que debemos estudiar la historia judía cuidadosamente, pues todo que le sucedió a nuestros antepasados, está destinado a sucedernos a nosotros, sus descendientes.[9]

Para hacer la conexión entre el antiguo relato de la reina Ester y el papel que jugó en salvar al pueblo judío del exterminio, y los juicios de Núremberg, es algo que requiere de un cuidadoso examen histórico.

Una evaluación de las escrituras hebreas en el libro de Ester muestra indicios que prefiguran el ahorcamiento de los nazis de Hitler en Núremberg.

Antes de comparar el ahorcamiento de los hijos de Amán y el de los criminales de en guerra Núremberg en términos colectivos, primero es necesario examinar los hechos por separado.

Ester, Amán y la fiesta de Purim

Purim es una celebración judía que conmemora la salvación del pueblo judío a manos de la Reina Ester. El libro de la reina Ester contiene la historia del ascenso de Ester como reina en el reino de Asuero, y de su intervención sobrenatural en nombre de su pueblo, los judíos, lo cual los salvó del exterminio y del primer holocausto.

La historia de Ester

Ester, una huérfana criada por Mardoqueo, su primo mayor, era una hermosa joven judía. En ese momento, el rey Asuero estaba buscando una nueva reina, y decretó que todas las jóvenes vírgenes fueran llevadas al palacio del rey y que fueran cuidadas por mujeres.

En consecuencia, Ester fue llevada con el resto de las vírgenes jóvenes que residían en el reino. Antes de salir para el palacio del rey, Mardoqueo instó a Ester a no revelar sus raíces judías al rey. Sometiéndose a su autoridad paterna, ella obedeció la orden y mantuvo su herencia judía en secreto. Finalmente, Ester fue favorecida por el rey Asuero, quien la amaba más que a todas las otras jóvenes. Ester, una mujer judía, fue declarada reina de Persia, que actualmente es Irán.

Todos los días, Mardoqueo se sentaba a las puertas del rey, procurando tener noticias del bienestar de la Reina Ester. Mientras estaba allí, Mardoqueo se dio cuenta que dos de los porteros del Rey planeaban hacerle daño al rey Asuero. Mardoqueo le contó dicho plan a la reina Ester, que, a su vez, transmitió el mensaje al rey en nombre de Mardoqueo. Entonces, los porteros fueron ahorcados y todo el incidente se registró en el libro de las crónicas del rey.

Después de esto, el rey ascendió a uno de sus hombres, Amán, como el segundo en el mando de seguridad en el reino. Con esta promoción, el rey les ordenó a sus servidores que se sometieran y rindieran homenaje a

Amán. Mardoqueo, que era judío, se negó a inclinarse ante Amán. Amán estaba "lleno de ira" (Ester 3:5 NKJV).

Cuando Amán supo que Mardoqueo era judío, conspiró no sólo para matarlo a él, sino a toda la población judía se había en el reino de Persia. En aquella época, la gran mayoría de los judíos vivía en Persia. Amán solicitó una audiencia con el rey y pidió que se escribiera un decreto ordenando la destrucción de todos los hombres, mujeres y niños judíos, y el saqueo de sus posesiones.

El rey, aún sin saber que su reina era judía, dio el consentimiento a la solicitud de Amán y permitió que se escribiera el decreto que ordenaba la destrucción total del pueblo judío a los trece días del duodécimo mes. El decreto fue sellado con el anillo del rey y difundido por todo el reino. Este decreto se hizo según la ley de los medos y los persas, lo que significaba que el rey no podía revocar su propio decreto. Al parecer, los judíos estaban condenados a morir.

Mardoqueo le contó a Ester del decreto del rey y le ordenó ir ante él para abogar por la vida del pueblo judío.

Mardoqueo envió el siguiente mensaje a Ester: "No te imagines que por estar en la casa del rey serás la única que escape con vida de entre todos los judíos. Si ahora te quedas absolutamente callada, de otra parte vendrán el alivio y la liberación para los judíos, pero tú y la familia de tu padre perecerán. ¡Quién sabe si no has llegado al trono precisamente para un momento como éste!" (Ester 4:13–14 NKJV). Aunque era la reina Ester, no se le permitió comparecer ante el rey si no era convocada. Cualquier persona que se presentara ante el rey sin haber sido citada por él sería condenada a muerte, a menos que el rey sostuviera su cetro en señal de aceptar su presencia.

Teniendo en cuenta la posibilidad de su muerte por comparecer ante el rey sin su invitación real, Ester les solicitó a Mardoqueo y al resto del pueblo judío en el reino, que oraran en su nombre para que ella se viera favorecida por el rey. Decidida a proteger a su pueblo de una muerte segura, Ester decidió quebrantar la ley del rey, diciendo: "Me presentaré ante el rey, por más que vaya en contra de la ley. ¡Y si perezco, que perezca!" (Ester 4:16 NKJV).

En respuesta a sus oraciones, Ester halló gracia delante del rey cuando entró en su corte. Él le preguntó: "¿Qué te pasa, reina Ester? ¿Cuál es tu petición? ¡Aun cuando fuera la mitad del reino, te lo concedería!"(Ester 5:3 NKJV).

Ester le pidió que Amán y el rey asistieran a un banquete que ella prepararía; allí le haría su petición al rey. Cuando Amán se enteró de que había invitado a un banquete privado con el rey y la reina, se sintió eufórico porque su estrella política estaba en ascenso. Amán vio a Mardoqueo en la puerta el rey. Éste no se inclinó ante él, y el odio que sentía Amán por él aumentó. Intentando ocultar su indignación, la familia de Amán sugirió que se hiciera una horca y le pidiera al rey ahorcar a Mardoqueo por su negativa a inclinarse ante él. A Amán le agradó esta idea y dio instrucciones para que colgaran a Mardoqueo.

La muerte de Amán

Esa noche, el rey Asuero no podía conciliar el sueño. En consecuencia, pidió que le leyeran el registro de las crónicas. A medida que las crónicas se leían, el rey escuchó el relato de Mardoqueo y el papel que desempeñó en la protección de sus porteros. En vista de esto, el rey quiso recompensar a Mardoqueo por salvar su vida. Cuando Amán entró en la corte del rey para pedir la ejecución de Mardoqueo, el rey Asuero le preguntó a Amán: "¿Cómo se debe tratar al hombre a quien el rey desea honrar?" (Ester 6:6 NKJV).

Pensando que el rey quería satisfacerle, Amán sugirió un manto real que el rey había vestido le fuera puesto a Mardoqueo, y montara el caballo real en el que el rey había asistido a un desfile en su honor. El rey estuvo de acuerdo y le encargó a Amán que honrara a Mardoqueo exactamente de esa manera. Amán se sintió mortificado. Derrotado y desinflado, Amán regresó a su casa y le contó a su esposa todo lo que había sucedido. Proféticamente, su esposa le dijo: "Si Mardoqueo, ante quien has comenzado a caer, es de origen judío, no podrás contra él. ¡Sin duda acabarás siendo derrotado!" (Ester 6:13 NKJV).

Poco tiempo después, Amán fue conducido al banquete privado organizado por la reina Ester. Cuando el rey Asuero le pidió a la reina que le revelara su petición, Ester pidió que su vida y la vida de su pueblo estuvieran a salvo.

Confundido por su petición, ya que no tenía conocimiento de que era judía, el rey le preguntó quién había ordenado un decreto tan despiadado. La Reina levantó la mano derecha, señaló con su dedo índice el delgado rostro de Amán, y dijo: "¡El enemigo y adversario *es* este Amán malvado!" (Ester 7:6 NVI).

El rey se enfureció por los actos de Amán. Uno de los funcionarios del rey señaló la horca que Amán había construido para Mardoqueo, y el rey ordenó que Amán, y eventualmente sus hijos, fueran colgados. Así pues, Amán murió colgado en la horca que él mismo construyó para Mardoqueo. En cambio, el rey le dio el anillo de Amán a Mardoqueo y fue nombrado a la casa de Amán.

Ester aún estaba decidida a salvar a su pueblo. Sin embargo, como el decreto destinado a exterminar a los judíos fue sellado con el anillo del rey, el rey no tenía poder para revocarlo. Sin embargo, el monarca le permitió a Ester escribir un decreto alternativo en un esfuerzo por salvar la vida de los judíos.

Así lo hizo, y el nuevo decreto permitió a los judíos defenderse de cualquier persona que intentara quitarles la vida. Lucharon ferozmente y, finalmente, destruyeron a todos sus enemigos. Una vez que la reina Ester y su pueblo fueron salvados, el rey Asuero le preguntó si tenía otro requerimiento.

Su respuesta fue: "Llevar a los diez hijos de Amán a la horca" (Ester 9:13 NKJV). El rey aceptó, y ellos fueron ahorcados al igual que su padre.

El mismo día que Amán intentó exterminar a los judíos, el pueblo judío se reunió y celebró un día de fiesta y alegría. Esta celebración recibió el nombre de Purim, por el nombre Pur —que significa "la suerte", ya que Amán había echado la suerte para destruir al pueblo judío (ver Ester 9:24–26).

Después de superar a sus enemigos, todos los judíos del reino decidieron conmemorar la salvación cada año: "Los judíos establecieron para ellos y sus descendientes, y para todos los que se les unieran, la costumbre de celebrar sin falta estos dos días cada año… y que estos días debían ser recordados y celebrados por cada generación… estos días de Purim *no debían dejar de festejarse* entre los judíos, ni debía morir su recuerdo entre sus descendientes." (Ester 9:27–28 NKJV).

Los juicios de Núremberg

Los males que buscamos condenar y castigar han sido tan calculados, tan malignos y tan devastadores que la civilización no puede tolerar que se ignoren porque no puede permitirse su repetición… que cuatro grandes naciones, con la euforia del triunfo y heridos por la afrenta, propinen la venganza y sometan voluntariamente a sus enemigos cautivos al juicio de la ley, es uno de los tributos más importantes que el poder le haya conferido a la razón.[10]

—Extracto de la declaración inicial de Robert Jackson, miembro de la Corte Suprema de Justicia de EE.UU. en el primer juicio de Núremberg

En 1944, cuando la victoria sobre el Tercer Reich ya estaba cerca, el presidente Franklin D. Roosevelt procuró que el Departamento de Guerra de los EE.UU. desarrollará una estrategia en para determinar cómo se someterían a la justicia los criminales de guerra nazis.[11] El Reino Unido adoptó una estrategia similar, pues el Gabinete Británica para la Guerra estaba ideando planes similares desde diciembre de 1942.[12] El resultado fue el Tribunal Militar Internacional (TMI), un tribunal creado por las potencias aliadas, como un mecanismo multinacional y multi jurisdiccional para llevar a algunos de los mayores criminales nazis ante la justicia.

El TMI se celebró en Núremberg, Alemania. El simbolismo geográfico en la elección de Núremberg no debe ser pasado por alto. Núremberg fue sede de grandes mítines y conferencias nazis.[13] De hecho, en una de estas conferencias hicieron dos leyes conocidas como "las leyes de Núremberg." Colectivamente, estas leyes tenían por objeto negar a los judíos sus derechos de ciudadanía además de penalizar el matrimonio y las "relaciones sexuales fuera del matrimonio entre judíos y alemanes."[14]

Sin embargo, gracias a que los juicios de Núremberg se realizaron allí, la ciudad cuyo nombre pertenecía a las leyes que privaban a los judíos de sus libertades, una ciudad conocida por sus mítines del partido nazi, se hizo famosa como la ciudad donde algunos de los líderes más atroces del partido nazi encontraron su destino en la horca de la justicia.

Algunos critican que los juicios de Núremberg fueran una justicia *a posteriori* (literalmente, "después de los hechos"). Los pesimistas se quejaron de que debido a que los inculpados por cometer crímenes en Núremberg fueron acusados de violar las leyes que no existían en su tiempo, sino más bien las leyes que creó el TMI después de su captura, el procedimiento judicial que en última instancia los condenaba a muerte, era injusto.

Robert Jackson, miembro de la Corte Suprema de Justicia, y quien se encargaría de supervisar el proceso, ofrece refuta esa acusación contra la justicia *a posteriori* al decir, "Lo que proponemos es castigar los actos que han sido considerados como criminales desde los tiempos de Caín y han sido escritos en todos los códigos civilizados."[15]

Aunque Núremberg sería la sede de trece juicios contra varios criminales de guerra, el primer juicio sería el más notorio y digno de recordación, ya que estaba dirigido contra los nazis del más alto rango, cuyas muertes por poco eclipsaron sus vidas atroces. Con veinticuatro acusados y las cuatro naciones aliadas como demandantes, el primer juicio de Núremberg duró diez meses y once de los acusados fueron condenados a la horca.[16]

Pese a las afirmaciones de que Núremberg no era simplemente la "justicia de los vencedores", después de la gran cantidad de pruebas incriminatorias que describían las atrocidades cometidas por los acusados, no hay que tener muchos conocimientos penales para reconocer que los acusados merecían un destino peor que la muerte. Algunos ejemplos de las pruebas de acusación son las siguientes:

EE.UU., prueba # 253: Piel humana tatuada y bronceada de las víctimas de los campos de concentración, reservadas para Isle Hoch, la esposa del comandante de Buchenwald, a quien le gustaba utilizar carne humana en pantallas de lámparas y objetos de uso doméstico para su hogar.

EE.UU., prueba # 254: La cabeza reducida y en forma de puño de un polaco ejecutado, utilizada por Isle Koch como un pisapapel.[17]

Si la evidencia física no dejó ninguna duda en cuanto al desprecio tan grotesco que los acusados sentían por la vida humana, tales dudas se vieron despejadas por declaraciones de varios testigos. Entre ellos figura Marie-Claude Vaillant-Couturier, una joven francesa y sobreviviente del campo de concentración que declaró que la orquesta nazi tocaba jovialmente mientras los destinados a la cámaras de gas eran separados de los que serían utilizados para trabajos forzados. Vaillant-Couturier continuó explicando que cuando ella dormía una noche, "los gritos horribles la despertaban. Al día siguiente nos enteramos de que los nazis se habían quedado sin gasolina y los niños habían sido arrojados vivos a los hornos." [18]

Mientras que las condenas a muerte del primer juicio de Núremberg fueron dictadas el 1 de octubre, los colgamientos no estaban programados y no tendría lugar hasta el 16 de octubre 1946. Además, a pesar de que once delincuentes iban a ser ahorcados, sólo diez hombres colgarían de la horca ese día. El acusado más prominente, Herman Wilhelm Goering, un hombre arrogante y sin remordimientos, que justificó sus acciones al decir simplemente que seguía órdenes, escapó de la horca pocas horas antes de su ejecución. Se suicidó ingiriendo un frasco de cianuro de potasio.[19] Un intérprete en el juicio, describió a Goering como alguien que poseía "una conducta manipuladora" que se hizo muy "irritante para la corte." [20] El intérprete continuó diciendo: "Si se puede hablar de una personalidad dominante, Herman Goering definitivamente encaja en esa descripción como el principal acusado... Recuerdo que estaba sentado en el asiento por primera vez en la primera fila, a menudo con una sonrisa desdeñosa, tal vez porque sabía que podía engañar al verdugo." [21]

Y efectivamente, Goering engañó al verdugo. Tarde en la noche del 15 de octubre de1946, Burton C. Andrus, el comandante estadounidense de la prisión de Núremberg, en lugar de leerle formalmente la pena de muerte a Goering, descubrió que había muerto en su celda de la prisión. *Newsweek* informó: "Herman Wilhelm Goering, estaba acostado en su catre de hierro en la celda N ° 5. Vestía un pijama de seda negra y una camisa azul, y tenía entre sus dientes una ampolleta con cianuro de potasio. Aspiró, se retorció, y finalmente murió." [22] Tras la muerte de Goering, los guardias de la prisión, "decidieron que ningún otro condenado se les debía escapar", e inmediatamente llevaron a los diez acusados restantes al gimnasio de Núremberg, donde tendría lugar la ejecución.[23] A las 1:11 am, el primer nazi condenado subió los trece escalones de la plataforma de la horca, y a las 2:57 am, el último de los criminales de guerra nazi fue declarado muerto.

El misterio que rodea al suicidio de Goering todavía perdura hasta hoy. No está claro cómo llegó a poseer el veneno que acabó con su vida o cómo su suicidio fue programado a la perfección, dos horas y media antes de que su ejecución tuviera lugar.[24] Él y su celda eran inspeccionados de manera rutinaria, y los prisioneros no sabían la hora programada para sus ejecuciones.[25] Lo que se sabe es que poco antes de que comenzara el juicio, Goering se jactó ante uno de los abogados de la defensa, diciéndole "nunca me van a colgar."[26] Y tenía razón. El cuerpo de Goering fue fotografiado como prueba de la muerte con "un ojo abierto y el otro cerrado. Es como si estuviera haciéndole "un guiño a la suerte que había evitado."[27]

El profesor de Derecho Donald E. Wilkes describe que los colgamientos tuvieron la "justicia severa y escueta del Antiguo Testamento." Refiriéndose a las impresiones de un testigo de las ejecuciones, señala: "Fue una escena triste sin piedad. Pero para los que habían sufrido de los horrores y tortura del juicio, quienes habían sabido por primera vez de hombres que colgaban de ganchos de carnicería, de mujeres y niños mutilados y hacinados en cámaras de gas, de la humanidad sujeta a la degradación, la destrucción y el terror, la escena evocaba una visión de la justicia dura, casi Bíblica."[28]

La conexión entre Amán y Hitler

Hay muchas señales en el libro de Ester en las que se prefigura el ahorcamiento de los criminales de guerra nazis en Núremberg. Éstas son algunas de ellas:

1. 1946 fue el año en que los criminales de guerra nazis fueron condenados a la horca.

A lo largo de la Torá, ahí varias partes donde las letras están escritas en un tamaño más grande o más pequeño que el texto que las rodea. Esta es una antigua tradición hebrea que se ha conservado desde la época de los escribas; sin embargo, no se ha logrado explicar muy bien esta tradición.[29] En Ester 9:7–9, se enumeran los nombres de los diez hijos de Amán. Dentro de esos versos, están escritas las siguientes letras hebreas con una caligrafía pequeña, *"Tav"*, *"Sin"*, y *"Zain."* Además, la letra hebrea *"vav"* está escrita en un tamaño más grande que el resto del texto.[30] Como el calendario judío está representado por las letras hebreas, las letras más pequeñas, *"tav"*, *"sin"*, y *"zain"* se refieren al año del calendario judío. Mientras tanto, la gran letra *"vav"* equivale a 6, que hace referencia al sexto milenio.[31]

Por lo tanto, al leer todas estas cartas en conjunto, ellas se refieren al año 707 del sexto milenio, o al año 5707 del calendario judío.[32] En consecuencia, el año 5707 es el año 1946 en el calendario civil.[33]

2. Las penas de muerte a los criminales de guerra nazis se llevaron a cabo el 16 de octubre de 1946.

> *"En el séptimo día de la festividad de Sucot, es decir, en Hoshaná Raba, finaliza el juicio de las naciones del mundo. Las sentencias fueron emitidas desde la residencia del rey, y ejecutadas ese día."*[34]

Sucot, también conocida como la Fiesta de los Tabernáculos, es una fiesta de una semana para conmemorar los cuarenta años que los hijos de Israel pasan en el desierto después de ser liberados del cautiverio del Faraón. Sucot, que se traduce como "cabinas", se refiere a los refugios temporales en donde vivieron los judíos durante su estadía en el desierto. En la tradición judía, el séptimo y el último día de Sucot se llama Hoshaná Raba, que es el día que marca el juicio de las naciones del mundo.[35] Según los judíos, "Dios juzga al mundo en Rosh Hashaná y concluye el veredicto el día de Yom Kipur." Luego, en Hoshaná Raba, el veredicto recibe su sello final.[36]

La importancia de Hoshaná Raba, en lo que se refiere a Núremberg, es que en el año de 1946, Hoshaná Raba cayó el 16 de octubre, el mismo día en que los condenados fueron colgados en Núremberg. Aunque el juicio de los acusados nazis por crímenes de guerra terminó en junio de ese mismo año, "la sentencia se aplazó varias veces debido a las peticiones de amnistía."[37] En consecuencia, la sentencia se dictó a principios de octubre y luego fue ejecutada el 16 de octubre, el día del juicio de las naciones.

3. Ester le pidió al rey que colgar a los hijos de Amán "mañana."

Aunque el libro de Ester no menciona específicamente el nombre de Dios en su texto, la palabra *rey* aparece continuamente, y de acuerdo con académicos talmúdicos, tiene un doble significado. En el texto se utilizan los términos "rey" y "El rey Asuero." Cada vez que se lee "El rey Asuero", en las Escrituras, se hace referencia al marido de Ester. Sin embargo, cuando la palabra "Rey" se encuentra sola, sin la sucesión del nombre propio "Asuero", la palabra adquiere un significado doble, ya que puede referirse tanto al rey Asuero como a Dios.[38] En el libro de Ester, la reina le pidió al rey que colgara a los hijos de Amán el día de "mañana." Ella dijo: "Si a Su Majestad le parece bien —respondió Ester—, concédales permiso a los judíos de Susa para prorrogar hasta mañana el edicto de este día, y permita que sean colgados en la horca los diez hijos de Amán" (Ester 9:13 NKJV).

En el versículo 13, la palabra "rey" aparece sola. Por lo tanto, la reina Ester no sólo está le pidiendo al rey Asuero que cuelgue a los hijos de Amán, si no también suplicándole la misma petición a Dios. Además, le pide al rey que cuelgue a los hijos Amán "mañana." Esto es importante, porque en la tradición talmúdica, la palabra "mañana" no significa necesariamente un período de veinticuatro horas que sigue al día de hoy. De hecho, la palabra "mañana" básicamente significa, "en algún momento en el futuro."[39]

Por lo tanto, la reina Ester no sólo le pidió al rey Asuero que colgara a los hijos de Amán mañana, lo que también oró para que Dios hiciera lo mismo "en algún momento en el futuro." Además, mientras que los hijos biológicos de Amán fueron ahorcados por el rey Asuero, se puede decir que los criminales de guerra nazis que fueron ahorcados en Núremberg son sin duda hijos espirituales de Amán.[40]

Amán es descrito como "el enemigo de todos los judíos", quien "conspira en contra de los judíos para aniquilarlos… para aniquilarlos y destruirlos" (Ester 9:24 NKJV). Esta descripción se ajusta tanto a Amán como a los nazis, sus descendientes ideológicos.

4. Diez fueron ahorcados.

Como se mencionó anteriormente, los once nazis fueron condenados a morir en noviembre 16 de 1946. Sin embargo, debido al suicidio de Goering, sólo diez fueron colgados, el número exacto de hijos de Amán.

5. El número 13.

Cada número tiene una correlación con su significado hebreo. Por ejemplo, el número 12 es un número perfecto que se refiere a la perfección del gobierno o a un gobierno perfecto.[41] Un buen ejemplo de este número es el de Jesús y sus doce discípulos.

Sin embargo, si añadimos uno al número perfecto 12, el resultado es 13, que es la imperfección. La primera vez que el número 13 aparece en la Escritura, dice: "Doce años sirvieron a Quedorlaómer, y en el decimotercer año se rebelaron."[42] El experto bíblico E. W. Bullinger señaló que la Biblia dice: "todas las apariciones del número trece, y también cada múltiplo de este, tienen relación con la rebelión, la apostasía, la deserción, la corrupción, la desintegración, la revelación o alguna idea afín a estas."[43]

Ten en cuenta que en el libro de Ester, Amán exigió que los judíos fueran aniquilados el decimotercer día del mes: "Luego se enviaron los documentos por medio de los mensajeros a todas las provincias del rey con la orden de exterminar, matar y aniquilar a todos los judíos —jóvenes y ancianos, mujeres y niños— en un solo día: el día trece del mes duodécimo, es decir, en el mes de *adar*, y saquear sus bienes" (Ester 3:13 NKJV).

No es una coincidencia que estas palabras estén escritas en ese capítulo en particular, en el versículo *trece*. Si tenemos esto en cuenta, vemos también que Ester le pide al rey colgar a los hijos de Amán en el versículo *trece* del capítulo nueve. Irónicamente, los criminales de Núremberg tuvieron que subir 13 escalones hasta la horca. Además, en Núremberg se realizaron 13 juicios contra los criminales de guerra nazis. ¿Es esta una coincidencia? No lo creo.

6. Tanto los criminales de guerra de Núremberg como Amán fueron ahorcados en su territorio.

Vale la pena mencionar que tanto Amán y los criminales de guerra nazis vivieron su destino final en su territorio. Amán fue colgado en su propia casa, en la horca que él había construido para Mardoqueo. Del mismo modo, los criminales nazis fueron ahorcados en Núremberg, que fue el hogar del Reichsparteigelande, el lugar donde se realizaban los mítines del partido nazi. Así, tanto Amán como sus descendientes ideológicos encontraron la muerte exactamente en el mismo sitio.

7. La fiesta de Purim

El odio que sentía Hitler por el libro de Ester se ha descrito de la siguiente manera: "Hitler abrigaba un odio venenoso hacía el libro de Ester, y hacia el día de la fiesta de Purim. 'A menos que Alemania alcance la victoria', proclamó, 'los judíos podrían celebrar la destrucción de Europa en una segunda fiesta triunfal de Purim'. Cuando Hitler invadió Polonia en 1939, prohibió la lectura del libro de Ester y ordenó que todas las sinagogas fueran clausuradas y se prohibiera la festividad de Purim. Durante la fiesta de Purim, en 1942, diez judíos fueron ahorcados por las SS de Hitler en una ciudad polaca ocupada por los nazis, en una sádica de los acontecimientos acaecidos en el libro de Ester."[44]

Este mismo sentimiento revivió el 16 de octubre de 1946, cuando los diez criminales de guerra conocieron su destino final. Si bien no todos los condenados hablaron por última vez, Julius Streicher, el décimo y último criminal en ser ejecutado, tuvo mucho que decir: "Sólo Julius Streicher se marchó sin dignidad. Tuvo que ser arrastrado por el suelo, con los ojos abiertos y gritando: '¡Heil Hitler!' Al subir las escaleras, gritó: 'Y ahora iré con Dios'. Miró a los testigos frente a la horca y gritó: 'Fiesta de Purim, 1946'."[45]

8. La forma en que mataron es la forma en que murieron.

Amán construyó una horca con la intención de colgar a Mardoqueo en ella. Del mismo modo, los nazis ahorcaron a judíos en una efigie en la Purim de 1942 (como se indica más arriba) y ejecutaron rutinariamente al pueblo judío por medio de la horca durante el Holocausto. Lo que habían hecho con el pueblo judío, fue exactamente lo que les hicieron a ellos.

Sin lugar a dudas, el ahorcamiento de los criminales de guerra nazis tal como fue vaticinado por el libro de Ester no puede explicarse simplemente con la ironía y la coincidencia. No hay nada que no se insinúe en la Torá.[46]

"Y yo maldeciré a quienes te maldicen…"

—*Génesis 12:3 NKJV*

EL RECHAZO DE INGLATERRA BAJO EL REINO DE "EDUARDO EL MARTILLO"

Winston Churchill dijo que Eduardo I era uno de los reyes más grandes en la historia de Europa. Fue bajo su mando, a fines del siglo XIII, que Gales y Cornualles se integraron a la corona británica, mientras Escocia e Irlanda fueron invadidas y ocupadas.

Eduardo I también fue el primer monarca europeo en establecer una burocracia administrativa eficaz. Realizó un censo en su reino y decretó leyes y divisiones políticas.

Eduardo I también abrazó el poder financiero del pueblo judío. A los judíos ingleses no se les permitía tener tierras ni ocupar cargos públicos, y no podían desempeñar la mayoría de oficios o profesiones. Pronto descubrieron que el dinero podría ser el secreto de su supervivencia, y adquirir así mucha riqueza.

Eduardo, que era un hombre recursivo, encontró una manera de arrebatarle el dinero al pueblo judío. En primer lugar, les pidió un préstamo para financiar sus ambiciones imperiales y, luego, en lugar de pagar su deuda, Eduardo I simplemente expulsó a los judíos de Inglaterra.

Eduardo I era muy ingenioso: expulsó a los judíos de Inglaterra en dos ocasiones. Después de un tiempo, los invitó de nuevo a su patria inglesa, les pidió prestado más dinero, y los volvió a expulsar.

Las raíces anti-semitas de Inglaterra son largas y profundas. El 29 de noviembre de 1947, el Plan de Partición de Palestina de las Naciones Unidas fue aprobado por una decisión en la asamblea general. La resolución fue aprobada por una votación de 33 votos a favor, 13 en contra, y 10 abstenciones. Inglaterra fue uno de los países que se abstuvo de apoyar la creación de un estado judío.

Recientemente, Diana y yo fuimos a Londres y, con la asistencia de algunos amigos muy amables y con buenas conexiones políticas, tuvimos una audiencia con uno de los miembros más poderosos e influyentes del gobierno británico. Mi intención era lograr su aceptación y organizar una "Noche para honrar a Israel" en el Royal Albert Hall de Londres.

Diana y yo fuimos conducidos a su elegante despacho. Nos presentamos, y Diana hizo gala de sus considerables encantos. Fue algo proverbial. Me acordé de esa vieja canción campesina: "¿Hace frío aquí o es acaso usted?"

Expusimos los conceptos, propósitos y objetivos de la "Noche para honrar a Israel" de forma clara y concisa. Diana y yo esperamos la respuesta de un rostro que no reflejaba emoción alguna. Nunca olvidaré sus palabras.

Con toda la frialdad de un iceberg enorme, cruzó las manos sobre el escritorio, enarcó las cejas, y dijo: "Hay momentos en la historia en los que no hacer nada es lo mejor que puede hacerse, y este es uno de esos momentos."

Diana y yo le agradecimos al político por su tiempo y salimos su oficina envueltos en una ráfaga de aire helado que nos siguió a través de la puerta.

El actual clima antisemita de Inglaterra está descrito con acierto por Melanie Phillips, en su escalofriante libro, *Londonistán*, donde describe gráficamente cómo el islamismo radical está obteniendo rápidamente el control de Gran Bretaña.

Gran Bretaña se ha convertido en una gran sociedad post-cristiana, donde la tradicional moral ha sido sistemáticamente socavada y reemplazada por una cultura de "todo vale" en la cual las decisiones autónomas acerca de los códigos de conducta se han convertido en derechos indisputables.

"El judaísmo y el cristianismo, los credos que constituyen los cimientos de la civilización occidental, han sido dejados de lado, y su lugar ha sido ocupado por una gran cantidad de sectas y actividades paranormales. Tanto es así que ahora a los presos se les permite practicar el paganismo en sus celdas… y a un marinero de la Marina Real se le concedió el derecho legal para llevar a cabo rituales satánicos y la adoración del diablo a bordo de la fragata HMS *Cumberland*."[47]

"Los problemas de Irak, Estados Unidos e Israel están mezclados actualmente en la mente del público británico en un caldo venenoso de irracionalidad, prejuicios, ignorancia y miedo. Los británicos creen que la principal razón por la que están siendo amenazados en la actualidad por el terrorismo islámico es el apoyo del Reino Unido a Estados Unidos en Irak. Ellos piensan que la causa principal de la ira musulmana es el comportamiento de Israel hacia los palestinos, y que Estados Unidos se convirtió en un blanco simplemente debido a su apoyo a Israel. La mitad de los británicos creen que Estados Unidos es la fuente de todo mal y que Israel plantea la mayor amenaza para la paz mundial. La invectiva diaria contra los judíos, los israelíes y los malvados estadounidenses por parte de los jóvenes musulmanes que ya estaban enardecidos contra Occidente, ha subido la temperatura al punto de ebullición. La demonización implacable de Estados Unidos e Israel por parte de la prensa británica ha actuado como un poderoso sargento de reclutamiento para la yihad, y ha arraigado a *Londonistán* en la psique nacional de Gran Bretaña."[48]

La aparición de "Londonistán" debe ser de las más grandes preocupaciones para América, ya que supone un grave peligro. Claramente, el hecho de que Gran Bretaña se haya convertido en la fábrica de terrorismo islámico radical en Europa presenta riesgos evidentes para la seguridad física de América.

Tal como se señaló en el informe del Pentágono, "los líderes políticos de Estados Unidos todavía piensan que los terroristas musulmanes, incluso los terroristas suicidas, son criminales sin sentido motivados por el 'odio hacia nuestras libertades' en lugar de ser fanáticos religiosos motivados por su fe. Y como resultado, no tenemos ningún plan estratégico real para ganar una guerra contra los yihadistas."[49]

¡Piensa en esto!

Gran Bretaña comenzó a transitar por el camino del antisemitismo cuando expulsó a los judíos de Inglaterra después de robarles su dinero. Expulsaron a las semillas de Abraham, que eran amorosos, apacibles, y respetuosos de la ley.

En 1947, Inglaterra votó en contra de que el pueblo judío tuviera una patria en Palestina. En la actualidad, Inglaterra está acusando a los miembros del gobierno israelí como criminales de guerra por su papel en defender a Israel de los ataques con cohetes realizados por Hamas.

Hoy en día, Inglaterra está inundada de soldados de Alá que aman la guerra, viven según su propia ley, y amenazan con matar a cualquiera que rechace su fe.

Vale la pena mencionar el estribillo inquietante que ninguno de nosotros debemos olvidar amar: "Maldeciré a quienes te maldicen."

EL VIAJE DE LOS CONDENADOS: EL RECHAZO DE CUBA

Herbert Karliner: historia de un sobreviviente

Herbert Karliner tenía sólo doce años cuando se embarcó en el SS *Saint Louis* con sus padres y sus tres hermanos. Herbert, quien durante su infancia vivió la Kristallnacht (la Noche de los cristales rotos), el viaje en el *Saint Louis*, y finalmente el asesinato de su familia en los campos de concentración, es un sobreviviente. Herbert, hijo de religiosos judíos, recibía los servicios en su sinagoga todos los viernes y sábados.

Cuando la sinagoga de su familia fue quemada durante la Kristallnacht, el padre de Herbert intentó salvar la Torá, pero el guardia nazi lo detuvo. Además de la destrucción de su lugar de culto, su empresa familiar también fue objeto de vandalismo. Más tarde esa noche, su padre Joseph fue detenido y trasladado a Buchenwald. Herbert, quien una vez fuera miembro multi generacional de su comunidad, le fue prohibido asistir a la escuela y sería "pateado" sólo por caminar en la misma acera por donde transitaban arios."[50] Después de la Kristallnacht, la vida Herbert nunca sería la misma.

A raíz de estos trágicos acontecimientos, su madre fue informada de que para asegurar la liberación de su marido de Buchenwald, tenía que obtener la visa de otro país como prueba de que ella y su familia dejarían Alemania. A pesar de tener que vender su casa y su negocio a precios dictados por la Gestapo, la madre de Herbert tuvo que pagar unas tarifas astronómicas para que les permitieran viajar a Cuba.[51] Los Karliners planeaban permanecer allí hasta que fuera autorizado su turno entrada a los Estados Unidos.

Al obtener los permisos para salir de Alemania, Joshep Karliner regresó a su casa después de tres semanas en Buchenwald. Joseph, a quien su hijo describió como "irreconocible", no se pronunció sobre sus experiencias en el campo de concentración hasta que la familia se dirigía a Cuba.[215] Aunque su padre estaba reacio a describir lo que había vivido, su tío había sido enviado a Dachau un año antes, para no volver jamás. Incluso a la temprana edad de doce años, Herbert dijo que "ya sabía lo que significaba ir a un campo de concentración."[52]

Durante el viaje a Cuba, y con la esperanza de que ya hubiera pasado lo peor, Herbert disfrutó de la sensación de aventura que se sentía en un crucero de gran calado. Por desgracia, su buen humor no duró mucho ya que él y su familia no tardaron en comprender que no podrían desembarcar en Cuba. Su sentido de la aventura se transformó en pánico cuando los pasajeros comenzaron a enviar telegramas en busca de un salvador. "Hemos enviado una petición a la señora Roosevelt para permitir que deje entrar sólo a los niños a EE.UU., pero llegó a oídos sordos… hemos tenido que regresar a Europa sabiendo muy bien lo que eso significaba."[53] Después de permanecer en el limbo a bordo del *Saint Louis*, a los Karliner se les dijo que les habían encontrado ayuda.

Todavía inquietos por lo que les deparaba el futuro, Herbert y su familia fueron llevados a Francia, donde su hermana mayor y sus padres fueron enviados a un pequeño pueblo. Mientras tanto, su hermano y su hermana menor fueron llevados a un hogar de niños.

Él celebró su Bar Mitzvah en esa casa, como lo recuerda: "Éramos un grupo de chicos unidos, sin nuestros padres, y era muy triste."[54] Al año siguiente, en 1940, los padres de Herbert fueron a visitar a sus tres hijos. Molestos por el mal alojamiento, la señora Karliner decidió regresar a la aldea con su hija menor, lo que terminaría por costarle la vida a la niña.

Al final, la madre, el padre y las dos hermanas de Herbert murieron en Auschwitz. Sólo Herbert y su hermano sobrevivieron. Herbert no supo esto hasta que las tropas americanas llegaron a París. Sin ningún lugar a donde ir, Herbert fue designado por una organización humanitaria judía como consejero para recibir a niños judíos liberados de diversos campos de concentración. Karliner describe la experiencia: "Fue horrible… niños de todas las nacionalidades… ni siquiera hablaban el mismo idioma, no se entendían entre sí, y se comportaban como hombres de las cavernas, todos enfermos y miserables.

Cuando la situación se hizo un poco más estable en Europa, Herbert y su hermano lograron viajar a Estados Unidos para vivir con su tío en 1946.

En 1939 cuando Herbert tenía doce años y admiraba las playas de la Florida desde la cubierta del *Saint Louis*, hizo la promesa de que algún día volvería a Miami. Después de mudarse a Estados Unidos, mantuvo la promesa y fue a trabajar a Miami en 1949. Sin embargo, su nueva sensación de libertad le fue retirada con rapidez al ser reclutado en el Ejército de EE.UU. un año después. Un joven que había vivido la peor guerra que hubiera visto el mundo, sirvió con orgullo a su nuevo país. Después de ser enviado a Corea y Japón, Herbert cumplió la promesa que hizo a sí mismo y, echó raíces en Miami Beach en el año 1954. Actualmente tiene ochenta y seis años, está retirado, y sigue viviendo en Miami Beach. Lleva casado cuarenta y ocho años con su esposa Vera, y tiene dos hijas.

Herbert recuerda su viaje en el *Saint Louis*, con su pelo blanco despeinado por la brisa del mar, mira las aguas cristalinas y dice, "me prometí que algún día volvería a Miami… me tomó mucho tiempo… pero lo hice."[55]

Cuba y el viaje del SS Saint Louis

Al principio, muchos individuos no podían ver la semejanza entre la situación actual de los refugiados políticos cubanos y del pueblo judío atrapado en las garras del Tercer Reich. Sin embargo, no se necesita mirar más allá de los 936 refugiados judíos a bordo del *Saint Louis* para ver las sorprendentes similitudes entre el destino común de las personas que iban a bordo del *Saint Louis,* y los cubanos que han huido sin éxito de su país, desde la Revolución de Castro de 1958.

En efecto, mientras que las circunstancias que rodean sus historias pueden ser diferentes y, aunque están separados por culturas y generaciones, estando en las aguas del océano en botes atestados con la esperanza de llegar a una vida mejor es el lazo que los une a los dos.

Para entender el viaje de los condenados —el viaje del *Saint Louis* a Cuba— hay que empezar en París, Francia, el 7 de noviembre de 1938. Este fue el día en que Ernst von Rath, tercer secretario de la embajada alemana en París, fue asesinado a tiros por Herschel Grynszpan, un judío polaco.[56] Grynszpan estaba "indignado por la brutal expulsión de Alemania de 10.000 residentes polacos judíos, quienes sólo pudieron llevar la ropa que cargaban en la espalda y alrededor de cuatro dólares cada uno, y que fueron mal tratados por los polacos cuando los arrojaron en la frontera."[57] Como represalia del asesinato, uno de los pogromos más violentos se llevó a cabo en Alemania contra toda la población judía.

Conocida como "Kristallnacht" o la "Noche de los Cristales Rotos", entre el nueve y el diez de noviembre de 1938, los judíos alemanes fueron atacados en sus sinagogas en actos de vandalismo, y sus casas y negocios saqueados y destruidos.

Dos días después del ataque, noventa y un judíos habían sido asesinados, miles habían resultado heridos y más de veinte mil fueron enviados a campos concentración.[58]

Para agregar más insultos a la grave injuria, el pueblo judío fue acusado de ser el responsable del pogromo de la Kristallnacht y medio millón de judíos alemanes recibieron una multa de $400 millones.[59] Aunque el mundo no lo comprendió en aquel entonces, la Kristallnacht marcó el inicio del Holocausto y del exterminio sistemático del pueblo judío.

Después de esas noches fatídicas en noviembre, el mundo fue alertado de los horrores que sufrirían las víctimas de Hitler. El pueblo judío pronto se dio cuenta de que sus oportunidades para huir de la Alemania de Hitler eran cada vez más pequeñas. Salir de Alemania no era nada fácil. Los refugiados no eran precisamente bienvenidos con los brazos abiertos, ya que muchos países tenían cuotas de inmigración, sobre todo Estados Unidos.

En consecuencia, las visas eran difíciles de conseguir. No sólo se necesitaba dinero necesario para poder viajar a otra nación, sino que también debían pagar para poder salir de Alemania. Esto hacía que fuera casi imposible viajar, pues los judíos ya habían sufrido una gran opresión financiera a manos del régimen nazi.[60]

A pesar de estos obstáculos, la inmigración era la única manera que tenían los judíos para escapar de un régimen tan opresivo. Y para las 936 personas que reservaron de un pasaje a bordo del SS *Saint Louis*, parecía ser su única esperanza de supervivencia

Cuba parece ser un destino adecuado para los refugiados que huían de Alemania.

La nación caribeña recibió a 1.500 refugiados en 1938.[61] Debido a su cercanía a Estados Unidos, Cuba era un lugar ideal para los refugiados para vivir allí temporalmente mientras se encontraban la manera de inmigrar a Estados Unidos.[62] Sin embargo, los que viajaban a bordo del *Saint Louis* no sabían que su llegada a Cuba estaba condenada antes de que el barco zarpara del puerto alemán a mediados de mayo de 1939.

En 1939, había más de seis mil judíos en Cuba, especialmente en la ciudad portuaria de La Habana.[63] A comienzos de ese mismo año, los niveles de inmigración se dispararon, y casi mil doscientos de refugiados de diversas naciones europeas llegaron en un período de veinticuatro horas.[64] Muchos ciudadanos locales estaban cada vez más descontentos con la llegada de tantos refugiados, y entonces el Gobierno aprobó el Decreto 55 a comienzos de 1939.[65]

Este decreto tenía por objeto frenar la inmigración a Cuba, al exigirles a los refugiados el pago de un bono de 500 dólares a nombre de Cuba, para asegurar así que no se convirtieran en residentes permanentes de la isla.[66] El decreto 55 estipulaba que los turistas seguían siendo bienvenidos a Cuba y, por lo tanto, no estaban obligados a pagar los bonos ni la obtención de visados. Manuel Benítez, el corrupto director general de la inmigración, vio la nueva ley como una oportunidad para amasar una fortuna personal. En consecuencia, Benítez comenzó a emitir "certificados de entrada" a todos los turistas, a un costo de $150 cada uno. Benítez utilizaba estos certificados como una herramienta para permitir que los refugiados llegaran a Cuba como turistas. Los certificados eran auténticos, y en muchos casos tenían la misma apariencia de una visa.[67] Entonces, quienes buscaban beneficiarse de los desesperados inmigrantes judíos, empezaron a comprar estos certificados al por mayor y Los revendían a precios inflados.[68] El plan de Benítez para enriquecerse gracias a las falencias del Decreto 55 fue todo un éxito, al igual que el disgusto del Presidente Federico Laredo Brú. Además, Benítez tenía el beneficio de estar protegido por el coronel Fulgencio Batista, el líder militar de Cuba, un hombre cuya influencia entre los cubanos aumentaba continuamente. Como Batista tenía el poder de los estamentos militares, el presidente Brú no consiguió obligar a Benítez para que compartiera sus beneficios con él.[69]

En un intento para terminar con los cuantiosos beneficios de Benítez, el gobierno del presidente Brú tomó medidas rápidas para que el mencionado funcionario no pudiera emitir certificados de entrada.[70] Esta medida tenía dos objetivos:

1. Corregir los defectos del decreto no le permitirían a Benítez seguir obteniendo dinero en efectivo a expensas de Cuba.

2. El presidente Brú conseguiría la aprobación de los cubanos al no permitir que más refugiados entraran al país.

Antes de la llegada del *Saint Louis* a Cuba, Alemania envió "provocadores" nazis a la isla para despertar el sentimiento antisemitas en la población local.[71] Esto no fue tarea difícil, ya que la economía de Cuba era débil y la población nativa no quería ver la llegada de más refugiados judíos, pues muchos creían que Cuba estaba siendo invadida por judíos.[72] Por lo tanto, y a fin de congraciarse con la población, el gobierno de Brú expidió el Decreto 937 en mayo de 1939. Este decreto anulaba el permiso de entrada a los pasajeros a bordo del *Saint Louis*, quienes tendrían que encontrar otra manera de comprar su salida del buque, después de haber pagado una cantidad según las leyes existentes.

Así pues, los certificados de entrada, que los pasajeros del Saint Louis creían que les ofrecería la residencia temporal en Cuba, fueron invalidados y negándoles a los refugiados el acceso a Cuba. A pesar del hecho de que la compañía que prestaba los servicios entré Hamburgo y Estados

Unidos ya sabía de este cambio inmigratorio en Cuba antes de que el *Saint Louis* zarpara, hizo caso omiso y dejó que el buque emprendiera el viaje.[73] A decir verdad, a la compañía naviera no le importaba si a los pasajeros del *Saint Louis* se les permitía o no desembarcar en Cuba o en cualquier otro puerto. De hecho, les había cobrado a sus pasajeros una sobretasa de 230 marcos alemanes, en el caso de que el Saint Louis tuviera algún un "imprevisto" durante el viaje de regreso a Alemania.[74]

Diseñado como la herramienta de propaganda por excelencia de los nazis, el viaje de *Saint Louis* pretendía servir como un microcosmos de la actitud antisemita que se extendía de una costa del Atlántico a la otra. La Alemania nazi observó zarpar al *Saint Louis*, con la esperanza de que si Cuba se negaba a admitir a los refugiados judíos, entonces Estados Unidos, que cada vez tenía una política más aislacionista, haría lo mismo.[75] Ellos estaban en lo cierto. El verdadero tenor de los pasajeros del barco tal vez no se haya realizado a cabalidad.

El capitán del buque, Gustav Schroeder, fue descrito por uno de los sobrevivientes del *Saint Louis* como un hombre compasivo que ordenó un trato digno para sus pasajeros judíos, y en su diario al principio del viaje anotó: "Hay una actitud un poco nerviosa entre los pasajeros. A pesar de esto, todos parecen convencidos de que nunca verán Alemania de nuevo."[76]

A medida que el Saint Louis se acercaba a Cuba, el capitán Schroeder fue notificado de que los certificados que poseían la mayoría de los pasajeros habían sido invalidados y no serían aceptados cuando el buque llegara.[77] Al oír que no se les permitiría desembarcar, Moritz Weiler, un hombre que escapaba de Alemania con su esposa, murió luego de un paro cardíaco.[78] Sin lugar para en donde enterrar el cadáver, el cuerpo del señor Weiler fue arrojado al mar.[79]

Esta no fue la única víctima a bordo durante el viaje. Menos de una hora más tarde, un miembro de la tripulación se lanzó por la borda en el lugar exacto donde se había realizado el funeral marítimo de Weiler.[80] Desafortunadamente, el morboso estado de ánimo en el *Saint Louis* sólo se exacerbaría cuando llegara a su destino.

El *Saint Louis* llegó a Cuba el 27 de mayo. Sólo veintidós de los pasajeros judíos tenían el dinero necesario para pagar la fianza de $500 según las nuevas leyes de inmigración de Cuba.[81] Por lo tanto, ellos, además de seis pasajeros que no eran judíos, fueron los únicos que pudieron desembarcar.[82] Mientras el coronel Batista tenía la influencia para interceder por quienes permanecieron a bordo "eludió el asunto, afirmando que tenía gripe."[83] Mientras el *Saint Louis* permanecía anclado en el puerto, la publicidad que rodeó al barco y la difícil situación de los refugiados se convirtió en una controversia de carácter mundial.

Con la nave abandonada en el puerto durante varios días, Max Lowe, un hombre judío que viajaba con su esposa e hijos, se dirigió al sitio de la cubierta donde el señor Weiler había sido arrojado días antes al mar. En un intento para poner fin a su vida, Lowe se cortó las venas, se arrojó por la borda, y trató de arrancarse las venas de sus brazos.[84] El intento de suicidio fue interrumpido cuando un barco de la policía cubana lo sacó del agua y lo envió a un hospital.[85] Irónicamente, Lowe, que quería morir, terminó siendo salvado por los cubanos. Mientras tanto, su familia tuvo que permanecer en el barco pues tenían prohibido el desembarque para acompañar a Lowe al hospital.[86]

Con pocas esperanzas de ser admitidos en Cuba y debido a los numerosos actos desesperados de los pasajeros, el capitán Schroeder, preocupado por los intentos de suicidio en masa, creó "patrullas de suicidio" para evitar que los pasajeros terminaran con sus propias vidas.[87] La aprensión del capitán no estaba infundada. Jules Wallerstein, un niño que viajaba con su familia, dijo que su padre había dicho que los pasajeros se suicidarían si el barco regresaba a Alemania.

Wallerstein afirmó: "Para mí, eso fue una sorpresa, yo tenía doce años de edad y comprendí que era el fin de mi vida. Mis padres sabían que si nosotros regresábamos, los trenes estarían esperándonos."[88] Finalmente, al *Saint Louis* se le ordenó abandonar las aguas cubanas, y el capitán Schroeder se dirigió a la Florida.

En lo que parecía ser una respuesta a la oración, mientras el barco estaba a cuatro millas de la costa de Florida, el *Saint Louis* fue llamado de regreso a territorio cubano. El presidente Brú no quería permitir que los pasajeros del *Saint Louis* permanecieran en Cuba, para no parecer políticamente vulnerable. Sin embargo, él intentaba aferrarse al poder, y la influencia de Batista era cada vez más fuerte.[89] Además, Brú sintió que tenía que "mantener el prestigio del gobierno cubano con relación a la Línea Hamburgo-América."[90] Sin embargo, la pérdida de prestigio de Cuba, podría mitigarse con dinero, porque Brú reconoció y aceptó los que los pasajeros desembarcaran en Cuba, siempre y cuando le pagaran $650 al gobierno por cada persona.[91]

El Comité Judío-Americano de Distribución (JDC), un grupo dedicado a la ayuda de judíos, aceptó pagar la cuantiosa suma —150 dólares más—, además de la fianza requerida para garantizar que los pasajeros del *Saint Louis* no tuvieran que regresar a Alemania. El JDC envió a Lawrence Berenson, un abogado que estaba acostumbrado a tratar con el gobierno cubano, con el dinero necesario para cerrar el trato.[92] Berenson sintió que estaba en territorio familiar; pues anteriormente había conseguido unas mil visas cubanas a judíos alemanes, y más importante aún, tenía una cierta amistad con el coronel Batista.[93]

Sin embargo, cuando se reunió con el presidente Brú y propuso una reducción de los precios para los bonos de $650 en un intento por ahorrarle un poco de dinero al JDC, el presidente Brú, ordenó una vez más que el *Saint Louis* saliera de las aguas cubanas.[94] Evidentemente Brú no quería regatear.

Como todo parece indicar que no era posible que los pasajeros desembarcaran en territorio cubano, el capitán Gustav Schroeder se dirigió una vez más a la Florida.

El barco navegó lentamente por la costa, esperando que la exposición pública en torno a esta tragedia humanitaria del sistema de los Estados Unidos contribuyera un poco al asunto. Henry Morgenthau, secretario de hacienda de Estados Unidos, al igual que otros funcionarios, intentaron que los pasajeros fueran llevados a Islas Vírgenes de los EE.UU., Sin embargo, esta maniobra no podía realizarse sin una orden del Congreso.[95]

Por otra parte, "las cuotas de inmigración eran vigiladas celosamente por el Congreso, apoyado por un fuerte y amplio sector de la población americana, que estaba en contra, no sólo de los judíos, sino de todos los inmigrantes."[96] En consecuencia, los funcionarios americanos elegidos no estaban demasiado ansiosos por prestar ayuda. Las autoridades aún debaten sobre si el presidente Roosevelt hizo lo suficiente para ayudar a los pasajeros del *Saint Louis*. Como afirma Conrad Black: "734 de los pasajeros se encontraban en líneas de cuota de ingreso a EE.UU. Las peticiones fueron dirigidas al [presidente] Roosevelt por muchos grupos en los Estados Unidos y por los pasajeros del *Saint Louis*, quienes señalaron en su declaración que más de 400 eran mujeres y niños. Hubo muchos editoriales pidiendo a Roosevelt ser misericordioso con estos desgraciados. Pero él no respondió a nada de esto."[97]

Sin embargo, otros sugieren que Roosevelt, debido a las limitaciones del poder ejecutivo, era incapaz de alterar la cuota de inmigración del sistema de Estados Unidos, y en consecuencia, no podía permitir que el *Saint Louis* entrara al país.[98] La acción de Roosevelt —o la falta de ella—, no disminuye la magnitud de la tragedia que rodeó a la saga del *Saint Louis*.

Sin la ayuda de los Estados Unidos, el capitán no podía permitir que el barco permaneciera en la costa norteamericana, mientras las provisiones a bordo se agotaban.[99] Aparentemente derrotado, el *Saint Louis* hizo el largo viaje de regreso a través del Atlántico. Irónicamente, el único defensor de los pasajeros fue tal vez su aliado más improbable. Schroeder, un alemán y el capitán de un barco que navegaba bajo la bandera nazi, prometió a sus pasajeros que pasaría frente a la costa de Inglaterra antes de regresar a Alemania.[100]

En última instancia, "después de las maniobras diplomáticas y el amplio y vergonzoso rechazo de muchos otros países", Schroeder no tuvo que cumplir con su promesa, pues otros países democráticos se ofrecieron a recibir a los pasajeros.[101] Al final, a 288 de ellos se les permitió ingresar a Inglaterra, mientras que los pasajeros restantes fueron recibidos por Francia, Bélgica, y Holanda, respectivamente.[102] A excepción de Inglaterra, todas las naciones que recibieron a los refugiados del *Saint Louis* fueron conquistadas rápidamente por Hitler, y los judíos que vivían en ellas fueron sacrificados sistemáticamente en la Solución Final. Las autoridades difieren sobre cuántos de los pasajeros encontraron su muerte al regresar a Europa; algunos expertos sugieren que sólo unos 450 sobrevivieron al Holocausto.[103]

De hecho, el Museo del Holocausto de Estados Unidos sigue buscando sobrevivientes.[104] Lo que no se discute, sin embargo, es el destacado papel de Cuba y de sus líderes corruptos en la tragedia del *Saint Louis*. Tal vez el detalle más repugnante de ese desastre es que el *Flander*, otro trasatlántico, atracó en Cuba poco después del *Saint Louis*.

A bordo, había cien pasajeros refugiados que tenían visas válidas, las mismas que el JDC había estado dispuesto a comprarles a los pasajeros del *Saint Louis*. Sin embargo, y a diferencia de los refugiados del *Saint*

Louis, los pasajeros del *Flandes* ingresaron a Cuba sin encontrar resistencia alguna.[105] Este hecho pone en relieve la caprichosa ruleta rusa que Cuba aplicaba deliberadamente a los judíos inocentes, para no mencionar el papel de complicidad que asumieron con los nazis.

LA CONEXIÓN

"Bendeciré a los que te bendigan."

—*Génesis 12:3 NKJV*

Dentro de las sombras del triste retrato pintado por el *Saint Louis*, se encuentran dos ilustraciones sobre el destino de aquellos que persiguen a los judíos y la promesa de quienes no lo hacen. Gustav Schroeder, el capitán del *Saint Louis*, no rechazó a los hijos de Israel en sus momentos de necesidad. Podría haber regresado con sus pasajeros a Alemania inmediatamente después de ser rechazados por Cuba, y podría decirse que se rebeló a hacerlo. Si lo hubiera hecho, no hay duda de que la mayoría, si no todos los que iban a bordo, habrían perecido a manos de los nazis. Sin embargo, a pesar de su lealtad a la Alemania nazi, el capitán Schroeder actuó con valentía y con los mejores intereses en favor de sus pasajeros y no de su país. En un giro del destino, el barco de Schroeder había sufrido graves daños y fue vendido por chatarra a finales de la guerra.[106]

Posteriormente, el capitán no tenía cómo ganarse la vida, ya que el *Saint Louis* fue el último barco a su mando.[107] A pesar de su desgracia, los sobrevivientes del *Saint Louis* le aseguraron que lo cuidarían a él y a su familia.[108] Además de esto, Yad Vashem, el museo del Holocausto en Israel, reconoció al capitán después de su muerte como "Justo entre las Naciones."[109] Gustav Schroeder sobrevivió porque no rechazó a Israel. El Señor dijo: "Y yo maldeciré a los que te maldigan" (Génesis 12:3 NKJV).

A diferencia de los actos del Capitán Schroeder en 1939, Cuba le dio descaradamente la espalda al pueblo judío en un momento de necesidad. Dos décadas después, el coronel Batista, el poderoso militar que traicionó a los judíos durante el incidente del *Saint Louis* a pesar de haberles podido ayudar, fue derrocado por Fidel Castro.

Con su ascenso al poder, Castro marcó el comienzo de un nuevo régimen de socialismo y dictadura que aisló a la nación, e hizo que sus ciudadanos vivieran en la pobreza, sin libertad, y huyeran de sus fronteras en precarias embarcaciones hacia otro país.

Todos hemos visto las imágenes. Balsas improvisadas y barcos en ruinas sobrecargados de refugiados políticos cubanos que buscan una vida mejor sólo a noventa kilómetros al norte de su isla natal. A veces las historias terminan bien para aquellos que arriesgan sus vidas, desafiando el sol y el mar en busca de libertad y del sueño americano. Sin embargo, la mayoría anónima, que no ha hecho este viaje corto desde Cuba a la costa Florida sigue siendo cautiva del comunismo.

Tal vez nunca lo hicieron porque la embarcación que los llevaría a la libertad no era tan fuerte como su voluntad de escapar de la tiranía de Castro. Independiente del resultado, todos conocemos la historia: que los refugiados políticos cubanos dejan atrás todo lo que han conocido, en busca de una vida libre de las cadenas comunistas.

En 1939, los judíos navegaron a Cuba en un intento esperanzador de escapar de un país que los perseguía, sólo para ser rechazados por un huésped involuntario. ¿Es irónico que menos de veinte años más tarde, el mismo país que cerró sus puertas a los hijos de Israel se convirtiera en una nación que persigue a su propio pueblo a tal grado que sus ciudadanos están clamando constantemente a bordo de precarias embarcaciones en el mar albergando la misma esperanza? Cuba permitió que los hijos de Israel navegaran de regreso a una muerte probable. Desde entonces, incontables cubanos continúan teniendo ese mismo destino.

"¿POR QUÉ DIOS PERMITIÓ ESTO?": EL RECHAZO DE ALEMANIA

Visité Dachau, el campo de exterminio nazi, y me sorprendí por los signos de horror indescriptible que el pueblo judío había sufrido a manos del Tercer Reich. Ellos no fueron llevados allí por haber violado la ley, sino porque al menos uno de sus abuelos era judío. Eso era todo lo que se necesitaba en el Tercer Reich, para garantizarte una muerte horrible en cualquier campo de concentración.

Cuando estaba en el Cuadrángulo donde los nazis habían forzado a los judíos estar de pie durante varias horas mientras pasaban lista, miré las bases que quedaban de los dormitorios, donde los judíos fueron amontonados y apilados el uno encima del otro, en un montículo de sufrimiento que desafía toda imaginación humana. A mi izquierda estaban los hornos donde ellos fueran reducidos a cenizas en los altares del odio nazi. A la derecha de los hornos había una zanja llena de sangre donde miles de personas, jóvenes y viejas, fueron sacrificadas con crueldad y transportadas en carros a los hornos para quedar convertidos en cenizas desperdigadas por el firmamento.

De pie en el Cuadrángulo de Dachau, concebí una idea que más tarde trajo un cierto grado de alivio y consuelo a los familiares de los judíos que habían sufrido una muerte tan horrible allí. La idea surgió del profeta Ezequiel, quien escribió: "Me senté donde ellos estaban sentados, y allí permanecí atónito entre ellos." (Ezequiel 3:15 NKJV).

Fue la manera de Elías de decir que: "No se puede saber cómo puede sentirse las personas en una tragedia determinada o en tiempos difíciles hasta que uno sienta exactamente lo que ellas han sentido y experimentado."

Diana y yo dejamos el campo de la muerte, nos dirigimos a Berlín Occidental, donde yo iba a ser el orador durante cinco noches en la capilla militar de EE.UU. en una semana de refuerzo espiritual para nuestro personal militar.

Expresé con Diana mi deseo de volver a Dachau en una fecha posterior y ofrecer un servicio conmemorativo "para no olvidar", a fin de honrar al pueblo judío que murió en el Holocausto y que era cercano a nuestros amigos judíos en Estados Unidos. Acordamos que lo haríamos.

Varios meses después, hicimos exactamente eso. Mientras cuatrocientos cristianos estaban formados en el Cuadrángulo con la Estrella de David en nuestros brazos y los nombres de los judíos que habían muerto en el Holocausto escritos en la ropa, respondimos el llamado a lista, dando un paso adelante y diciendo: "¡Yo estoy aquí!"

Luego seguimos con nuestro grupo a Israel, donde colocamos los brazaletes alrededor de un árbol en un bosque, con el nombre del pueblo judío que pereció en el holocausto inscrito en el brazalete. El acto simbólico significaba que ellos habían regresado a Israel para ser parte de la Tierra Santa por toda la eternidad.

Cuando Diana y yo salimos de Dachau en nuestra primera visita, dediqué varios minutos a estudiar de cerca la valla que los nazis habían construido en todos los campos de exterminio del Tercer Reich. Los postes de concreto eran cuadrados y tenían la misma altura, rematados con alambre de púas de arriba a abajo.

Los postes estaban en dos filas equidistantes la una de la otra, rodeando por completo al campo de exterminio. Había torres para ametralladoras en el centro de la "tierra de nadie" delimitada por las dos filas de postes de hormigón.

Tal vez un prisionero hubiera podido llegar a esta la primera barrera de alambre de púas, pero nadie podía soñar con llegar a la segunda valla antes de ser acribillado con el fuego de ametralladora.

Los perros pastores alemanes patrullaban la zona de en medio para asegurarse de que los francotiradores que estaban en las torres supieran la ubicación exacta de quien se acercaba a la valla. La muerte y la tortura eran modalidades artísticas para los nazis.

Yo no sabía que en los próximos días, una revelación de la verdad sobre esta cerca, detonaría en el Checkpoint Charlie en Berlín Occidental, donde había sido invitado por los militares de EE.UU. para hablar en su capilla durante cinco noches sobre el tema de la "Luchar por la Familia." Las familias militares tienen muchas presiones que no tienen las civiles. Acepté la invitación y me alegré cuando vi la capilla completamente abarrotada.

Los militares tuvieron la amabilidad de asignarme una guía, un vehículo con un conductor militar controlador para llevarnos a Diana y a mí adonde quisiéramos ir. Descubrimos que Berlín Occidental era una ciudad hermosa con algunas de las oportunidades de compras más emocionantes que hubiera visto Diana en el planeta Tierra.

Después de haber hablado las cinco noches en la capilla, pasé a lo que anteriormente se llamaba la Cortina de Hierro para hablar en dos ocasiones diferentes. Si pueden creerlo, yo estaba de contrabando en Berlín Oriental como crítico de arte. Cumplo con los mismos requisitos para ser un crítico de arte, como un abejorro tiene el potencial de ser un Jumbo 747.

Mientras nos dirigíamos al Checkpoint Charlie, me llamó la atención la valla de alambre de púas que separaba Berlín Occidental, la cual parecía como el cielo en la tierra en comparación con el estéril y desolado Berlín Oriental, la utopía del comunismo. Entendí por qué las personas arriesgaron sus vidas, muchas veces en un intento desesperado por escapar de la opresión comunista hacia el paraíso de la libertad y la abundancia ilimitada en Occidente.

Mientras bajábamos del vehículo militar para visitar el museo del Check Point Charlie, nuestro guía me miró, señaló la valla, y le preguntó disgustado al Todopoderoso, "Pastor Hagee, ¿por qué permitió Dios que los comunistas construyeran un muro para encerrarnos al pueblo alemán en una jaula como si fuéramos animales?"

En un instante, vi la cerca en Dachau. La cerca que los comunistas habían construido en torno a los alemanes era exactamente la misma cerca de Dachau. Los postes de concreto eran de la misma altura, de la misma forma, con el arco en la parte superior adornada con el alambre de la muerte prometiéndole la muerte a cualquier persona que cometiera la estupidez de intentar escapar.

Allí estaban las torres de las ametralladoras en el centro, equidistantes, con perros pastores alemanes patrullando en el centro de la "tierra nadie."

Entonces comprendí algo tan fuerte como una tonelada de ladrillos, y le respondí al guía, quien se estremeció hasta la médula: "Dios les permitió a los comunistas construir esta cerca, porque es exactamente la misma que los alemanes construyeron alrededor de los judíos en cada campo de exterminio del Tercer Reich. Recuerda: exactamente lo que hagas a los judíos, Dios hará contigo."

EL DÍA DEL PAGO DE AHMADINEYAD ESTÁ LLEGANDO: EL RECHAZO DE IRÁN

A menos que el Presidente Ahmadineyad de Irán quede impedido por una huelga militar preventiva, pronto tendrá la energía nuclear para hacer realidad sus maniáticos sueños de un holocausto nuclear. Él ha amenazado con "borrar a Israel del mapa" por la televisión internacional y la prensa mundial.[110]

En una entrevista televisiva en junio de 2008, Ahmadineyad dijo: "Hoy en día, el tiempo para la caída del poder satánico de los Estados Unidos ha llegado y la cuenta regresiva para la aniquilación del emperador del poder y la riqueza ha comenzado."[111]

Estados Unidos, ¡es hora de despertar!

Nos enfrentamos a un peligro claro y presente por parte de una dictadura teocrática que tiene la voluntad, y que pronto tendrá la energía nuclear para destruirnos.

Es tiempo de que nosotros mismos nos sacudamos del estupor de la corrección política y aceptemos la realidad. La realidad es que el presidente Ahmadineyad cree que si él comienza la Tercera Guerra Mundial, el Mesías islámico aparecerá súbita y misteriosamente.

Entiende que no se sabe *quién* es ese mesías ni *dónde* está, pero él cree que en el momento en que Irán inicie esta "guerra santa", que sumirá al mundo entero en el caos, su mesías aparecerá. Ese mesías misterioso conducirá a los "guerreros santos" del islamismo radical a una Sharia mundial, lo que significa que cada nación sobre la faz de la tierra estará bajo la ley islámica. Ahmadineyad cree que él tiene el poder y el deber de hacer esto.

Recuerda, la historia nos enseña que quienes no recuerdan los errores del pasado están condenados a repetirlos. Uno de los acontecimientos más trágicos de la historia reciente ha sido el Holocausto de Hitler contra el pueblo judío durante la Segunda Guerra Mundial. Hay una serie de lecciones que podemos aprender del Holocausto, pero una de los más importantes es la siguiente: cuando un loco amenaza con matarte, cree en la intención de sus palabras maníacas.

Cuando Hitler comenzó a amenazar con aniquilar al pueblo judío, pocos lo tomaron en serio. Esto fue un error trágico. Ahmadineyad es el nuevo *Hitler del Medio Oriente*. Él quiere un holocausto nuclear. Él quiere que "el Gran Satanás", que es Estados Unidos, caiga bajo el dominio del Islam, y él quiere destruir a Israel por completo.

¿Permitirá Dios que este loco ataque a Estados Unidos con armas nucleares?

Creo sinceramente que esto sucederá si a Irán se le permite fabricar armas nucleares. Irán se ha burlado de la diplomacia occidental y no podrían importarle menos las sanciones propuestas por Estados Unidos. Ahmadineyad y su diplomacia del engaño y la demora han jugado con Inglaterra y Estados Unidos como han querido. Él quiere tener la bomba a cualquier costo, incluyendo una guerra nuclear en el Medio Oriente.

BOLTON:
"NO HAY UNA SOLUCIÓN DIPLOMÁTICA"

En el segundo capítulo de este libro, he compartido algunos comentarios del ex embajador de EE.UU. ante las Naciones Unidas, John Bolton, que realizó en la Iglesia Cornerstone de San Antonio, Texas, en la que celebramos una "Noche para honrar a Israel." Sus comentarios son tan importantes en este sentido que quiero, con su permiso, compartir más:

> La posición iraní es que ellos quieren tener armas nucleares. La posición de occidente es que no queremos que ellos tengan armas nucleares. Entonces, ¿cuál es el compromiso? ¿La mitad de un arma nuclear? No se puede negociar una diferencia tan profunda. El hecho es que en el campo de la proliferación nuclear, el tiempo casi siempre funciona a favor del proliferador. [El proliferador en este caso es Irán.] El proliferador necesita tiempo para superar los complejos retos científicos y tecnológicos a fin de fabricar armas nucleares y sus sistemas de lanzamiento de misiles balísticos.
>
> El tiempo es exactamente lo que las negociaciones le dan a Irán. Tiempo es exactamente lo que han ganado en casi cinco años de negociaciones con nuestros amigos europeos. Cinco años en los que los europeos, apelando a su mejor diplomacia creativa, les ofrecieron a los iraníes cualquier otra cosa si los iraníes renunciaran a la búsqueda de armas con energía nuclear.
>
> ¿Cuál es el resultado de todas estas negociaciones? Irán está cinco años más cerca de su objetivo de tener precisamente esas armas nucleares. El hecho es que no hay una solución diplomática al problema de las armas nucleares iraníes, y que las sanciones económicas no funcionarán.
>
> Las sanciones que apliquen, aunque no afecten económicamente a Irán, no están haciendo nada para disuadir a Irán de su afán permanente por fabricar armas nucleares. Incluso nuestra administración ya no dice que el propósito de las sanciones es detener el programa de armas nucleares. Dicen que el propósito de las sanciones es hacer que Irán regrese a la mesa de negociaciones. E incluso si regresara a la mesa de negociación, estaríamos de nuevo frente al mismo problema. ¿Qué vamos a decirles después de que nos hemos estrechado la mano?
>
> Se trata de un problema fundamental para Israel, para los Estados Unidos, y realmente, para el mundo civilizado, porque una vez que Irán tenga armas nucleares, el equilibrio de poder en el Medio Oriente y en el mundo cambiará para siempre.

La diferencia entre Rusia e Irán

Me temo que el Plan B de nuestra administración es aceptar que Irán tenga la capacidad de obtener armas nucleares. No nos gustará, pero lo aceptaremos porque creemos que podemos contener y disuadir a Irán como lo hicimos con la Unión Soviética durante la Guerra Fría. Creo que esto es un error fundamental. La psicología del liderazgo de Irán es muy diferente de la del liderazgo de Moscú durante la Guerra Fría. Se puede decir lo que sea sobre los comunistas: eran ateos; pensaban que sólo existía esta vida y que no iban a desperdiciar su oportunidad en la tierra.

Pero los dirigentes de Teherán esperan el día en dar un salto y llevarnos a tantos de nosotros como puedan.

Si Irán consigue armas nucleares, puedes apostar que tan pronto como sea posible a partir de entonces, Arabia Saudita obtendrá armas nucleares, al igual que Egipto, Turquía, y tal vez otros países de la región. El resultado será que en un período muy corto de tiempo —de cinco a diez años—, Abraham media docena o más de estados en el Medio Oriente con armas nucleares. Y si no te gusta el enfrentamiento nuclear y bipolar de la Guerra Fría, [Estados Unidos vs. Rusia] imagina el riesgo de un escenario nuclear multi-polar en el Medio Oriente, mientras varios países se miran entre sí, preguntándose quién atacará primero.

Hace sólo tres años y medio, Israel destruyó otro reactor nuclear en Siria. Este reactor nuclear estaba siendo construido por Corea del Norte. ¿Corea del Norte? ¿Por qué? ¿Por a sus estrechos vínculos culturales con Siria? ¡Por supuesto que no! Supimos que era una empresa tripartita financiada por Irán, porque este país y Corea del Norte tienen un marcado interés en ocultar sus programas de armas nucleares de las miradas indiscretas internacionales. ¿Y qué mejor manera de hacerlo que construirlas en un país donde nadie las está buscando?

Así que Israel ha atacado dos veces instalaciones nucleares de forma preventiva en su propia defensa, lo que creemos que es un derecho legítimo, especialmente para un país democrático.

El día de la decisión está cerca

Estamos llegando a un punto de decisión. No sé cuándo vaya a ocurrir, pero será muy pronto: Estados Unidos o Israel tendrán que tomar una decisión para permitir que Irán se convierta en un estado con armas nucleares, o deberán realizar ataques militares preventivos.

Me parece que el uso de la fuerza preventiva de una manera muy limitada para impedir que Irán obtenga armas nucleares, es la respuesta correcta para el mundo y para la paz en general.

Si el programa iraní de armas nucleares no es atacado, habrá una tormenta de fuego política en todo el mundo. Habrá graves consecuencias económicas. Sólo quiero que pienses por qué esta decisión puede tener implicaciones para nuestro futuro, para nuestros hijos y nuestros nietos. Porque si Irán obtiene armas nucleares, el mundo cambiará para siempre.

La profecía Bíblica, los embajadores, los estadistas, los académicos y políticos, todos dicen lo mismo a su manera. Vivimos en un mundo muy peligroso y debido a la proliferación nuclear, nos enfrentamos al final de los días.

¿Crees que no puede pasar?

¡Piensa otra vez!

La criminalización del cristianismo

La criminalización del cristianismo no comenzó con la formación de la ACLU bajo la dirección de Roger Baldwin, que confesó haber sido un socialista comprometido y cuyo objetivo por excelencia era la promoción del communismo.[1]

La criminalización del cristianismo comenzó con el Imperio Romano y por su labor conspiradora realizada por el rey Herodes y por Pilato para destruir a un rabino judío de Nazaret llamado Jesucristo.

La trama del Imperio Romano para destruir el ministerio de Jesús fue simple y eficaz: el público acusaba a Jesús de cosas que él nunca había dicho o hecho con el fin de asesinarlo y dispersar a sus seguidores, confundidos por la duda. El concepto de "matar al pastor y dispersar las ovejas" no era nuevo y sigue siendo el *modus operandi* de algunos miembros liberales de los medios de comunicación.

Jesús de Nazaret fue etiquetado como un hereje, un mentiroso, un borracho, un loco endemoniado, y un insurrecto, que era demasiado peligroso para dejarlo vivo.

Antes incluso de conocerlo, ¿por qué Roma le temía a Jesús y a doce discípulos comunes y corrientes que no tenían riquezas, poca educación, y sin experiencia militar, y que además eran prácticamente desconocidos?

Roma tenía a Jesús en la "lista de vigilancia", porque había demostrado la capacidad de alimentar a cinco mil personas con el almuerzo de un niño. Había demostrado la capacidad de curar a los heridos y de resucitar a los muertos. Él atrajo a las masas que estaban dispuestas a seguirlo con el objetivo de sublevarse y aplastar la represión del Imperio Romano, si sólo Él les diera la palabra. Sin embargo, nunca lo hizo, diciendo: "Mi reino no es de este mundo."

Adicionalmente, su ministerio comenzó en Galilea, que era conocida como un lugar que se oponía al gobierno, y que la "Oficina de Seguridad Nacional" del Imperio Romano consideraba a Jesús como un individuo de derecha, que creía en la Biblia, un incitador al odio traficante que necesitaba estar en la "lista de vigilancia", así como cuatrocientos mil estadounidenses lo están ahora mismo en Washington, D.C.

Jesús fue detenido por Roma en el Jardín de Getsemaní, sometido a juicio, acusado falsamente, y, en cuestión de horas, fue brutalmente asesinado por el gobierno romano en el lugar llamado el Calvario como un insurrecto demasiado peligroso como para dejarlo vivir.

Los que presentaban a Jesucristo como un hombre que era amado por todos, tergiversaron profundamente el mensaje y el ministerio del hijo de Dios. Si era amado por todos, ¿cómo se las arregló para terminar detenido, encarcelado, golpeado hasta quedar convertido en una masa sanguinolenta, y ser crucificado en público, desnudo entre dos ladrones conocidos?

La verdad es que el gobierno odiaba a Jesús debido a su gran influencia con el público. Jesús dejó este epílogo para aquellos que lo siguieron a través de los siglos:

> *"Si el mundo los aborrece, tengan presente que antes que a ustedes, me aborreció a mí. Si fueran del mundo, el mundo los querría como a los suyos. Pero ustedes no son del mundo, sino que yo los he escogido de entre el mundo. Por eso el mundo los aborrece."*
>
> —*Juan 15:18–19 NKJV*

La verdad es que los líderes de la iglesia del Nuevo Testamento estaban en constantes problemas con los gobiernos impíos. Lee el recuento del sufrimiento escrito por St. Paul, que escribió la mayor parte del Nuevo Testamento y a quien Dios le dio una visita guiada por los cielos:

> *He trabajado más arduamente, he sido encarcelado más veces,*
> *he recibido los azotes más severos, he estado en peligro de muerte*

repetidas veces. Cinco veces recibí de los judíos los cuarenta azotes menos uno. Tres veces me golpearon con varas, una vez me apedrearon, tres veces naufragué, y pasé un día y una noche como náufrago en alta mar. Mi vida ha sido un continuo ir y venir de un sitio a otro; en peligros de ríos, en peligros de bandidos, en peligros por parte de mis compatriotas, en peligros a manos de los gentiles, en peligros en la ciudad, en peligros en el campo, en peligros en el mar y en peligros por parte de falsos hermanos. He pasado muchos trabajos y fatigas, y muchas veces me he quedado sin dormir; he sufrido hambre y sed, y muchas veces me he quedado en ayunas; he sufrido frío y desnudez. Y como si fuera poco, cada día pesa sobre mí la preocupación por todas las iglesias.

—2 Corintios 11:23–28 NKJV

San Pablo estuvo más en la cárcel que fuera ella. Gran parte del Nuevo Testamento no fue escrito en alguna cabaña apartada a la orilla del mar con suaves brisas que estimularan las energías creativas del apóstol. Gran parte del Nuevo Testamento fue escrito en una celda de la cárcel infestada de ratas, la sangre goteando de su espalda por las palizas que le propinaban los sádicos guardias romanos. Roma puso su cuerpo en la cárcel, pero no pudo capturar el fuego de su espíritu ni la pasión de su alma invencible.

St. Paul escribe: "En todas estas cosas somos más que vencedores debido a aquel que nos amó" (Romanos 8:37 NKJV).

La lista de los dos presidiarios del Evangelio continúa a través de la Sagrada Escritura con Juan el Revelador en la isla de Patmos, etiquetado y calumniado como un "enemigo del estado", porque eligió a Cristo sobre el César.

Martin Niemöller, un pastor luterano alemán devoto y apasionado, atrapado en las garras del Tercer Reich, fue enviado a prisión y ejecutado por órdenes de Hitler. ¿Por qué? Porque se atrevió a decir que Alemania no podía servir a dos amos. O Alemania decidía servir a Jesucristo, o decidía hacer lo propio con Adolf Hitler.

Los comunicados de prensa propagandística del Tercer Reich crucificaron el carácter de Niemöller y difamaron su nombre; el cielo lo coronó como campeón de la cruz, y fue grande su recompensa en el momento que entró a través de las puertas de esplendor en la vida eterna. Pregunta:

¿Cuál sería tu respuesta si tu pastor fuera llevado a la cárcel y difamado por los medios de comunicación por predicar el evangelio de Jesús desde el púlpito de su iglesia?

¿Te quedas con él, o sales de la iglesia? ¿Estarías ofendido por la calumnia viciosa de los medios de comunicación, los chismes crueles en la oficina, y las mentiras malignas proferidas por la gente en la calle que no sabe nada de la verdad? Dirías, al igual que el apóstol Pedro en la noche en que Cristo fue detenido por quinientos soldados romanos en la fortaleza Antoniana en el Jardín de Getsemaní: "¡Yo no conozco a ese hombre!"

¿Serías como sus discípulos, quienes "regresaron a sus redes"? Ellos se retiraron a su zona de confort en lugar de enfrentar el conflicto producido por sus convicciones. Si en un futuro te enfrentas a lo que tú crees basado en la verdad Bíblica, ¿te enfrentarás a tus contradictores, o volverás a tus redes? Todos los hombres caen, pero los grandes obtienen respaldo. Nunca debes quejarte acerca de lo que permitas. Tus decisiones de hoy determinan el destino del mañana.

Como creyente en la Biblia Cristiana en Estados Unidos, necesitas prepararte mental, emocional y espiritualmente para defender tu fe ante el tribunal en el futuro cercano.

¿Crees que no puede pasar?

¡Piensa otra vez!

¡Prepárate para cuando esto suceda!

CUANDO EL CRISTIANISMO ES UN CRIMEN

Permítanme abordar el título de este capítulo, que algunos podrían considerar que es demasiado duro: "La criminalización del cristianismo." La palabra crimen se define en Diccionario Webster del Nuevo Mundo como "un acto cometido en violación de una ley."

Elegí el título de "La criminalización del cristianismo" porque hay ciertas leyes, principalmente gracias a la ACLU, que cuando son violadas, constituyen un delito. Entiende que no es un delito según las enseñanzas de la Biblia, ¡pero es un delito en Estados Unidos, en el secularizado siglo XXI! Estamos en un momento de la historia de América, donde las leyes de los hombres superan a las leyes de Dios Todopoderoso en el palacio de justicia.

Por ejemplo, matar es algo que está en contra de la ley de los Diez Mandamientos. El Congreso de EE.UU. acaba de aprobar la legislación de salud que, a pesar de la Orden Ejecutiva Presidencial 13535, no cambia la ley. Tan pronto como la Orden Ejecutiva 13535 sea impugnada en un tribunal de justicia, el juez se someterá a la ley, tal como existía antes de la orden ejecutiva, y los abortos se pagarán con dinero proveniente del proyecto de ley de reforma a la salud. ¡La orden ejecutiva de la presidencia no vale siquiera el papel en el que está escrita! El gobierno está tomando tu dinero y utilizándolo para asesinar bebés en los vientres de sus madres. El aborto es el holocausto americano. Cuarenta y tres millones de hermosos bebés han sido asesinados en clínicas americanas de aborto bajo el lema de "pro-elección."

Roger Baldwin, fundador de la ACLU, se describió así: "Estoy a favor del socialismo, del desarme, y en definitiva, de la supresión del Estado como un instrumento de violencia y de coacción. Defiendo la propiedad social, la abolición de la clase propietaria, y el control exclusivo de los que producen la riqueza. El comunismo es la meta." [2]

"Durante ocho décadas, la ACLU ha sido un líder americano en la censura, que ha entablado una guerra básicamente sin oposición contra los valores fundamentales de Estados Unidos, ocultando la guerra en nombre de la libertad." [3]

El resultado de este conflicto es que los americanos se encuentran viviendo en un país que, a cada día que pasa, se vuelve más ajeno a los principios por los cuales lucharon y murieron nuestros fundadores lucharon con el fin de preservarlos.

¿QUÉ DIEJRON NUESTROS PADRES FUNDADORES?

Aunque se ha escrito mucho en los últimos años, en un intento para negar el hecho de que Estados Unidos fue una nación fundada sobre la Biblia, ningún esfuerzo por parte de ateos y agnósticos laicos podrán cambiar los hechos de la historia. Cualquier persona que examine los escritos originales, los discursos, o la correspondencia personal de los Padres Fundadores, concluirá que sus vidas y sus principios estuvieron arraigados y basados en la palabra de Dios.

Examinemos entonces las declaraciones de algunos de nuestros Padres Fundadores: George Washington, el padre de nuestra nación y el primer presidente de los Estados Unidos, declaró: "Es imposible gobernar correctamente el mundo sin Dios y sin la Biblia."[4]

John Quincy Adams, el sexto presidente, declaró: "El primero y... el único libro que merece atención universal es la Biblia. Hablo como un hombre de mundo...y digo 'Investigad las Escrituras'."[5]

Andrew Jackson, el séptimo presidente, declaró, refiriéndose a la Biblia: "Ese libro, señor, es la roca sobre la que descansa nuestra República."[6]

Patrick Henry, gobernador de Virginia y firmante de la Declaración de la Independencia, dijo: "No se puede enfatizar con la suficiente frecuencia claridad que esta nación fue fundada, no por los religiosos, sino por los cristianos, no por la religión, sino en el evangelio de Jesucristo."[7]

John Hancock, firmante de la Declaración de la Independencia, dijo: "Principalmente y en primer lugar, doy y encomiendo mi alma en las manos de Dios, y mi cuerpo lo recomiendo a la tierra... sin duda, pero en la resurrección general recibiré de nuevo la misericordia y el poder de Dios."[8]

Henry Knox, general de la Guerra Revolucionaria, declaró: "A la cabeza suprema del universo, a ese gran Jehová que creó la llama universal de la naturaleza, los mundos y sistemas en número infinito... a ese Ser tan sublime, encomiendo mi espíritu con la confianza infinita de su misericordia y protección."[9]

Charles Carroll, firmante de la Declaración de la Independencia, declaró lo siguiente: "Sin moral, una república no puede subsistir mucho tiempo; por lo tanto quienes están denunciando la religión cristiana, cuya moralidad es tan sublime y pura... están socavando los cimientos sólidos de la moral, la mejor seguridad para la duración de los gobiernos libres."[10]

Benjamín Rush, firmante de la Declaración de la Independencia, declaró: "Mi única esperanza de salvación está en el amor infinito y trascendente que Dios manifiesta al mundo con la muerte de su Hijo en la cruz. Sólo su sangre lavará mis pecados. Yo confío exclusivamente en ella. ¡Ven, Señor Jesús! ¡Ven pronto!"[11]

John Hancock y John Adams sacudieron al mundo con una sola frase: "No reconocemos a ningún soberano, sino a Dios, y a ningún rey, sino a Jesús."[12]

LA ACLU VERSUS EL CRISTIANISMO

Mientras Estados Unidos sigue cayendo al abismo de la laicidad, los jueces liberales federales continúan haciendo caso omiso de la voluntad del pueblo en defensa de las santas normas morales, mientras la ACLU continúa con su gran potenciada y bien financiada guerra contra el cristianismo, y la América de nuestros Padres Fundadores que murió para nacer, está en estado crítico, con infecciones de corrección política, codicia, apatía, inmoralidad, y un sinfín de atribuciones que arrastran a la república a una muerte temprana.

La ACLU se posiciona como el gran defensor de la libertad. Ocasionalmente toma un caso que hace exactamente eso, pero la mayoría de sus esfuerzos están dirigidos a controlar o eliminar la libertad de millones de estadounidenses. La ACLU tiene un presupuesto anual de $45 millones; se dice que tienen trescientos empleados, además de sesenta abogados de tiempo completo y mil de carácter voluntario. Se trata de una máquina de guerra jurídica y el cristianismo está en su punto de mira.

Bill O'Reilly, autor y presentador de *O'Reilly Factor*, de la cadena Fox News, afirma lo siguiente: "Pocos americanos comprenden la radicalidad de la ACLU y la amenaza que representa para la libertad." [13]

El doctor D. James Kennedy, Ph. D., Fundador y presidente de los Ministerios Coral Ridge y ministro principal de Iglesia Presbiteriana de Coral Ridge en Ft. Lauderdale, Florida, dijo en relación a la ACLU: "Tal vez ninguna organización ha hecho más para sacar a Estados Unidos de sus bases judío-cristianas que la ACLU, a la que llamo con frecuencia llamo 'Unión para la Litigación Anti-Cristiana'." [14]

La ACLU ha estado en contra de los Estados Unidos desde el principio. El objetivo de la ACLU consiste en utilizar el poder judicial, en lugar de los electores, y poner en práctica su programa.

Éstas son las instrucciones de Roger Baldwin sobre cómo presentar a la ACLU ante el público general: "Tenemos que evitar que la organización parezca una empresa socialista. Muchísimas personas creen que es básicamente un movimiento socialista. Queremos que nos vean como patriotas en todo lo que hacemos. Queremos tener una gran cantidad de banderas, hablar considerablemente sobre la Constitución y sobre lo que nuestros antepasados quisieron hacer de este país, y demostrar también que somos realmente las personas que representan el espíritu de nuestras instituciones."[15]

La Agenda de la ACLU

Tal como lo señalan los autores Alan Sears y Craig Osten en su libro *La ACLU vs. Estados Unidos*:

- Todas las prohibiciones legales sobre la distribución de material obsceno —incluida la *pornografía infantil*— son inconstitucionales.

- *Los puntos de venta pornográficos* pueden localizarse donde les plazca, ya sea al lado de iglesias o guarderías, o cerca de zonas residenciales.

- *Las bibliotecas financiadas con impuestos* por no deben restringir el acceso de los niños a la pornografía en Internet.

- *Los padres no deben tener ningún recurso legal* cuando se trata de proteger a sus hijos de la pornografía dura.

- *El ejército* no puede hacer cumplir siquiera los códigos más básicos de conducta, tales como el castigo de la conducta irrespetuosa hacia un oficial superior.

- *El ejército* no puede prohibir manifestaciones abiertas de comportamiento homosexual dentro de sus filas.

- *Los padres no pueden limitar la exposición de sus hijos*, o la participación en clases y asambleas de las escuelas públicas que violen las creencias religiosas y morales del núcleo familiar, excepto las relacionadas con enseñanzas judías ortodoxas o cristianas.

- *Las escuelas públicas no pueden celebrar días festivos religiosos*, históricos y culturales, tales como Navidad, la Semana Santa, o Janucá, a pesar de una tradición americana que ya tiene varios siglos.

- *Todos los programas legislativos, militares, y de capellanía penitenciaria* deben ser abolidos.

- Todas las leyes penales y civiles que prohíben la poligamia y el *"matrimonio" entre miembros del mismo sexo* deben ser derogadas.[16]

Los fundamentos de la libertad garantizados por la Constitución de los Estados Unidos están siendo agresivamente atacados en un esfuerzo por controlar a los cristianos y al cristianismo.

Veamos el caso de la libertad de expresión siendo impugnada en el caso de *Peterson vs. Hewlett-Packard Co.,* donde un trabajador cristiano que ejerció su derecho al libre discurso en respuesta a un cartel homosexual que la empresa había colocado cerca de su cubículo. Él puso versículos de la Biblia para expresar sus creencias sobre el asunto, y fue despedido.

¿Estaba en Suecia? ¿En Canadá? No, en Boise, Idaho. El Noveno Circuito de la Corte de Apelaciones escribió: "Un empleador no tiene que acomodarse a las creencias religiosas de un empleado si el hecho de hacerlo daría lugar a la discriminación de sus compañeros de trabajo o de privarlos de derechos legales contractuales u otros de carácter estatutario." [17]

¿Tú, como americano que eres, tienes derecho a practicar tus creencias religiosas en tu sitio de trabajo? No, según los tribunales de California.

Cuando una lesbiana se acercó a dos médicos cristianos en San Diego County, California, para ser inseminada artificialmente, los médicos se negaron a hacerlo. Y ella, en lugar de expresar tolerancia por las convicciones de los médicos religiosos y por su derecho a no participar en su plan, los demandó. Y la Corte de Apelaciones de California determinó que los dos doctores se equivocaron al rechazarla. Jennifer Pizer, la abogada de la mujer lesbiana, aclaró su posición jurídica en *Hannity & Colmes*: "Cuando el médico vaya a su iglesia, puede ejercer su religión, pero no en el consultorio médico." [18]

Pastores de todo el país están organizando una Coalición de Pastores para defenderse legalmente en los tribunales de justicia. Los pastores de Pensilvania están buscando un seguro de responsabilidad civil para protegerse de ser procesados en el marco del Nuevo Discurso del Odio que respalda el estado. Eso está bien.

Ellos están reaccionando a la reciente incorporación estatal de la "orientación sexual" a sus leyes de crímenes de odio. Un aspecto que preocupa particularmente es la expansión del término *acoso,* de manera que incluya el "acoso por vía comunicativa", lo que significa que una persona puede ser condenada sólo por sus declaraciones verbales. [19]

Esto significa que si un pastor se encuentra en el púlpito y lee el Levítico 20:13—"Si un hombre se acuesta con un hombre como lo haría con una mujer, ambos habrán cometido una abominación", podría ser enviado a la cárcel por acoso por vía comunicativa, que es considera como un discurso de odio por los tribunales de Pensilvania.

Es probable que no vivas en el estado de Pensilvania, pero como los tribunales pueden mirar las leyes de otros estados en busca de precedentes cuando sus leyes estatales no digan nada, esta ley de Pensilvania tiene un potencial real para afectarte a ti.

Bajo la bandera de la diversidad, la Sala Sexta de Apelaciones declaró: "La adhesión de todas las religiones son igualmente válidas como las religiones."

Esto explica por qué las bases del ejército norteamericano tienen capellanes brujos que están en pie de igualdad con los capellanes cristianos, judíos y musulmanes.[20]

LA AMENAZA SE ESTÁ EXTENDIENDO MÁS RÁPIDO DE LO QUE PUEDES IMAGINAR

Las siguientes leyes son de cumplimiento obligado para tus hijos y nietos que vayan a las escuelas públicas. Tal vez sea hora de pensar en enviar a tu hijo a una escuela cristiana donde las no sea objeto de burla, ridiculizado y humillado constantemente por sus creencias. Piensa en lo siguiente:

La oración verbal ofrecida en una escuela es inconstitucional, aunque la oración sea voluntaria y tenga una denominación neutral. (*Engel vs. Vitale*, 1962; *Abington vs. Schempp*, 1963, *Comisario de Educación vs. Comité Escolar de Leyden*, 1971)

- Si un estudiante reza durante el almuerzo, es inconstitucional que ore en voz alta. (*Reed vs. Van Hoven*, 1965)

- Si un estudiante se dirige a varios de sus compañeros, se convierte en efecto en un representante del gobierno, por lo que es inconstitucional que ese estudiante ore.(*Harris vs. Distrito Escolar Común*, 1994)

- Se puede orar en una reunión del consejo municipal, siempre y cuando no se mencione el nombre de Jesús. (*Rubin vs. la Ciudad de Burbank*, 1999)

- Es inconstitucional que la biblioteca de un salón de clases contenga libros que estén de acuerdo con el cristianismo, o que un maestro sea visto con una copia personal de la Biblia en la escuela. (*Roberts vs. Madigan*, 1990)

- Es inconstitucional que un cementerio público tenga una maceta en forma de cruz, pues si alguien viera esa cruz, podría causarle "malestar emocional" y por lo tanto, constituye un perjuicio "de hecho."(*Warsaw vs. Tehachapi*, 1990) [21]

Uno de los ataques más agresivos contra la fe cristiana fue realizado por Samuel Kent, un juez federal que dictaminó en 1995 que si los estudiantes estadounidenses oraban en una escuela pública en el nombre de Jesús, serían condenado a una pena de seis meses en prisión: "Y no se equivoquen, el tribunal enviará a un Marshall de los Estados Unidos a la graduación. Si cualquier estudiante ofende a este Tribunal, el alumno será detenido sumariamente e irá a prisión por seis meses en la cárcel del condado de Galveston por desacato a la Corte. Cualquiera que piense que estoy bromeando sobre esto es mejor que lo piense otra vez… cualquiera que viole estas órdenes… quisiera haber muerto cuando éste tribunal se encargue de eso." [22]

Si crees que los niños en la escuela pública están siendo educados en los principios de la libertad que hicieron grande a Estados Unidos, ¡piensa otra vez! A tus hijos no les están enseñando lo que tú les enseñas. Muchos están siendo expuestos todos los días a un lavado de cerebro humanista y secular desde la primaria hasta la secundaria. Prueba de ello es la decisión de la juez federal Jennifer Coffman, nominada por el presidente Bill Clinton en 1993, que se negó a permitir que un maestro de California les mostrara a sus alumnos la Declaración de la Independencia porque se refería a Dios.

La juez Jennifer Coffman también decidió que los siguientes documentos no podían ser publicados en las escuelas públicas:

1. El Pacto del Mayflower, en donde los fundadores de la colonia invocan "El nombre de Dios" y explican que emprendieron su viaje, entre otras razones, "para la gloria de Dios y el avance de la fe cristiana."

2. Nuestro lema nacional: "En Dios Confiamos."

3. Fragmentos de nuestra Declaración de Independencia.

4. El Preámbulo a la Constitución Política del Estado de Kentucky.

5. Una página del Registro del Congreso del miércoles, 2 de febrero de 1983, vol. 12, N° 8, que declara a 1983 como "Año de la Biblia" y enumera los Diez Mandamientos.

6. La proclamación por el presidente Ronald Reagan de 1983, como el "Año de la Biblia."

7. La proclamación por el presidente Abraham Lincoln en la que designa al 30 de abril de 1863, como el Día Nacional de Oración y de la Humillación.

8. Un extracto de la "Respuesta a la Gente de Color Leal de Baltimore tras la Presentación de una Biblia", realizada por del presidente Lincoln, y que dice "La Biblia es el mejor regalo que Dios le ha dado al hombre."[23]

El Pastor Ronnie Floyd, de la Primera Iglesia Bautista en Springdale, Arkansas, fue atacado por el Servicio de Impuestos Internos por su sermón del 4 de julio 2004, cuando le dijo a su congregación: "Voten por Dios, Sus maneras, Su voluntad, y Su palabra."

Barry Lynn, miembro de "Americanos Unidos por la Separación de la Iglesia y el Estado", está enviando personas a las iglesias para grabar los sermones por si hay cualquier "irregularidad" e informar a la IRS. Lynn ha recibido respaldo de la así llamada Coalición Principal, que tiene alrededor de cien voluntarios que vigilan las iglesias para ver si los pastores son respetuosos de las leyes federales que rigen la actividad política de las instituciones sin fines de lucro.[24]

Uno de los golpes maestros de la ACLU es su intención de moldear las leyes americanas como ellos quieren por medio del activismo judicial. La ACLU busca imponer por la fuerza la ley internacional (por lo menos su visión selectiva del derecho internacional) al pueblo americano, con total desprecio por la soberanía de los estadounidenses y la Constitución de los Estados Unidos.

¿Cómo te afecta esto a ti, a tu familia y a tu iglesia? ¡Estén pendientes! Cuando estuve recientemente en Londres, el titular del *The Daily*

Telegraph, el 19 de diciembre de 2009, decía: "Iglesias pueden ser demandadas por los ateos."

Mientras escribo este libro, Harriet Harmin está proponiendo una ley que allanará el camino para que las iglesias sufran las acciones legales por parte de los ateos en una amplia gama de cuestiones. Cuando le preguntaron en una rueda de prensa religiosa si Michael Foster —el ministro para la Igualdad—, pensaba que la Ley de Igualdad sometida ante la Cámara de los Lores daría lugar a acciones legales entre iglesias y ateos, el señor Foster contestó: "Ambos necesitan a sus abogados en este momento."

Su colega conservadora, la baronesa O'Cathain, una cristiana evangélica, le dijo a la Cámara de los Lores que "para la libertad cristiana" el Proyecto de Ley de Igualdad era la "ley más perjudicial que había llegado a la Cámara en mis dieciocho años como miembro."

Puedes estar seguro de que la ACLU está observando el precedente que se estableció en Inglaterra, y que movilizará su ofensiva legal para que esta ley se apruebe en los Estados Unidos. ¿Cuál es el mensaje? Que las iglesias deben conseguir el mejor abogado que puedan encontrar, y estar listas para defender su fe en los tribunales. La otra opción es ser castradas y silenciadas por la ACLU.

TERCERA PARTE

El fin de los días

La profecía Bíblica

¿Qué es la profecía Bíblica? ¿Por qué es importante, y por qué debemos estudiarla?

La profecía es la historia del futuro. Es el estudio de lo que está por venir. Muchos en nuestra cultura humanista contemporánea sienten una fascinación por la adivinación, los psíquicos, y la astrología, y sin embargo en esta era de la duda y del escepticismo religioso, pregúntale a los mismos acerca de la profecía Bíblica, y te dirán que un individuo que tiene un interés en la profecía de la Biblia es un fanático, o un inestable mental. ¡Qué absurdo es eso!

¡Hacer caso omiso de la profecía Bíblica es hacer caso omiso de una cuarta parte de la infalible Palabra de Dios!

La Biblia fue escrita por aproximadamente cuarenta autores, con la dirección y la inspiración del Espíritu Santo en un lapso de 150 años. Muy pocos de los escritores de las Sagradas Escrituras se conocían entre sí, y sin embargo, la continuidad y la exactitud de sus páginas —que cambian la vida— no tiene paralelo en ninguna otra obra literaria. J. Vernon McGee se refiere al Buen libro como al "Libro de Dios", porque en él, Dios se cita 250 veces a sí mismo. Está claro que Dios se atribuye el mérito de los contenidos de su libro.[1]

Si aproximadamente la cuarta parte de la Biblia era profética en el momento en el que fue escrita, y si Dios dedicó gran parte de la palabra escrita a la profecía, entonces el futuro, como *Él* lo ve, no debe pasarse por alto. Hay que reiterar que la profecía Bíblica no fue ofrecida para satisfacer la curiosidad que el hombre siente por el futuro, sino con el fin de lograr la perfecta voluntad de Dios para la humanidad.

*Toda la Escritura es inspirada por Dios y útil para enseñar, para
reprender, para corregir y para instruir en la justicia, a fin de que el
siervo de Dios esté enteramente capacitado para toda buena obra.*
                                        —*2 Timoteo 3:16–17 NKJV*

En pocas palabras, la Biblia incluye la profecía, por lo que el pueblo de
Dios debe estudiarla.[2]

¿Podemos confiar en la exactitud de la profecía Bíblica? El hecho es
que la exactitud de la profecía Bíblica puede ser confirmada por la historia mundial; mediante la validación del pasado, podemos mirar hacia el
futuro con sapiencia. Pedro expone la verdad de la profecía de la Biblia
cuando dice:

*Y así tenemos la palabra profética más segura, la que hace bien a
los atentos como a una luz que brilla en un lugar oscuro, hasta que
despunte el día y la estrella de la mañana se levante en sus corazones.*
                                        —*2 Pedro 1:19 NKJV*

La historia es la profecía Bíblica cumplida. McGee definió con precisión la exactitud de la profecía Bíblica en una sola frase, "La profecía
cumplida es una de las pruebas indudables de la inspiración verbal y ple-
naria de las Escrituras."[3] ¿Y qué del mensajero profético?

GUÍAS PARA UNA VERDADER PROFECÍA

El Deuteronomio estableció las directrices para un verdadero profeta:

*Pero el profeta que presume de hablar en mi nombre, y que yo no le
haya mandado a hablar, o que habla en el nombre de otros dioses,
ese profeta morirá." Y si en tu corazón dices, "¿Cómo conoceremos la
palabra que el SEÑOR no dice?", cuando un profeta habla en nombre
del SEÑOR, si la cosa no sucede o no ha sucedido, y es lo que SEÑOR
no ha hablado, el profeta lo ha dicho con presunción, que no tenga
miedo de él.*
                                        —*Deuteronomio 18:20–22 NKJV*

Kyle M. Yates, en su libro *La predicación de los profetas*, incluye la lista de los profetas, sus años y la ubicación de la profecía, así como los rasgos en su carácter. (Nota: todos los años son a. C.)

El grupo temprano

Moisés	1447 o 1225	en Egipto
Samuel	1100	en Israel
Elías	870	en Israel
Joel	850–820	en Jerusalén
Jonás	800	en Israel

El grupo del siglo VIII

Amos	760–	en Israel
Oseas	745–	en Israel
Isaías	740–698	en Jerusalén
Miqueas	735–	en Jerusalén

El grupo del séptimo siglo

Sofonías	630–622	en Jerusalén
Jeremías	626–585	en Jerusalén y Egipto
Nahúm	625–612	en Jerusalén
Habacuc	610–605	en Jerusalén

El grupo de exiliados

Abdías	586	en Jerusalén y Babilonia
Ezequiel	592	en Babilonia
Daniel	605–530	en Babilonia

El grupo después del exilio

Ageo	520	en Jerusalén
Zacarías	520	en Jerusalén
Malaquías	435	en Jerusalén

Los dos objetivos principales de la profecía Bíblica

El estudio de la profecía Bíblica y de su cumplimiento revelan los dos objetivos principales de la profecía. El más importante es dar a conocer el plan divino de Dios para dar testimonio de nuestro Redentor, Jesucristo (Apocalipsis 19:10 NKJV).

El segundo es dar a conocer la voluntad de Dios para la humanidad como se registra en el Génesis Capítulo 17:1–11 sobre el destino divino de Abraham.

Los profetas de Dios tienen varios rasgos de carácter en común:

- un profeta no es influenciado por la opinión pública o la diplomacia

- transmite un mensaje sin compromiso

- es fiel a su llamado divino

- siente humildad por el privilegio inigualable de ser el elegido de Dios para ser su portavoz

- es un hombre de acción que muchas veces causa la enemistad de su mensaje

- es acusado con frecuencia por sus contemporáneos de tomar una posición radical

- es un hombre de oración

- es puro de corazón y de carácter

- es una voz fuerte —y muchas veces la única— contra la injusticia social

- no es sólo un predicador para sus contemporáneos, sino también el portavoz de Dios, que revela su voluntad para con las generaciones venideras.[4]

A fin de ayudarles a obtener credenciales de profetas, el Señor les dio a sus hombres escogidos profecías "locales" que se cumplieran en tiempo real. Una vez que Dios los nombró como "los verdaderos profetas", según la profecía que vaticinaran, entonces la gente confiaría en ellos y en lo que dijeran como realidad de Dios. Si aparecía alguien que se *autoproclamara* como profeta que hiciera sus propias predicciones, tarde o temprano la ley de probabilidades terminaría por contradecirlo, sus pronósticos no se cumplirían y nadie creería en él. Si tú dijeras ser un profeta en la época Bíblica, te encontrarías en una de dos categorías: un *verdadero profeta* o un *falso profeta*.

Dios se describe como un dios omnisapiente, que discierne el fin "del comienzo."

> *"Yo soy Dios, y no hay nadie como Yo, que declare el fin del comienzo... "Mi consejo permanecerá, y haré Mi voluntad."*
> —*Isaías 46:9–10 NKJV*

Para entender mejor la profecía y la fuente de la profecía, se pueden estudiar las vidas de algunos profetas de la Biblia.

EL PROFETA MOISÉS

Moisés fue el autor de los primeros cinco libros de la Biblia, conocidos como el Pentateuco. El Deuteronomio describe a este gran profeta bajo una perspectiva única: "Pero desde entonces no ha surgido en Israel un profeta como Moisés, a quien DIOS haya conocido cara a cara" (34:10 NKJV).

Durante el tiempo de liderazgo de José, el pueblo judío prosperó y se convirtió en una "gran multitud" después de llegar a Egipto desde Canaán, la tierra azotada por la hambruna. Con el tiempo, un Faraón antisemita sintió paranoia del poder que podía alcanzar este pueblo y trató de limitar el crecimiento de los israelitas oprimiéndolos con el yugo de la esclavitud y matando a sus niños varones. Las condiciones de vida del pueblo judío eran deprimentes en el mejor de los casos. Moisés era un hombre que entendía las dos culturas. Nació en la raza judía y vio su desesperación y miseria, y más tarde fue adoptado en la opulencia de la realeza egipcia. Después de recibir una educación de élite en Egipto y una disciplina severa en el desierto, Dios designó a Moisés como su profeta por dos razones principales: para liberar a su pueblo del cautiverio y para transmitir su Ley a los hombres.

Moisés era muy querido y tenía la confianza de Dios. Era un hombre que conocía a Dios y que hablaba cara a cara con él. Aunque los hijos de Israel estaban familiarizados con los actos de Dios, no estaban familiarizados con Él: "dio a conocer sus caminos a Moisés, reveló sus actos a los hijos de Israel." (Salmos 103:7 NKJV). La autoría de Moisés del Libro del Deuteronomio fue un resultado directo de su profundo conocimiento de Dios.[5]

Dios eligió a Moisés para ser su "representante divino", quien le transmitiría a este mundo su gran sistema de leyes, las cuales han influido en naciones y gobiernos a través de los siglos y siguen siendo, hasta el día de hoy, la piedra angular de nuestras creencias judeo-cristianas. Moisés tenía un ferviente compromiso con Dios y tenía una gran confianza en Su plan divino y en Su propósito para la humanidad. Moisés fue un profeta verdadero, que comulgaba con Dios y fue fiel en entregar su mensaje a los hombres. Estaba tan en contacto con el Creador que pudo conocer fácilmente Su voluntad divina y transmitir esa voluntad a los hombres.[6]

Cuatro contribuciones importantes de Moisés

Moisés hizo cuatro grandes contribuciones a nuestra fe a través de sus mensajes proféticos para el pueblo judío. En *primer* lugar, estableció la soberanía divina al inculcarle a su pueblo que Jehová era el único y verdadero Dios de Israel. En *segundo* lugar, Moisés estableció el concepto de la santidad divina en el sentido en que Dios es la justicia y exige justicia para Su pueblo. En *tercer* lugar, Moisés transmitió la ley divina de Dios, por la cual el pueblo de Dios podía recibir Sus favores y bendición. En *cuarto* lugar, Moisés puso en su debido lugar el principio de la voluntad divina de Dios, el amor, que retrata a Dios Jehová como un ser tan accesible y compasivo como quedó demostrado por la liberación sobrenatural de su pueblo.[7]

Las profecías de Moisés y su cumplimiento

Las siguientes son algunas de las profecías y su cumplimiento, dadas por Moisés.

PROFECÍA: Un diluvio destruirá toda la tierra (Génesis 6:7, 17).

CUMPLIMIENTO:

> *En el año seiscientos de la vida de Noé, en el segundo mes, el día diecisiete, todas las fuentes de gran profundidad fueron rotas, y las ventanas de los cielos se abrieron… Y Él destruyó a todos los seres vivientes que estaban en la faz de la tierra: al hombre y a la bestia, al reptil y a las aves del cielo. Ellos fueron destruidos de la tierra. Sólo Noé y los que estaban con él en el arca sobrevivieron. Y todas las aguas prevalecieron sobre la tierra durante ciento cincuenta días.*
> *—Génesis 7:11–24 NKJV*

PROFECÍA: Dios prometió que el pueblo judío volvería a la tierra (Génesis 15:26).

CUMPLIMIENTO:

> *Y todo Israel cruzó por tierra seca, hasta que todas las personas habían cruzado por completo el Jordán.*
> *—Josué 3:17 NKJV*

PROFECÍA: Egipto reconoció a Dios como el Señor (Éxodo 07:5).

CUMPLIMIENTO:

> *Entonces él llamó a Moisés y a Aarón de noche, y les dijo: "¡Largo de aquí! ¡Aléjense de mi pueblo ustedes y los israelitas! ¡Y vayan a adorar al SEÑOR, como lo han estado diciendo!"*
> *—Éxodo 12:31 NKJV*

PROFECÍA: Israel vagará por el desierto durante cuarenta años (Números 14:23; 32–35).

CUMPLIMIENTO:

Entonces la ira del Señor se encendió contra Israel, y les hizo vagar en el desierto cuarenta años, hasta que toda la generación que había hecho el mal ante los ojos del SEÑOR se había ido.
—Números 32:13 NKJV

PROFECÍA: Israel exigirá un rey (Deuteronomio 17:14).

CUMPLIMIENTO:

"Queremos un rey que nos gobierne. Así seremos como las otras naciones, con un rey que nos gobierne y que marche al frente de nosotros cuando vayamos a la guerra."
—1 Samuel 8:19–20 NKJV

EL PROFETA ELÍAS

Elías es probablemente uno de los hombres más importantes, tanto en la historia Bíblica como en la profecía Bíblica. Durante una época muy oscura en el antiguo Israel, Dios utilizó a un hombre que se enfrentaría a uno de los dúos más diabólicos de la historia: Ajab y Jezabel (1 Reyes 16:29; 22–40 NKJV).

Él también reintroduciría la pureza espiritual y la verdadera adoración en el pueblo elegido de Dios. Elías no era un falso profeta que estuviera dispuesto a calentar los oídos de los hombres para ganar popularidad, como se ilustra en la siguiente Escritura:

Porque éste es un pueblo rebelde; son hijos engañosos, hijos que no quieren escuchar la enseñanza del SEÑOR. A los videntes les dicen: "¡No tengan más visiones!", y a los profetas: "¡No nos sigan profetizando la verdad! Dígannos cosas agradables, profeticen ilusiones. Apártense del camino, retírense de esta senda, y dejen de enfrentarnos con el Santo de Israel."
—Isaías 30:9–11 NKJV

Elías era un verdadero profeta que estaba dispuesto a señalar el aleja-
miento del hombre de Dios de Abraham, Isaac y Jacob; era un hombre
que despertaría la conciencia de una comunidad adormecida, un hombre
que de manera abierta y valiente reprendería a los malhechores, incluso si
tuvieran el liderazgo e influencia, un hombre que no tenía miedo de castigar a los líderes religiosos que no hacían arrepentir a la gente.[8]

¡Elías era mi tipo de hombre!

No sólo Elías se oponía a los males de los reinos divididos del norte, que
eran acosados por la apostasía, y contra el reino del sur fragmentado por la
idolatría, sino que prevalecería, con la unción de Dios, sobre los falsos profetas de Baal (2 Reyes 1:9–10 NKJV). Dios utilizó un profeta que no se
comprometería con opiniones ateas, incluso si eran las más populares.
Cada vez que la iglesia se comprometía con el mundo, era para alejarse más;
el pueblo de Dios no logrará nada mediante las concesiones mundanas.

Por otra parte, Dios protegió a Elías mientras se encontraba en misión
divina. Cuando 450 falsos profetas de Baal se fueron en contra del profeta de Dios, Él envió fuego del cielo, permitiendo que el profeta Elías
matara a los 450 profetas falsos en el Monte Carmelo. Elías fue sacado de
la escena profética tan rápidamente como había sido introducido, porque
Dios llevó al cielo en un carro de fuego (2 Reyes 2:1 NKJV), y Él piensa
regresar a Elías a la tierra como un testimonio para el pueblo judío en los
últimos días que regresen el Mesías (Apocalipsis 11 NKJV).

Mientras que muchos profetas bíblicos hablan de acontecimientos que
quedarán reflejados en un futuro lejano, Elías les habla a sus contemporáneos de las necesidades. Los eventos que profetizó se cumplieron durante
su vida o poco tiempo después. Las siguientes son referencias a algunas
de las profecías de Elías y su cumplimiento.

Las profecías de Elías y su cumplimiento

PROFECÍA: No hay lluvia en la tierra (1 Reyes 17:1).

CUMPLIMIENTO: No hubo lluvia durante tres años y seis meses (1
Reyes 18:1, 2; Lucas 4:5; Santiago 5:17).

PROFECÍA: Harina y aceite serán entregados a la viuda de Sarepta
hasta el final de la hambruna (1 Reyes 17:14).

CUMPLIMIENTO: La viuda tenía suficiente harina y aceite para el periodo de la hambruna (1 Reyes 17:15–16).

PROFECÍA: La lluvia llegará a la tierra (1 Reyes 18:1).
CUMPLIMIENTO: "y hubo una fuerte lluvia" cuando Dios respondió a Elías en la oración en el monte Carmelo (1 Reyes 18:45).

PROFECÍA: Ajab muere y los perros lamen su sangre (1 Reyes 21:19).
CUMPLIMIENTO: Ajab murió en batalla y los perros lamieron su sangre exactamente en el lugar que Dios predijo (1 Reyes 22:38).

PROFECÍA: El fin de la dinastía de Ajab (1 Reyes 21, 22).
CUMPLIMIENTO: Jehú destruyó la dinastía de Ajab (2 Reyes 10:11, 17).

PROFECÍA: Jezabel será comida por los perros (1 Reyes 21:23).
CUMPLIMIENTO: Jezabel fue arrojada a su muerte y devorada por perros que dejaron sólo el cráneo y las manos (2 Reyes 9:30–37).[9]

El Israel de Elías y los Estados Unidos de de hoy

Permítanme hacer una breve comparación de algunas de las condiciones de Israel durante los días de Elías, tal como se registra en 1 y 2 Reyes, y el estado actual de nuestra nación. David se convirtió en rey de Judá después de la muerte de Saúl y Jonatán. Salomón sucedió a su padre, David, y llevó una larga prosperidad a su reino expandido. La división se produjo cuando la debilidad de Roboam, hijo de Salomón, dividió la tierra en 931 a. C. en la nación del norte de Israel y en la nación del sur de Judá. Como reinaban la apostasía y la idolatría, las condiciones económicas, sociales y espirituales de la tierra se redujeron drásticamente.

Con Ajab en el poder y bajo el control de Jezabel, la tierra se vio influenciada por creencias paganas como Baalismo, que abarcaba la adoración de la naturaleza. Jezabel era la sacerdotisa de la brujería y tenía una fuerza poderosa, con dos objetivos para la tierra: el primero era que la adoración de Baal dominara la tierra y el segundo era matar a tantos profetas de Dios como fuera posible.

Entre la anarquía, la invasión extranjera, una grave sequía, y la codicia y la embriaguez de poder que condujo a la ejecución sin escrúpulos de la autoridad sobre los propietarios de tierras, el pueblo de Israel y de Judá sufrió mucho. La inestabilidad económica se disparó cuando el pueblo de Dios fue esclavizado por el gobierno para que sus líderes mantuvieran su gasto excesivo.

Como consecuencia de este asalto masivo sobre la nación desde todos los frentes, el pueblo se hizo espiritualmente laxo y sabía más acerca de los dioses de Baal que del Dios de Israel.

¿Te suena familiar? ¡La historia se repite!

La anarquía está muy extendida en nuestro país; la tasa de criminalidad asciende a más de 14 millones de delitos al año, lo que equivale a un asalto a cada uno de veinte americanos.[10] Nuestras fronteras inseguras contribuyeron a la mayor masacre de vidas humanas en suelo estadounidense por parte de extranjeros desde Pearl Harbor con el ataque terrorista a las Torres Gemelas de Nueva York, el Pentágono y el vuelo trágico en Pensilvania donde se perdieron casi tres mil vidas.[11]

La codicia sin precedentes ha hecho que millones de personas pierdan sus inversiones de toda una vida, sus empleos y casas, con unas cifras de desempleo que alcanzaron el 9,6 por ciento en agosto de 2010, la más alta desde 1946, y los prestamistas decomisaron de nuevo más viviendas en agosto de 2010 desde el inicio de la crisis de las hipotecas de EE.UU. En total, los prestamistas han recobrado más de 2,3 millones de viviendas desde el inicio de nuestra actual recesión, con una proyección de más de un millón de familias estadounidenses con riesgo de perder sus hogares debido a las ejecuciones de este año.[12]

La tragedia del derrame de petróleo en el Golfo de México, que ha sido uno de los desastres ambientales más grandes de los Estados Unidos, devastará el crecimiento y el desarrollo de la vida del mar y tendrá efectos negativos que impactarán las principales exportaciones de alimentos de nuestra nación en las próximas décadas.[13]

En 2005, el Tribunal Supremo dictaminó (*Kelo vs. New London*) que es constitucional que "los gobiernos locales obliguen a los propietarios a vender y a permitir el desarrollo económico privado" siempre y cuando los funcionarios crean que esto beneficiará al público. Esta sentencia obligatoria desatiende el derecho del propietario de la tierra y puede imponerse incluso si la propiedad "no esté arruinada o el éxito del nuevo proyecto no esté garantizado." Más sucintamente, y aunque se requiere de un intercambio financiero, lo cierto es que es una violación de nuestro derecho constitucional a la propiedad y una redistribución flagrante de la tierra.[14]

Antes de que se seque la tinta de este documento, la deuda nacional del país, que supera los $14 billones, crecerá de forma exponencial sin precedentes.[15] El gasto del gobierno se ha disparado para llegar a un número sin precedentes de alrededor de $4 billones, sin un final a la vista. ¿Quién paga la cuenta? Tú, tus hijos, y tus nietos.[16]

¿Y cuál es nuestra condición espiritual? El destacado columnista Cal Thomas se refirió a un reciente estudio sobre las personas que creen en Dios y el conocimiento real de su fe. La principal conclusión del estudio fue que los ateos obtuvieron las puntuaciones más altas en sus conocimientos religiosos. La encuesta también mostró que las dos principales ramas del cristianismo, el catolicismo y el protestantismo, eran "conscientes de los principios básicos de su fe."[17]

Thomas enciende la alarma:

La Biblia, tanto en el Antiguo y el Nuevo Testamento, advierte sobre las "Preocupaciones de este mundo", las cuales nublan nuestros sentidos a la necesidad de Dios en nuestras vidas. En los tiempos modernos, este adormecimiento es producido por la búsqueda del placer y de las cosas materiales.

Olvidarnos de Dios no sólo produce consecuencias eternas, sino también terrenales. Moisés advirtió acerca de olvidar a Dios cuando el antiguo Israel lo hizo, fue conquistado por sus enemigos. Los escritores del Nuevo Testamento también hicieron advertencias similares.

Alexander Solzhenitsin llegó a la conclusión de que las razones principales por las que Rusia padeció el comunismo durante seis décadas, era porque su pueblo se había olvidado de Dios. Abraham Lincoln culpó a la Guerra Civil de hacer que la nación se hubiera olvidado de Dios "y de la mano que amablemente nos ha preservado."

La ignorancia no es felicidad, especialmente cuando se trata de las consecuencias del olvido de Dios, de Su salvación, y de dónde estaremos cada uno de nosotros en la eternidad.[18]

De hecho, la historia se repite, y la profecía es cierta. La voz del profeta Elías todavía suena claramente en los oídos del pueblo de Dios.

"Ya que procedes de este modo, y no has cumplido con Mi pacto ni con los decretos que te he ordenado, puedes estar seguro de que te quitaré el reino y se lo daré a uno de tus siervos."

—*1 Reyes 11:11 NKJV*

Como se dijo anteriormente, el segundo propósito de la profecía es dar a conocer la voluntad de Dios en los acontecimientos de la historia tal como se manifiesta en "la sentencia del mal", en la liberación del juicio, y en el otorgamiento de la bendición.[19] Debemos estudiar la Palabra de Dios con respecto a la profecía para evitar Su juicio. Tenemos que prestar atención a su Palabra para experimentar Su liberación y obedecer Su Palabra para asegurar Su bendición (Deuteronomio 28 NKJV).

EL PROFETA ISAÍAS

Una de las razones por las que Dios nombró hombres como profetas para que le transmitieran *Su* palabra a *Su* pueblo, fue porque Dios no podía confiar en que lo hicieran los gobernantes injustos. Isaías fue uno de sus profetas nombrados. Isaías profetizó durante una época decadente en términos espirituales en Israel, donde la influencia pagana de las naciones vecinas había causado estragos en el judaísmo. No había convicción moral o religiosa entre el pueblo, e incluso los profetas autoproclamados estaban más interesados en beber el vino que en el bienestar espiritual del pueblo.

Isaías entra en escena. Él es un hombre que integró en su ministerio los dones de la predicación, la profecía, y el asesoramiento de los líderes nacionales. Yates describe a Isaías como un "joven aristócrata, descendiente de príncipes que tenían acceso a la corte y una gran influencia en el pueblo de Jerusalén." Isaías había sido muy bien educado, era refinado y estaba familiarizado con la historia y la cultura de las naciones vecinas.[20]

¡Uno de los rasgos que más me gusta de Isaías es que era un predicador!

Él fue llamado al igual que muchos de nosotros. Cuando el esplendor de la gloria de Dios le fue revelada de manera sobrenatural, él examinó su propia indignidad y cayó arrepentido ante el Señor pidiendo a gritos, "Me iré. ¡Envíame!"(Isaías 6:1).

El libro de Isaías se divide en tres temas principales: la convicción de

‍‍‍‍‍‍‍‍‌‍‍‌‌‌‌‌

198   EL FIN DE LOS DÍAS

Dios y el juicio sobre Judá y Jerusalén, en el que Su naturaleza es soberana (Isaías 1–35), el relato histórico de Ezequías y Senaquerib, donde ofrece una imagen profética de la liberación de Dios durante la Gran Tribulación (Isaías 36–39), el consuelo y esperanza a los exiliados, y la gloria futura de Israel con la representación del Siervo de Dios (Isaías 40–66).[21]

En su predicación, podemos sentir el amor del Padre y la compasión por los descorazonados, los desfavorecidos y los olvidados. Sin embargo, Isaías no descuida el llamado al arrepentimiento a través de su advertencia severa sobre la próxima condena y el juicio sobre el pueblo de Dios si no se apartan de sus malos caminos.

Sin embargo, el significado del nombre de este profeta es lo que mejor refleja la importancia central de sus escritos: "Yahvé es salvación." Las profecías de Isaías dan testimonio de nuestro Redentor, Jesucristo. Las mayores distinciones de este gran hombre de Dios son sus "profecías mesiánicas", que se cumplieron en su mayor parte durante la vida de Cristo. Isaías recibió de Dios la revelación de que el Mesías estaría dispuesto a sufrir por los pecados de la humanidad (Isaías 53:5) para que pudiera traer justicia y redención a los males del mundo.[22] ¡Qué mensaje! ¡Qué sacrificio! ¡Qué promesa!

Isaías es llamado con frecuencia como el quinto discípulo, y su libro el quinto Evangelio porque el nacimiento virginal de Cristo, su carácter, su vida, su ministerio, su muerte, su resurrección y su segunda venida son presentados en el libro de Isaías mediante de la revelación profética de Dios.[23]

Las profecías de Isaías en referencia a Cristo

PROFECÍA: Una virgen concebirá y parirá un hijo que se llamará Emmanuel, que significa "Dios con nosotros" (Isaías 7:14).

CUMPLIMIENTO: Jesús, Dios hecho carne, nació de la virgen María (Mateo 1:22–23; Juan 1:1).

PROFECÍA: Un siervo es quien espera a Dios para traer a sus hijos de vuelta a Sí mismo como "señales y prodigios en Israel" (Isaías 8:17–18).

CUMPLIMIENTO: Aquellos que depositan su confianza en Jesús serán sus hijos (Hebreos 2:13).

PROFECÍA: En el futuro honrará a Galilea, tierra de paganos (Isaías 9:1–2).

CUMPLIMIENTO: Jesús trajo la luz al pueblo de Galilea (Mateo 4:12–16).

PROFECÍA: Un niño nacerá y se sentará en el trono de David y establecerá la justicia para siempre. Una vara del Árbol de Jesé (la línea de David) para estar llena del Espíritu del Señor y establecer la justicia en la tierra (Isaías 9:6–7; 11:1–5).

CUMPLIMIENTO: Jesús, nacido como un bebé, reinará en el trono de David durante el reino milenario y en el cielo para siempre (Mateo 28:18; Lucas 1:32, 33; 2:11; 1 Corintios 15:24–27; Apocalipsis 19:16).

PROFECÍA: Los gentiles buscar el Árbol de Jesé (Isaías 10:11).

CUMPLIMIENTO: Los gentiles vienen a Dios a través de Jesucristo (Romanos 15:12).

PROFECÍA: Dios pone en Sión una piedra angular preciosa como una señal para los creyentes (Isaías 28:16).

CUMPLIMIENTO: Jesús es la piedra viva en la que la gente tiene que creer (1 Pedro 2:4–6).

PROFECÍA: Una voz en el desierto preparará el camino del Señor (Isaías 40:3).

CUMPLIMIENTO: Juan el Bautista preparó el camino del Señor en previsión de la venida de Jesús. (Mateo 3:1–3).

PROFECÍA: Un siervo escogido por Dios, sin pretensiones, pero totalmente efectivo para traer justicia a las naciones, abrir ojos ciegos, y liberar a los prisioneros (Isaías 42:1–9).

CUMPLIMIENTO: Jesús sanó a los enfermos, pero no quería que esto fuera conocido antes de su tiempo; esta profecía se cumplió por completo durante el reino milenario (Mateo 12:15–21).

PROFECÍA: Un siervo elegido para llevar a Israel de nuevo a Dios, para ser la luz de las naciones, para restaurar la tierra y liberar a los prisioneros, y que sin embargo, fue despreciado por muchos (Isaías 49:1–13).

CUMPLIMIENTO: Esta profecía se cumplió parcialmente a través del ministerio terrenal de Jesús según consta en los Evangelios y se cumplirá por completo durante el reino milenario.

PROFECÍA: Un siervo, que es un maestro eficaz, será golpeado, escupido, y caerá en desgracia ante los hombres (Isaías 50:4–11).

CUMPLIMIENTO: Jesús fue golpeado y escupido durante su juicio y crucifixión (Mateo 26:67; 27:26, 30).

PROFECÍA: Un siervo para purificar muchas naciones (Isaías 52:15).

CUMPLIMIENTO: Jesús derramó su sangre para traer la redención a todos los que creen (Hebreos 12:24; 1 Pedro 1:2, 1 Juan 1:7).

PROFECÍA: Un siervo que será rechazado, sufrirá y morirá por los pecados de otros (Isaías 53:1–12).

CUMPLIMIENTO: Jesús murió para traer la redención a todos los que creen (Mateo 8:14–17, Lucas 22:37, Hechos 8:30–35, 1 Pedro 2:21–25).

PROFECÍA: Un siervo designado para anunciar las buenas nuevas, sanar a los quebrantados de corazón, y liberar a los cautivos (Isaías 61:1–3).

CUMPLIMIENTO: Jesús anunció que su Ministerio iba a ser el cumplimiento de la profecía de Isaías (Lucas 4:16–21).

EL MENSAJE DE DIOS SERÁ TRANSMITIDO

Conocer esta verdad: Dios se asegurará de que Su mensaje sea transmitido.

El Señor Dios no hace nada, sin revelar Su secreto a sus siervos los profetas.

—*Amos 3:7 NKJV*

Jeremías se quejó y quiso dejar de transmitir un el mensaje de Dios, porque los hombres se burlaban de él cuando lo entregaba. ¿Cuál fue el resultado?

Entonces dije: "No me acordaré más de Él, ni hablaré más en Su nombre." Pero entonces su palabra en mi interior se volvió un fuego ardiente que me calaba hasta los huesos. He hecho todo lo posible por contenerla, pero ya no puedo más.

—*Jeremías 20:9 NKJV*

Dios no permitiría que Jeremías impidiera que su mensaje llegara al pueblo. Jonás intentó escapar de su vocación y fue "persuadido" en el vientre de un gran pez para aceptar el plan del Señor (Jonás 3:1–3).

El mensaje de Dios será transmitido, depende el pueblo de Dios prestarle atención al mensaje.

CÓMO ESTUDIAR LA PROFECÍA BÍBLICA

¿Cómo debemos estudiar la profecía Bíblica? La mayoría de los estudiantes de la Biblia son intimidados por el estudio de la profecía. Para comprender plenamente el mensaje de una profecía específica, primero se debe conocer al Mensajero, un poco del profeta a quien ha nombrado el Mensajero, el momento de la historia en que la profecía fue dada, a quién se le dio, y el objetivo que tenía.

La mayoría de estudiantes de la Biblia abordan el estudio de la profecía a través del método literal de interpretación, que básicamente reconoce que la Biblia es el recuento preciso de la Palabra de Dios.

Con el fin de estudiar realmente la profecía:

- El estudiante debe ser espiritualmente sensible y respetuoso en lo que respecta a las Sagradas Escrituras, porque Dios es el Verbo y el Verbo era Dios (Juan 1:1). La palabra fue entregada por Dios, y debe ser divinamente recibida.

- Un estudiante de la profecía debe ser sincero y diligente.

- La profecía debe ser estudiada sin ideas preconcebidas o motivos personales.

- El estudio de la Palabra de Dios debe ser ejecutado con intención pura, un compromiso a fondo, y estar acompañado por la oración profunda.

- El estudiante de la profecía debe tener una cierta comprensión del idioma original del texto para comprender plenamente su mensaje.

- Por encima de todo, el estudio de la profecía no complicarse con significados "profundos" o "desconcertantes" de la Escritura. La profecía no tiene la intención de confundir o desorientar, el propósito del profeta y de su profecía es transmitir el mensaje de Dios a su pueblo.

La profecía es el mensaje de Dios transmitido a Sus profetas a fin de preparar a los creyentes para las señales de los tiempos y el fin de la era.

La profecía declara con precisión el futuro tal como Dios lo ve. Tiene el propósito de dar testimonio de nuestro Redentor venidero a los perdidos, y revelar el plan divino de Dios a toda la humanidad. Debemos leerlas, estudiarlas, y prepararnos para el mundo de mañana.

Somos la generación terminal

Jesús de Nazaret dejó el Monte del Templo en Jerusalén y subió la ladera del Monte de los Olivos, donde se sentó en una gran piedra debajo de un antiguo olivo y esperó a que sus discípulos se reunieran a su alrededor. Jesús fue un rabino, y como un gran maestro y profeta, estaba a punto de revelar el futuro del mundo y de la Iglesia a sus discípulos en Mateo 24, que consideró "la columna vertebral de la profecía."

Fue en este contexto que los discípulos hicieron a Jesús tres preguntas críticas sobre el futuro (ver Mateo 24:3):

1. ¿Cuándo sucederán estas cosas?

2. ¿Cuál será la señal de tu regreso?

3. ¿Cuál es la señal del fin del siglo?

La escritura profética describe "el tiempo del fin", como la época marcada por cuatro reyes (ver Daniel 7:17–28) sobre la faz de la tierra, en la que habrá una guerra mundial por la dominación y el control del planeta. Los cuatro reyes son los siguientes:

1. *Rusia, el Rey del Norte*, hará una alianza con Irán, Turquía, Etiopía y Libia con el fin de atacar a Israel luego de una invasión terrestre a nivel masivo. Esta fuerza militar será destruida por la mano de Dios, e Israel será salvado milagrosamente.

2. *El Rey del Sur serán las naciones islámicas*, las cuales intentarán cubrir la tierra con la Ley de la Sharia.

3. *El Rey de Oriente* será China y sus aliados orientales.

4. *El Rey de Occidente será Europa y Estados Unidos*, dirigidas por el Anticristo en la batalla del Armagedón, donde serán aniquiladas por la mano de Dios.

LOS CUATRO JINTES DEL APOCALIPSIS

Por primera vez en la historia del mundo, el libro del Apocalipsis, capítulo seis, describe a cuatro jinetes en el escenario global a un mismo tiempo.

Estos cuatro jinetes anhelan una cosa: la dominación del mundo a través de la muerte masiva y la destrucción de la humanidad.

¿Crees que no puede pasar?

Piensa de nuevo… está sucediendo delante de nuestros propios ojos.

En este capítulo, veremos las diez señales proféticas que indican claramente que somos la generación terminal y que nos dirigimos hacia el Armagedón. Si escuchas con atención, podrás oír el ritmo de los cascos de los cuatro jinetes del Apocalipsis corriendo hacia la batalla.

1. PETRÓLEO

Hay una razón indiscutible para que la mayoría de las enseñanzas proféticas sobre el fin del tiempo sucedan en el Medio Oriente. ¡La razón es el petróleo! Esta es la primera señal profética que indica que somos parte de la generación del terminal. Cuando el profeta Ezequiel reveló al mundo hace miles de años cómo Dios Todopoderoso orquestaría la invasión ruso-islámica a Israel, que describe tan gráficamente en los capítulos 38 y 39… reveló el secreto del futuro en diez palabras. Las diez palabras pronunciadas a los ejércitos invasores de Israel fueron: "Yo haré volver, y te pondré garfios en la boca" (Ezequiel 38:4).

Cuando el profeta Ezequiel dice que las naciones invasoras ponen "garfios en la boca", se está refiriendo al petróleo. Todo pescador sabe que cuando un anzuelo afilado entra en la mandíbula del pez, este podrá ser sacado fácilmente del agua y estará bajo control absoluto del pescador.

¡Dios es soberano!

¡Dios es todopoderoso!

Dios es el pescador en Ezequiel 38 arrastrando a la invasión ruso-islámica hacia las colinas de Israel para aplastarlos, así como aplastó al Faraón y a su ejército egipcio en el Mar Rojo delante de los ojos de Israel y de las naciones del mundo. Y nuestro Dios soberano utilizará el "cebo" del petróleo para arrastrar a la coalición ruso-islámica a donde Él quiera que vayan ellos. Ezequiel registra la futura destrucción de la invasión ruso-islámica con estas palabras:

> *"Atacarás [los ejércitos invasores que atacan a Israel] a mi pueblo Israel, y como un nubarrón cubrirás el país. Te traeré en los últimos días [el fin de la era] contra mi tierra [Israel], yo haré que tú, Gog, vengas contra mi tierra, para que las naciones me conozcan cuando esté santificado en ti, oh Gog, ante sus ojos."*
>
> *—Ezequiel 38:16 NKJV*

Dios Todopoderoso deja claro: "Yo te traeré [a la coalición ruso-islámica] contra mi tierra [Israel] para que las naciones del mundo puedan saber de mí."

Dios está advirtiendo que en el planeta Tierra habrá un día del juicio final y el nivel de mortandad sorprenderá al mundo. Dios está diciendo, aplastaré a las naciones que han atormentado al pueblo judío durante siglos y milenios. Vengaré la muerte de todos los judíos en el Holocausto; vengaré los pogromos de Rusia, vengaré los cohetes de Irán (Persia), voy a vengar la cosecha de muerte producida por cada atacante suicida para que las naciones gentiles del mundo sepan que soy el único Dios verdadero.

Dios le está advirtiendo al planeta tierra que el día del juicio final se acerca y que la tasa de mortalidad de los ejércitos invasores de la coalición ruso-islámica, será del 84 por ciento, y que esto sacudirá a la tierra. Dios Todopoderoso, el defensor de Israel, ha escrito una Declaración de Guerra a través de la pluma del profeta Ezequiel en los capítulos 38 y 39.

Dios declara, en un lenguaje brutal y directo, que vengará la muerte de todos los judíos que murieron o sufrieron en el Holocausto. Él vengará la muerte y el sufrimiento causados por los cohetes de Irán que Hamás y Hezbolá lanzarán a Israel en un reino de terror; Él vengará la cosecha de muerte causada por innumerables terroristas suicidas… nadie escapará, y su juicio será completo. Todo Israel se regocijará en la manifestación sobrenatural del poder de Jehová, y regresará a la Torá del Dios de Abraham, Isaac y Jacob.

¿Cómo orquestará Dios este drama masivo en donde Él controla a las naciones de la tierra con un movimiento preciso, como peones en un tablero de ajedrez? Así como un pez indefenso es sacado del agua con un anzuelo en su mandíbula.

¿Por qué vendrá Rusia del norte y sellará un pacto con Irán para atacar a Israel? El petróleo es la razón principal. En la última parte del siglo XX, el petróleo se convirtió en el arma definitiva de la guerra y sigue siéndolo hoy en día. El petróleo es el nuevo estándar de oro del planeta tierra.

El origen del petróleo

¿Cuál es el origen del petróleo? Esta historia empieza con el concepto básico de que Dios Todopoderoso es el creador del cielo y de la tierra. Como propietario de la tierra, Él tiene el derecho de hacer exactamente lo que dicta su voluntad soberana (ver Génesis 1:1 y Salmo 24:1).

Los miles de millones de galones de petróleo enterrados profundamente en el seno de la tierra se asentaron exactamente donde Dios quiso para cumplir su palabra profética millones de años antes de que fueran necesarios. Los yacimientos de petróleo son el resultado de la descomposición de plantas y animales enterrados desde hace muchos siglos. Esto significa que, una vez, la tierra estuvo cubierta de bosques y vegetación, hasta que fue destruida en un gran cataclismo global: el diluvio universal.

El geofísico Robert Morgan cree que los yacimientos de petróleo más ricos, profundos, y más grandes, se encuentran bajo las arenas de los países al este de Israel, en el lugar señalado en la Biblia como el Jardín del Edén. El Edén era una extensión de bosques y jardines con una gran fertilidad sin precedentes en la historia.[1]

La seducción de Adán y Eva por parte de Satanás en el Jardín del Edén, que causó su destrucción en la génesis del tiempo, puede haber proporcionado el petróleo que seduce a las naciones del mundo a seguir a Rusia e Irán en la Batalla de Gog y Magog, y en última instancia al Armagedón.

Pocos americanos entienden el papel crucial que tuvo el petróleo en la Segunda Guerra Mundial. El ataque japonés a Pearl Harbor fue motivado por el hecho de que Estados Unidos había cortado el suministro de petróleo a Japón. El liderazgo militar de Japón estimaba que ellos tenían suficiente petróleo para operar su maquinaria de guerra (aviones, tanques, barcos, camiones, etc.) durante dieciocho meses aproximadamente. Como sabían que tenían poco tiempo, los japoneses decidieron lanzar un ataque sorpresivo y decisivo a Pearl Harbor el 7 de diciembre de 1941. ¡Fue el día de la infamia para Estados Unidos!

Cuando los aliados invadieron Europa durante la Segunda Guerra Mundial, inmediatamente comenzaron a atacar las refinerías del Tercer Reich. La capacidad de Estados Unidos para proporcionarle un suministro ilimitado de petróleo a la maquinaria de guerra de los aliados cambió el rumbo de la batalla, y las potencias del Eje fueron derrotadas.

Reservas de petróleo por país[2]

COMPARACIÓN POR PAÍS: PETRÓLEO-RESERVAS PROBADAS

Es la cantidad de reservas probadas de petróleo crudo en barriles (bbl). Las reservas probadas son las cantidades de petróleo que, mediante el análisis de datos geológicos y de ingeniería, pueden estimarse, con un alto grado de confianza, de ser comercialmente recuperables a partir de una fecha determinada hacia delante, de yacimientos conocidos y bajo las condiciones económicas actuales.

RANGO	PAÍS	(BBL)	FECHA DE LA INFORMACIÓN
1	Arabia Saudita	266 700 000 000	1 de enero 2009 est
2	Canadá	178 100 000 000	1 de enero 2009 est
3	Irán	136 200 000 000	1 de enero 2010 est
4	Irak	115 000 000 000	1 de enero 2009 est
5	Kuwait	101 500 000 000	1 de enero 2009 est
6	Venezuela	99 380 000 000	1 de enero 2009 est
7	Emiratos Árabes Unidos	97 800 000 000	1 de enero 2009 est
8	Rusia	79 000 000 000	1 de enero 2009 est
9	Libia	43 660 000 000	1 de enero 2009 est
10	Nigeria	36 220 000 000	1 de enero 2009 est
11	Kazajstán	30 000 000 000	1 de enero 2009 est
12	Estados Unidos	21 320 000 000	1 de enero 2009 est
13	China	15 550 000 000	1 de enero 2009 est
14	Qatar	15 210 000 000	1 de enero 2009 est

(NOTA: Obsérvese que doce de los trece países con mayores reservas de petróleo son hostiles a los Estados Unidos de América. Se trata de un peligro claro y actual para nuestra seguridad nacional.)

Consumo de petróleo por país[3]

COMPARACIÓN POR PAÍS: PETROLEO—CONSUMO			

Es el total del petróleo consumido en barriles por día (bbl /día). La discrepancia entre la cantidad de petróleo producido y/o importado y la cantidad consumida y/o exportada se debe a la omisión de cambios, ganancias de las refinerías, y otros factores.

RANGO	PAIS	(BBL/DIA)	FECHA DE LA INFORMACIÓN
1	Estados Unidos	19.500.000	2008 est
2	Unión Europea	14.390.000	2007 est
3	China	7.999.000	2008 est
4	Japón	4.785.000	2008 est
5	Rusia	2.800.000	2008 est
6	India	2.670.000	2009 est
7	Alemania	2.569.000	2008 est
8	Brasil	2.520.000	2008 est
9	Arabia Saudita	2.380.000	2008 est
10	Canadá	2.260.000	2008 est
11	Corea del Sur	2.175.000	2008 est
12	México	2.128 000.	2008 est
13	Francia	1.986.000	2008 est
14	Irán	1.755.000	2008 est

Estados Unidos ya no tiene la capacidad de sostener una guerra prolongada con nadie sin la aprobación de Arabia Saudita y los países miembros de la OPEP, todos ellos ricos en petróleo. Observa atentamente la siguiente Tabla sobre las naciones, sus reservas de petróleo, y su consumo diario en barriles por día. Estas estadísticas revelan que el talón de Aquiles de Estados Unidos es sin duda el petróleo extranjero. Nuestra adicción al petróleo extranjero es una grave amenaza para nuestra seguridad nacional.

El profeta Ezequiel escribe en el capítulo 38:13: "La gente de Sabá y Dedán, y los comerciantes de Tarsis y todos sus potentados, te preguntarán: ¿A qué vienes? ¿A despojarnos de todo lo nuestro? ¿Para eso reuniste a tus tropas? ¿Para quitarnos la plata y el oro, y llevarte nuestros ganados y posesiones? ¿Para alzarte con un enorme botín?"

Los "jóvenes leones" de Ezequiel son los hijos de Inglaterra, cuyo símbolo es un león, lo que haría de Estados Unidos un descendiente de Inglaterra. Ezequiel está describiendo en este versículo a la coalición islámico-rusa que se dispone a invadir Israel, y todo lo que hará Estados Unidos será enviar una tímida protesta diplomática. ¿te suena familiar esto?

En resumen, Estados Unidos no hace nada para ayudar a Israel después de que la iglesia le haya sido arrebatada de la tierra. La guerra de Ezequiel de Gog y Magog ocurre tres años y medio después del rapto en el medio de la septuagésima semana de Daniel.

¿Por qué los Estados Unidos envían una protesta diplomática sin ningún valor a Rusia e Irán? ¿Por qué no se apresuran a defender a Israel, nuestro único amigo en el Medio Oriente y el único gobierno democrático en esa parte del mundo?

¿Podría ser que las naciones islámicas radicales —que ahora controlan la gran mayoría del petróleo mundial, y que sienten un odio furioso contra Israel—, podrían ordenarle a Estados Unidos que se mantenga al margen, pues de lo contrario, la OPEP suspenderá el suministro de petróleo a EE.UU., y haciendo que colapse la debilitada economía estadounidense?

¿Crees que no puede pasar?

¡Piensa otra vez!

¿Recuerdas el incidente durante la administración de Nixon en 1973, cuando las naciones árabes se unieron para lanzar un ataque contra Israel durante el Yom Kipur? Las naciones árabes le dijeron a Estados Unidos que no apoyara a Israel.

¡Y nosotros no lo hicimos!

El 17 de octubre de 1973, las naciones árabes conspiraron para reducir su producción de petróleo y castigar así a las naciones que apoyaban a Israel. El petrolero utilizado como arma de guerra, y actualmente, esta es un arma aún más para la guerra.

El resultado del embargo del petrolero árabe fueron largas filas en las estaciones de gasolina, donde las personas peleando a puño limpio entre sí, enojadas y violentas, intento por conseguir gasolina en las estaciones de servicio. El precio del petróleo se cuadruplicó y nunca bajó. Miles de millones de dólares fueron sacados de la economía americana y apilados en las arcas árabes.

Adicionalmente, billones de dólares americanos, que se han sido exportados a la OPEP y que circulan a través del tanque de gasolina de tu auto, se están utilizando para envenenar las mentes de los estudiantes de nuestros colegios y universidades. Arabia Saudita, a través de una serie de fundaciones, les está dando muchos millones de dólares a las universidades para que contraten profesores anti-americanos y anti-israelíes para presidir los estudios sobre el Medio Oriente. Estos profesores son generalmente radicales islámicos wahabitas que envenenan las mentes de nuestros estudiantes universitarios.

La negativa de Estados Unidos para explorar todo el petróleo que tenemos disponible mientras emprende proyectos de energía solar, eólica, nuclear, de carbón limpio, y de gas natural, son simplemente una locura nacional. Nuestros enemigos se están riendo de nuestra estupidez absoluta.

La adicción de Estados Unidos al petróleo extranjero

La adicción de Estados Unidos al petróleo extranjero es nuestro talón de Aquiles. La OPEP manipula a Estados Unidos a su voluntad, como una mula tirando de un yunque. La demanda mundial de petróleo ha sobrepasado los 86 millones de barriles por día, y se espera que aumente a 98,5 millones de barriles al día en 2015.[4]

Los precios del petróleo se han quintuplicado en los últimos seis años.[5] Es de destacar que el consumo de petróleo de Estados Unidos es 20.800.000 barriles diarios.

Ese nivel adictivo de consumo es mayor que el de las cinco naciones que le siguen.

El motor que hace posible el capitalismo, depende del petróleo, del gas, del combustible diesel, y del combustible de alto octanaje para los aviones. Si el motor deja de funcionar, la economía de Estados Unidos se destrozará. La línea de suministro se extiende por Arabia Saudita, Irak, Irán y el Medio Oriente.

Atemos cabos: ¿Por qué la escasez mundial de petróleo es una señal de que estamos viviendo en la generación terminal?

1. Primero, Dios creó el petróleo y lo puso en ciertas regiones geográficas, la mayoría de las cuales corresponden a las naciones islámicas que tanto odian a Estados Unidos y a Israel.

2. El profeta Ezequiel anunció el día en que seis naciones se verán obligadas para llegar al Medio Oriente con el "garfio en la boca". Todos

esas naciones están en el centro del escenario del siglo XXI, exhalando venenosas declaraciones contra Israel y Estados Unidos.

3. Rusia debe conseguir petróleo para convertirse de nuevo en una superpotencia militar. Ezequiel identifica a Rusia como el comandante de la coalición ruso-islámica (Ver Ezequiel 38:7).

Los términos "prepárate" y "sé un guardia para ellos" se traducen mejor como "sé un comandante para ellos." Dios deja en claro que Rusia será el líder de la coalición ruso-iraní-islámica.

El eje del mal ruso-iraní ha estado en pleno funcionamiento durante al menos dos décadas. Cuando Irán consiga la bomba nuclear gracias a la ayuda de los científicos rusos, estallará la Tercera Guerra Mundial. Será el fin del mundo tal como lo conocemos, cuando Irán sea nuclear ¡y esto podría ocurrir cualquier día!

4. Por primera vez en la historia del mundo, todas las naciones mencionadas por Ezequiel están en el lugar anunciado: Estados Unidos está cayendo de su posición como superpotencia mundial debido a nuestra adicción absurda a la corrección política y al compromiso con el socialismo, algo que sólo incentiva a Irán, a Rusia y a China. Somos la generación de terminal que se dirige rumbo al iceberg.

2. EL RENACIMIENTO DE LA LENGUA HEBREA

Hace cien años, la lengua hebrea estaba tan muerta como Julio César. Sin embargo, el profeta Sofonías declaró claramente, en el capítulo 3, versículo 9, que al final de los tiempos, el idioma hebreo sería restaurado en la tierra. En concreto, el pueblo judío, que está regresando a Israel desde sesenta y seis naciones que hablan todos los idiomas conocidos por el hombre, tendría la capacidad de comunicarse entre sí y con Dios en su lengua antigua… el hebreo.

El profeta Sofonías escribe:

"Entonces [al final de los tiempos], restauraré una lengua pura para todos los pueblos, para que puedan invocar el nombre del SEÑOR, Y le sirvan de común acuerdo."

—*Sofonías 3:9 NKJV*

En mis más de cincuenta años de ministerio, he oído a pastores y evangelistas sentarse a la mesa y debatir qué idioma se hablará en el reino milenario y en el cielo. San Pablo nos da una respuesta muy clara en Hechos, cuando ofrece su testimonio ante Agripa.

> *"Todos caímos al suelo, y yo oí una voz que me decía en hebreo: 'Saulo, Saulo, ¿por qué me persigues? ¿Qué sacas con darte cabezazos contra la pared?'."*
>
> —Hechos 26:14 NKJV

Esta es la prueba Bíblica de que la lengua hablada en el cielo es el hebreo, y cuando Jesucristo regrese a la tierra "de la misma manera", es obvio que hablará en hebreo. El hecho histórico es que el hebreo era una lengua muerta hace apenas un siglo.

El hombre llamado por Dios para darle un renacimiento global a la lengua hebrea fue Eliezer Ben-Yehuda, quien estudió hebreo y la Biblia cuando tenía tres años. A los doce, ya había leído una gran parte de la Torá, la Mishná y el Talmud.

Sus padres esperaban que se convirtiera en un rabino y lo enviaron a una Yeshivá. Allí continuó sus estudios de hebreo antiguo y tuvo contacto con el hebreo de la Ilustración, que incluía textos seculares. Más tarde, aprendió francés, alemán y ruso, y fue enviado a Dünaburg para continuar con sus estudios.

Gracias a la lectura de *HaShahar,* un periódico en idioma hebreo, Ben-Yehuda se familiarizó con el sionismo y concluyó que el renacimiento de la lengua hebrea en la Tierra de Israel podría unir a todos los judíos del mundo. En 1881, Ben-Yehuda emigró a Palestina, que en aquel entonces era gobernada por el Imperio Otomano. Se radicó en Jerusalén y encontró trabajo enseñando en la escuela de la Alianza Israelita Universal. Allí, Ben-Yehuda se propuso desarrollar un nuevo lenguaje que pudiera reemplazar al yiddish y a otros dialectos regionales como un medio de comunicación entre los judíos que hicieron la Aliyá (la inmigración judía a la tierra de Israel) desde diversas regiones del mundo.

Ben-Yehuda consideraba que el hebreo y el sionismo eran simbólicos, "el idioma hebreo sólo puede vivir si revivimos la nación y la regresamos a la patria."[6]

Por "patria", Ben-Yehuda se refiere a Israel. Él revivió la lengua hebrea por sus propios medios, y la lengua hebrea revivió a la nación de Israel como una comunidad mundial de inmigrantes que podían hablar entre sí y tener una comunicación perfecta.

Esto fue profetizado por Sofonías como una de las señales del fin de los tiempos.

3. LA PLAGA DEL MEDIO ORIENTE: UNA EXPLOSIÓN DE RADIACIÓN MASIVA

La tercera señal de la generación terminal es la extraña y mortal plaga mencionada por el profeta Zacarías. La generación de mi padre sólo pudo entender este pasaje profética de la Escritura hasta la invención de la bomba atómica:

> *"Ésta será la plaga con la que el SEÑOR herirá a todos los pueblos que pelearon contra Jerusalén: Se les pudrirá la carne en vida, se les pudrirán los ojos en las cuencas, y se les pudrirá la lengua en la boca. En aquel día el SEÑOR los llenará de pánico. Cada uno levantará la mano contra el otro, y se atacarán entre sí. También Judá peleará en Jerusalén, y se recogerán las riquezas de todas las naciones vecinas, y grandes cantidades de oro y plata y de aparejos en abundancia. Una plaga semejante herirá también a caballos y mulos, camellos y asnos, y a todo animal que esté en aquellos campamentos. Así será esta plaga."*
>
> —*Zacarías 14:12–15*

En la Escritura, el profeta Zacarías describe la imagen de una plaga que, con toda lógica, sería el resultado de la radiación masiva.

Los americanos que creen que son inmunes a un ataque nuclear están engañados.

El presidente Ahmadineyad de Irán ha dejado muy claro que cuando Irán tenga capacidad nuclear, esas armas serán compartidas con terroristas islámicos radicales, y las utilizarán en las principales ciudades de nuestra nación. Los persistentes y continuos ataques de terroristas radicales islámicos en los Estados Unidos demuestran que están dispuestos a matarnos; y cuando tengan energía nuclear, que harán que el 9/11 palidezca en comparación.

4. EL RENACIMIENTO DE ISRAEL

La cuarta señal profética de que somos la generación terminal es el renacimiento del Estado de Israel.

Todos los profetas principales del Antiguo Testamento dieron testimonio del hecho de que el pueblo judío regresó de su cautiverio a la tierra del pacto que les dio Jehová Dios, tal como está registrado en el Génesis 17:7, que dice:

"Y estableceré mi pacto contigo y con tu descendencia, como pacto perpetuo, por todas las generaciones. Yo seré tu Dios, y el Dios de tus descendientes. A ti y a tu descendencia les daré, en posesión perpetua, toda la tierra de Canaán, donde ahora andan peregrinando. Y yo seré su Dios."

El profeta Ezequiel hace una declaración profética impresionante en el capítulo 36:

"Los sacaré [al pueblo judío] de entre las naciones, los reuniré de entre todos los pueblos, y los haré regresar a su propia tierra… entonces vivirán en la tierra que les di a sus antepasados, y ustedes serán Mi pueblo y yo seré su Dios… También les permitiré vivir en las ciudades y reconstruiré las ruinas. Se cultivará la tierra desolada, y ya no estará desierta a la vista de cuantos pasan por ella. Entonces dirán, 'Esta tierra, que antes yacía desolada, es ahora un jardín de Edén; las ciudades que antes estaban en ruinas, desoladas y destruidas, están ahora habitadas y fortalecidas."*

—*Ezequiel 36:24, 28, 33–35 NKJV*

Esta profecía de Ezequiel fue impactante, porque los hijos de Israel estaban en cautiverio en Babilonia, y el sueño de regresar a sus casas, sus granjas, sus familias y su futuro parecía absolutamente imposible.

El profeta Ezequiel hace una comparación de la nación de Israel con un valle lleno de huesos secos en el capítulo 37. Los huesos secos indican que la nación de Israel había estado muerta por casi dos mil años, pero que *sería* restaurada. No hay duda de que Ezequiel está escribiendo acerca de Israel:

Luego me dijo: "Hijo de hombre, estos huesos son el pueblo de Israel.
Ellos andan diciendo: 'Nuestros huesos se han secado. Ya no tenemos
esperanza. ¡Estamos perdidos!' "

—Ezequiel 37:11 NKJV

Con el transcurso del tiempo, el pueblo judío fue liberado de su cautiverio y regresó a Israel tal como los profetas lo habían predicho.

El profeta Isaías escribe:

¿Quién ha oído cosa semejante? ¿Quién ha visto jamás cosa igual?
¿Puede una nación nacer en un solo día? ¿Se da a luz un pueblo en un
momento?

—Isaías 66:8 NKJV

Cuando Jesús estaba sentado debajo de las ramas de los milenarios árboles del Monte de los Olivos con vista a la ciudad de Jerusalén, Él estaba describiendo el mundo futuro a sus doce discípulos. Ellos le preguntaron, "Dinos, ¿cuándo serán estas cosas? ¿Y qué señal habrá de tu venida y del final del siglo?" Jesús respondió diciendo:

"Aprendan de la higuera esta lección: Tan pronto como se ponen
tiernas sus ramas y brotan sus hojas, ustedes saben que el verano está
cerca. Igualmente, cuando vean todas estas cosas, sepan que el tiempo
[Su regreso] está cerca, a las puertas. Les aseguro que no pasará esta
generación hasta que todas estas cosas sucedan. El cielo y la tierra
pasarán, pero mis palabras jamás pasarán."

—Mateo 24:32–34 NKJV

La tierra de Israel es una tierra dada por el pacto de Dios a Abraham, Isaac, Jacob ya sus descendientes para siempre. Ismael, el padre de los árabes, no fue incluido en este pacto. La Biblia deja muy claro que los árabes y los palestinos no tienen derecho legítimo a esta tierra. El registro de la Biblia de esta antigua transacción de bienes raíces dice:

Por eso le dijo a Dios:

Y ahora le dijo a Dios, '¡Concédele a Ismael vivir bajo tu bendición!'
A lo que Dios contestó: "No, Sara es tu esposa, la que te dará un

hijo, al que llamarás Isaac. Yo estableceré mi pacto con él y con sus descendientes, como pacto perpetuo. En cuanto a Ismael, ya te he escuchado. Yo lo bendeciré, lo haré fecundo y le daré una descendencia numerosa. Él será el padre de doce príncipes. Haré de él una nación muy grande. Pero mi pacto lo estableceré con Isaac, el hijo que te dará Sara de aquí a un año, por estos días."

—Génesis 17:18–21 NKJV

Actualmente, la tierra del pacto se llama "la Ribera Occidental", pero es, de hecho, Judea y Samaria. Esta es la tierra que los palestinos quieren que Israel les dé, una tierra para la que no tienen ninguna reclamación legítima o histórica. Nunca ha habido un grupo de personas autónomas conocido como los palestinos.

Esta es la tierra sobre la que el presidente Obama les dijo a los israelíes que debe haber una política de "no crecimiento." Esto significa que un padre no puede construir un espacio adicional en su casa para su hijo o hija tengan una habitación al regresar del ejército. Quería decir lo que dijo, ningún crecimiento en absoluto.

¿Quién es el presidente de los Estados Unidos para decirle a Israel lo que puede y no puede hacer? Israel no es un estado vasallo de los Estados Unidos, es una nación libre e independiente con líderes democráticamente elegidos. Son "el mejor amigo de Estados Unidos en el Medio Oriente."

El presidente también ha declarado que no debe haber nuevas construcciones de viviendas en Jerusalén. Él no tiene autoridad para decirle al pueblo judío lo que pueden hacer o no en Jerusalén, la capital eterna e indivisible de Israel durante los últimos tres mil años, mucho antes de que Obama fuera un organizador comunitario en Chicago.

Creo que después de las elecciones de noviembre de 2010, el presidente hará un gran llamado para que Israel renuncie a la tierra que su Dios les ha dado a los palestinos como el precio para lograr la paz en el Medio Oriente. Tierra a cambio de paz es algo que nunca ha funcionado en el caso de Israel, porque sus enemigos se niegan a reconocer su derecho a existir y el derecho a defenderse de todos los que lo atacan. Israel no tiene ningún socio para hacer la paz; por lo tanto, el proceso de paz es un acto inútil hasta que los enemigos de Israel reconozcan que es y siempre será el Estado de Israel.

5. ÉXODO II

La quinta señal profética de que somos la generación terminal es el Éxodo II, ese momento de la historia en que los judíos rusos volverían a Israel en forma masiva.

Durante la administración de Ronald Reagan, la ex Unión Soviética comenzó a derrumbarse. La puerta se abrió para que los judíos que estaban atrapados detrás de la Cortina de Hierro regresaran a Israel. Debido a la generosidad de nuestros socios televisivos en todo el país y el mundo, el Ministerio de John Hagee pudo llevar veintitrés mil judíos de origen ruso a Israel, proporcionando $17.317.000 en fondos.

Esto se llama el Éxodo II.

Y está registrado en la Escritura por la pluma del profeta Jeremías, quien escribe:

"Por eso", afirma el SEÑOR, "vienen días en que ya no se dirá: Por la vida del SEÑOR, que hizo salir a los israelitas de la tierra de Egipto", sino: "Por la vida del Señor, que hizo salir a los descendientes de la familia de Israel, y los hizo llegar del país del norte, y de todos los países adonde los había expulsado." Y habitarán en su propia tierra."
—Jeremías 23:7–8 NKJV

La siguiente es una breve historia de los judíos rusos al regresar a Israel:

La inmigración masiva de los judíos era políticamente indeseable para Rusia. Un número creciente de judíos soviéticos solicitaron inmigrar a Israel en el período posterior a la Guerra de Seis Días de 1967 [muchos fueron llamados "Refuseniks", porque se les negó formalmente los visados de salida para salir de Rusia].

Una excusa típica ofrecida por el gobierno ruso era que no se les permitiría salir del país a aquellas personas que en algún momento de sus carreras hubieran tenido acceso a información vital para la seguridad nacional soviética. [...] En los años 1960–1970, sólo a cuatro mil judíos se les permitió salir de Rusia. En la década siguiente, el número aumentó a 250.000.

En 1972, Rusia impuso el llamado ¡impuesto de diploma! para los futuros inmigrantes que habían recibido educación superior en la URSS. En algunos casos, la tasa fue de hasta veinte salarios anuales. Esta medida fue diseñada al parecer para combatir la fuga de cerebros causada por la creciente inmigración de los judíos soviéticos hacia Occidente. [...] En 1989, se les concedió el éxodo a setenta y un mil judíos soviéticos, lo que marcó un récord. Después de la adopción de la Enmienda Jackson-Vanik, más de un millón de judíos soviéticos emigraron a Israel.[7]

Creo que la razón por la que Dios le permitió a Ronald Reagan que aplastara a la Unión Soviética fue la de que se cumpliera la profecía de Jeremías 23:7–8. Cuando la Cortina de Hierro se vino abajo, los judíos cautivos llegaron a la tierra de Israel tal como Dios lo había prometido miles de años antes de marcar el final de los días.

6. JESRUSALÉN YA NO ESTÁ BAJO EL DOMINIO GENTIL

¡Jerusalén es la Ciudad de Dios!

Jerusalén es la única ciudad en la faz de la tierra que por su mera existencia demuestra la existencia de Dios.

Jerusalén es la ciudad donde Jeremías e Isaías escribieron los principios de la justicia que dieron forma al destino moral y espiritual del mundo occidental.

Jerusalén es la ciudad donde el rey David conquistó hace tres mil años a los jebuseos, y fue declarada la capital eterna de Israel para siempre.

Jerusalén es el lugar donde Abraham llevó a Isaac, lo puso en un altar de piedra, y lo preparó para sacrificarlo con el fin de demostrarle su amor a Jehová.

Jerusalén es la ciudad donde Jesucristo celebró su última Pascua en el Cenáculo con los doce discípulos, donde lloró de dolor por los pecados del mundo bajo las ramas de los olivos milenarios, donde quinientos soldados romanos de la Fortaleza Antoniana lo arrestaron después de que Judas lo traicionara con un beso, donde fue sometido a juicio por Su vida, y Poncio Pilato le confesó a la multitud, "No encuentro ninguna culpa en este hombre."

Jerusalén es la ciudad donde Jesús fue golpeado con un látigo romano de nueve colas con treinta y nueve azotes, derramando Su sangre por Su espalda demacrada en chorros carmesí, salpicando las calles empedradas en el camino a la cruz.

Jerusalén es donde Él resucitó al tercer día, garantizando la vida eterna de cada creyente en cada época y dispensación. Jerusalén es la ciudad que Tito y el ejército romano asediaron durante varios meses en el año 70, causando la muerte masiva por hambre al pueblo judío. El historiador Josefo registra que casi un millón de judíos murieron en esta pesadilla del sufrimiento.

Cuando estaba describiéndoles a sus doce discípulos las señales de los tiempos y la época del final, Jesús describió la destrucción de Jerusalén, diciendo: "Pero cuando vean a Jerusalén rodeada de ejércitos, sabrán entonces que su destrucción está cerca" (Lucas 21:20).

¿Cuál es el mensaje? Que cuando veas el ejército romano alrededor de Jerusalén, sal inmediatamente de allí y no vuelvas. El historiador Josefo registra que el hambre llegó a ser tan grave que las mujeres se comían a sus hijos. Esto está respaldado por las palabras de Jesucristo a sus discípulos cuando dijo: "¡Ay de las que están embarazadas y a los que se críen en aquellos días! Porque habrá gran aflicción dentro de la tierra, e ira sobre este pueblo."

El historiador Josefo dice que setenta mil hombres judíos fueron capturados y llevados a Italia a construir lo que conocemos como el Coliseo Romano, donde muchos cristianos alimentaron a los leones en el parque de diversiones de la Roma pagana. Jesús confirmó esta tragedia cuando dijo: "Y caerán a filo de espada, y serán llevados cautivos a todas las naciones" (Lucas 21:24 NKJV). Esta es la descripción del principio de la diáspora.

El versículo histórico que contiene la urgencia profética para el futuro inmediato es: "Y Jerusalén será pisoteada por los gentiles hasta que los tiempos de los gentiles se cumplan" (Lucas 21:24 NKJV). La palabra clave en este versículo es *hasta*… ¿Hasta cuándo? Cuando Jerusalén se unifique bajo el control judío… entonces vendrá el fin. Jerusalén fue unificada bajo el control judío en 1967 en la Guerra de los Seis Días. El tiempo del fin está cerca.

7. DÍAS DE ENGAÑO

La séptima señal profética de que somos la generación terminal le es dada por Jesús a sus discípulos en el Monte de los Olivos, al advertir:

"Tengan cuidado de que nadie los engañe. Vendrán muchos que, usando Mi nombre, dirán: 'Yo soy el Cristo', y engañarán a muchos."
—*Mateo 24:4–5 NKJV*

Cada generación ha producido falsos mesías medios de los falsos profetas, proclamando que ellos serán el Salvador del mundo.

Los romanos, los griegos, los babilonios, todos ellos han producido los así llamados dioses de la tierra, que vienen las alas del engaño y que va en una cosecha global de muerte y devastación.

Adolf Hitler prometió un Tercer Reich (*reich* es una palabra alemana que significa "reino"), el cual duraría mil años. Cientos de miles de alemanes asistieron a discursos y desfiles, hipnotizados mientras el Mesías de Alemania gritaba por un micrófono. La multitud frenética gritaba "Sieg Heil", las mujeres lloraban, algunos se desmayaban en éxtasis, y los hombres daban sus vidas de buena gana por ese diablo cuyo reinado de esperanza dejó 50 millones de muertos y 6 millones de judíos asesinados sistemáticamente. Este falso mesías, que prometió esperanza y cambio, se voló los sesos y ordenó a sus seguidores a quemar su cuerpo hasta convertirlo en cenizas.

Benito Mussolini era el Mesías de Italia y fue colgado boca abajo en señal de burla, por los italianos, que se sentían engañados y furiosos.

Hay un último mesías que está a un paso de entrar en el escenario mundial. Llegará al poder debido a una crisis económica mundial. Al igual que Hitler, será proclamado la esperanza del mundo para la estabilidad y la supervivencia. Al igual que Hitler, hará que los tratados de paz no se cumplan, porque será el maestro del engaño.

Él proclamará la paz y producirá un baño de sangre global.

Será festejado por toda la tierra como la encarnación de la esperanza, pero la llevará al infierno.

Él creará una sola moneda para todo el mundo, un gobierno para todo el mundo, y una sola religión para todo el mundo. Logrará todo esto a través de un engaño magistral. Su reinado durará cuarenta y dos meses antes de que el mundo lo reconozca como el hijo de Satanás-el Anticristo.

¿Crees que esto no puede pasar?

¿Ves la crisis económica global en todo su apogeo?

¿Ves una religión islámica dominante diseminándose la tierra?

Oye lo que los líderes mundiales están proclamando: "¿Necesitamos un nuevo César?"

¡Alto! ¡Mira! ¡Escucha!

Todas las piezas del rompecabezas profético están cayendo rápidamente en su lugar. Simplemente no se puede negar que estamos viviendo el fin de los días.

8. AL IGUAL QUE EN LOS DÍAS DE NOÉ

La octava señal profética de que somos la generación terminal es la declaración de Jesús a sus discípulos:

> *"Como* fueron *los días de Noé, así será también la venida del Hijo del Hombre. Porque así como en los días antes del diluvio estaban comiendo y bebiendo, casándose y dando en casamiento, hasta el día en que Noé entró en el Arca, y vino el diluvio y se los llevó a todos, así será también la venida del Hijo del Hombre."*
> —*Mateo 24:37–39 NKJV*

Es cierto que "nadie sabe el día ni la hora" en que Jesús regresará a la tierra. Esta es una declaración de un período de veinte y cuatro horas.

La ilustración que hace Noé de Jesús es un asunto profético completamente diferente.

¡He aquí el porqué!

Dios dijo a Noé que una gran calamidad vendría a la tierra, y que su misión era construir un arca para la salvación de todos los que tuvieran a bordo. Noé tardó ciento veinte años para construir el Arca, y cuando estuvo construida, Dios le ayudó a reunir a los animales de dos en dos, y a subirlos al Arca. Entonces Noé, y su familia de ocho personas, fueron los únicos que creyeron en el mensaje del desastre inminente. Ellos subieron al Arca y Dios cerró la puerta.

Cuando estás en el Arca de Noé con tu familia y animales, y Dios acaba de cerrar la puerta, ya sabes que lo único que queda es la inundación, y sólo escucharás el sonido de la lluvia. La inundación llevó y las fuentes del abismo se abrieron, y el mundo, y todo lo que había en él, se ahogaron en el diluvio.

Proféticamente, estamos exactamente en la posición de Noé en el Arca, y de ahí las palabras de Jesús: "Como fue en los días de Noé…." El mensaje ha sido predicado, y los que creen, están subiendo a bordo con Jesucristo.

Estamos esperando pacientemente por el sonido de la trompeta y el alborozo de la iglesia.

La Biblia dice: "Cuando veas estas señales, levanta la cabeza y regocíjate."

Las diez señales proféticas se han cumplido… regocíjate, que el Rey está viniendo. *Somos la generación terminal.*

9. TERREMOTOS

La novena señal profética de que somos la generación termina se encuentra en Mateo 24, quien dice: "Y habrá hambres, pestes y terremotos en diferentes lugares" (Mateo 24:7).

En la Biblia, Dios todopoderoso utilizó los terremotos en varias ocasiones para lograr Sus propósitos divinos en la tierra y comunicarse con aquellos que optaron por tener problemas de audición en términos espirituales.

El mundo está dividido en dos grupos de personas: los que creen y los que no. Los no creyentes se llaman a sí mismos agnósticos, ateos, paganos, y naturalistas (estos últimos creen que las cosas suceden por un orden natural que no tiene nada que ver con Dios).

A menudo, cuando los no creyentes descubren que soy un ministro del Evangelio, simplemente no pueden esperar a anunciar con alegría, "¡Pastor Hagee, no creo en Dios!"

Mi respuesta es a prueba de tiempo y está probada en combate: "Lo que crees no tiene relación con la realidad." Una generación de jóvenes estadounidenses han escuchado a profesores universitarios que les llenan la cabeza con ideas disparatadas de que lo que ellos creen que es la realidad.

Cuando sus sonrisas se transforman en impacto, y antes de que puedan recordar los argumentos que aprendieron de su profesor ateo o agnóstico, yo les digo:

"¡El mundo es redondo aunque lo creas o no!"

"¡El sol sale por el este aunque lo creas o no!"

"¡El fuego arde aunque lo creas o no!"

"¡El veneno mata aunque lo creas o no!"

"¡Dios controla todos los detalles en el planeta tierra aunque lo creas o no!"

Cuando Dios Todopoderoso se presentó al pueblo judío en la Biblia, les dijo: "Yo soy el SEÑOR tu Dios. Yo te saqué de Egipto, Del país donde eras esclavo" (Éxodo 20:2 NKJV).

¿Por qué Dios se presenta como el que liberó a Israel de Egipto y no como Dios el Creador? Creo que Dios eligió presentarse sí mismo como el que liberó a Israel de Egipto y del faraón, ya que, en la creación, no había nadie para verlo ni para testificar que "Dios hizo esto." ¡La creación es tomada por la fe y sólo por ella!

Sin embargo, cuando Dios sacó a los hijos de Israel de la esclavitud de Egipto con diez plagas demoledoras y consecutivas, dejando a Egipto en la ruina, sus cultivos destruidos, al borde de la inanición, y el poderoso ejército del faraón convertido en alimento para peces, los milagros fueron presenciados por todos en Israel y Egipto.

¡Dios no se limitó a enviar diez plagas al azar! Las diez plagas que envió, aplastaron la autoridad de los diez principales dioses paganos de los egipcios. ¡Fue la guerra de los dioses! Jehová Dios ganó diez a cero, y fue la victoria fue presenciada por millones de personas que les contaron la historia a las siguientes generaciones. Estas diez plagas fueron un testimonio de que el Dios de Abraham, Isaac, y de Jacob tiene un control absoluto de las fuerzas de la naturaleza, que incluye las tormentas, los huracanes y los terremotos.

El Rey David escribe:

Cambió la tempestad en suave brisa: se sosegaron las olas del mar. Ante esa calma se alegraron, y Dios los llevó al puerto anhelado.
—Salmos 107:29–30 NKJV

La Escritura está llena de ejemplos en los que Dios utiliza los terremotos para confirmar que él tiene "todo poder en el cielo y en la tierra." En el Antiguo Testamento, cuando los líderes de Israel se rebelaron contra el liderazgo espiritual de Moisés, Dios los reunió en la Carpa del Encuentro y arrastró a miles de ellos, como un testimonio a Israel, proclamando: "Moisés es mi siervo ungido y yo soy el Dios Todopoderoso quien controla incluso la fuerzas de la naturaleza."

En la crucifixión, un terremoto hizo que el velo del Templo se rasgara de arriba a abajo. Era el mensaje de Dios a Israel y al mundo: ya no necesitan a un sacerdote o a un predicador que ore por ustedes, pues ya tienen acceso directo a Dios para siempre.

En la Resurrección de Jesucristo, se produjo un terremoto que desprendió la piedra que sellaba a Jesucristo en su tumba. Ese mismo terremoto hizo posible que varios ciudadanos de Jerusalén, quienes habían sido enterrados recientemente, resucitaran y fueran vistos en las calles de Jerusalén. ¡Eso tuvo que ser impactante! Piensa en ello… enterraste a Shlomo el lunes pasado, y lo ves caminando por las calles de Jerusalén el domingo por la mañana. ¡Es suficiente para sacudir los cimientos de cualquier ateo!

Cuando Pablo y Silas estaban en prisión por predicar el Evangelio, Dios Todopoderoso envió un terremoto que destruyó las bases de la cárcel. ¡Fue la versión del Nuevo Testamento de *Jailhouse Rock*! Pablo y Silas salieron de la prisión con las llaves en una mano y un converso nuevo en la otra. Dios había orquestado de controlado el gran escape con un terremoto.

La Biblia habla de "señales en el mar" como una prueba de que estamos viviendo los últimos días. Un terremoto en el mar es la causa de un tsunami. Los hemos visto recientemente, y su poder para destruir desafía la imaginación del hombre. Una pared de agua que se mueve a ciento veinte millas por hora es algo increíble… y sin embargo, hemos visto las consecuencias en la televisión mundial.

El mayor terremoto que el mundo haya visto alguna vez, sucederá en una fecha determinada, según consta en el Apocalipsis:

Y hubo un violento terremoto, y nunca se había sentido un terremoto tan grande y violento… Entonces huyeron todas las islas y desaparecieron las montañas.

—Apocalipsis 16:18–20 NKJV

¡Este gran terremoto se acerca! ¿Cuándo? Nadie lo sabe exactamente, pero el mismo Dios que envió a las diez plagas para liberar al pueblo judío de la esclavitud de Egipto, lo enviará en un momento de su elección para proclamar una vez a una generación sin Dios: "Yo soy Dios y no hay otro como yo en toda la tierra."

California está sobre la Falla de San Andrés, a la espera de un terremoto masivo que podría dejar a San Francisco sumergido en el Océano Pacífico. La Biblia advierte de un terremoto próximo en la ciudad de Jerusalén, el cual hará que el Monte del Templo se divida y que agua viva brote de la roca y fluya hacia el Mar Muerto, donde se encontrarán todos los peces del Mar Mediterráneo (Ezequiel 47:1–12, Apocalipsis 16:18–19; Apocalipsis 22:1–5 NKJV).

Se podría escribir un libro entero acerca de los terremotos que han ocurrido y que ocurrirán, los cuales —bien sea que nos guste o no, y que lo entendamos o no—, están controlados por la mano de un Dios Todopoderoso y Soberano.

10. EL MAR SE VUELVE SANGRE

Juan el Revelador habla de las "cosas por venir", las cuales creo que hemos visto recientemente en la televisión mundial sin saber lo que realmente estábamos viendo. Fue un misterio que se hizo claro en cuestión de minutos.

Juan el Revelador escribe:

El segundo ángel derramó su copa sobre el mar, y el mar se convirtió en sangre como de gente masacrada, y murió todo ser viviente que había en el mar.

—Apocalipsis 16:3 NKJV

¡Ya has visto esto!

Vi las imágenes en la televisión varias veces antes de comprender lo que estaba viendo realmente. Era la primera vez que había pasado en la faz de la tierra… y sucederá de nuevo; sólo que la próxima vez será en todo el mundo.

Fue el derrame de crudo de la British Petroleum en el Golfo de México. La enorme tubería rota, vertiendo millones de galones de petróleo en el Golfo de México. ¿Por qué el presidente de los Estados Unidos dejó que brotara durante varios días y no utilizó su impresionante poder para detenerlo? Recuerda: Todo sucede por una razón.

Después de contaminar el Golfo de México durante varios días, el derrame masivo de petróleo salió a la superficie, y fue tomada una foto satelital de esta tragedia ecológica. ¡Miré la foto completamente impactado! El derrame de petróleo en el Golfo de México tenía el mismo aspecto de la sangre; de la sangre espesa y coagulada, como la de un hombre muerto. Los pescados, los camarones, los cangrejos y todas las criaturas vivientes morían.[8]

¡Unamos estas dos cosas! La Biblia dice que en el futuro habrá un terremoto mundial, de carácter masivo, que hará que desaparezcan las islas del mar y las montañas sean derribadas. Será el mayor terremoto en la historia del mundo. ¡Ya viene!

Ese terremoto romperá la tubería en cada plataforma petrolera de aguas profundas que haya en el mundo. De manera instantánea y en todo el mundo, miles de pozos petrolíferos en las profundidades del mar eructarán Mega millones de galones de petróleo crudo en los mares del mundo. Lo que ocurrió en el Golfo de México sucederá en toda la tierra en el mismo día y a la misma hora. ¡Todas las criaturas del mar morirán igual que en el Golfo de México!

¡Nadie será capaz de detenerlo, al igual que lo del Golfo de México!

Los mares de la Tierra se verán como la sangre, y todo ser viviente que haya en el mar morirá.

No se equivoquen… hay un Dios impresionante y poderoso en el cielo, y Él tiene el control total. Ya sea que lo creas o no… ¡El fin de los días está aquí!

DIEZ

¿Qué sucederá a continuación?

¿Cuál es el próximo evento que hará temblar la tierra en el drama profético de Dios? Algunos están esperando que el Anticristo aparezca de repente y solucione la actual crisis económica mundial. Otros esperan que la Gran Tribulación —con sus terremotos, hambrunas, guerras y tragedias sin fin— causen la muerte de una tercera parte de la población terrestre.

EL GRAN RAPTO

La verdad es que el próximo evento profético que sacudirá los cimientos del planeta Tierra es el rapto de la iglesia. La palabra *rapto* es la versión latina de una frase que utiliza la Biblia para describir el rapto de todos los cristianos, vivos y muertos en la tierra, a la hora señalada.

El rapto es un evento global en el que cada creyente en el planeta Tierra será sacado de la tierra y llevado al cielo en un "abrir y cerrar de ojos." En términos simples: ¡miles de millones de personas desaparecerán instantáneamente y no regresarán en siete años!

¿Crees que no puede pasar?

¡Piensa otra vez!

Los que se han ido antes que nosotros

Ya ha sucedido, y se ha registrado en las crónicas de la verdad eterna para tu atenta consideración.

El *primer* registro que se tiene de un hombre mortal en ser arrebatado de la tierra en vida fue el profeta Elías, que fue llevado al cielo en un torbellino y nunca más fue visto (ver 2 Reyes 2:11). En la medida en que está establecido que cada hombre "muera de una vez", Elías aparecerá en la tierra de nuevo durante la Tribulación, para contraer el mensaje de esperanza de Dios al mundo de que el Mesías aparecerá pronto en la tierra por segunda vez.

Elías y Enoc serán asesinados por el Anticristo en las calles de Jerusalén. Sus cadáveres estarán allí para que el mundo en los vea por tres días. En el tercer día, ambos se pondrán de pie y ascender al cielo.

¡El Apocalipsis señala que todo el mundo lo verá y se estremecerá de miedo! ¿Cómo lo verá? ¡Por la televisión por satélite!

El *segundo* hombre en dejar la tierra y entrar en el cielo fue Enoc, como se registra en Hebreos 11:5:

> *Por la fe Enoc fue sacado de este mundo sin experimentar la muerte;* "y no fue hallado porque Dios se lo llevó." (NKJV)

Enoc se unirá con Elías como mensajeros de Dios Todopoderoso durante la Tribulación. Jesucristo hizo esta promesa a sus discípulos antes de su crucifixión:

> *En el hogar de* Mi Padre *hay muchas viviendas; si no fuera así, ya se lo habría dicho a ustedes… Y si me voy y se lo preparo, vendré para llevármelos conmigo. Así ustedes estarán* donde yo esté [*en el cielo*].
> —*Juan 14:2–3 NKJV*

El rapto es el cumplimiento de su promesa a los discípulos y a la Iglesia.

El *tercer* hombre en abandonar la tierra fue el apóstol Pablo, tal como se registra en 2 Corintios 12:2–4, quien estaba en el "tercer cielo", y luego regresó a la Tierra para completar su ministerio.

El *cuarto* hombre en ir al cielo antes de su muerte fue el Apóstol Juan, que fue llamado desde la isla de Patmos por Jesús, quien tenía la voz de una trompeta que decía: "¡Ven aquí!" (Apocalipsis 4:1). Juan ascendió al cielo, donde recibió la Revelación de Dios, viendo las cosas indecibles de horror que iban a suceder en la tierra durante el Estado del Anticristo durante la Tribulación.

La mayoría de las personas están confundidas sobre la secuencia del pasado y los eventos proféticos. Los remito a la siguiente tabla:

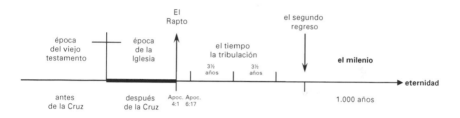

Escapar de los horrores de la Tribulación

El evangelio de San Lucas registra: "Estén siempre vigilantes, y oren para que puedan escapar de todo lo que está por suceder en la tierra." (Lucas 21:36).

San Pablo escribe en el libro Hebreos: "¿Cómo escaparemos nosotros, si descuidamos una salvación tan grande?" (Hebreos 2:3).

¡El Rapto es el gran Escape! ¿Escapar de qué? Escapar del horror de la Gran Tribulación que sucederá cuando la iglesia salga de la tierra. Camina conmigo a través de las páginas de los capítulos 6, 8, 9 y 16 del Apocalipsis, y permíteme describir brevemente el infierno en vida del que escaparás al ser parte del rapto.

Estas son sólo algunas de las cosas que sucederán durante la Tribulación:

- *Una cuarta parte de la humanidad morirá* (ver Apocalipsis 6:8), algunos debido a la guerra, algunos a causa del hambre, y otros debido a los terremotos y desastres globales. Ya sea con una muerte rápida e inmediata, o una muerte prolongada y terrible, el 25 por ciento de todas las personas morirán. Actualmente en 2010, la población mundial es de seis mil quinientos millones de personas. La cuarta parte de esta

*"Varones galileos, ¿por qué estás mirando al cielo? Este mismo Jesús,
que ha sido tomado de ustedes al cielo, así vendrá como manera como
le han visto ir al cielo."*

—*Hechos 1:11 NKJV*

¿Cuándo sucederá el rapto de la Iglesia?

La verdad absoluta de la Biblia es la siguiente: ¡el rapto podría suceder antes de que termines de leer esta página! En el capítulo anterior mencione diez señales bíblicamente validadas de que tenía que cumplirse antes del rapto de la iglesia. ¡*Todas* se han cumplido! El rapto puede ocurrir en cualquier momento y tan instantáneamente como... en un abrir y cerrar de ojos. San Pablo escribió:

He aquí, les digo un misterio: No todos dormiremos [*en la muerte*],
pero todos seremos transformados en un momento, en un abrir y cerrar
de ojos...

—*1 Corintios 15:51–52 NKJV*

Un abrir y cerrar de ojos es una fracción de segundo. La diferencia entre un abrir y cerrar de ojos y el parpadeo del ojo es el tiempo requerido para una respuesta neurológica. Para que el ojo parpadee, el mensaje neurológico debe ir al cerebro y regresar, obligando a abrir y cerrar el ojo. Un abrir y cerrar de ojos es el tiempo requerido para que el mensaje neurológico vaya sólo al cerebro. El parpadeo de los ojos tarda dos veces más que un abrir y cerrar de ojos.

Piensa en ello... miles de millones de personas en todo el planeta Tierra desaparecerán en un instante.

La trompeta de Dios sonará, porque en los tiempos bíblicos, las trompetas sonaron para anunciar la aparición de la realeza.

Jesucristo es el Príncipe de la Paz, Él es Rey de Reyes y Señor de todos los Señores. Pronto el día vendrá en que "toda rodilla se doblará y toda lengua confesará que Él es el Señor para la gloria de Dios Padre."

El grito del arcángel es el grito de Cristo mientras Él celebra su victoria absoluta sobre el enemigo de la muerte. ¡La mañana de la resurrección de Cristo es la victoria en el Super Bowl sobre la muerte, el infierno, y el sepulcro!

Jesús fue la tumba de Lázaro y gritó: "¡Lázaro, sal fuera!" y Lázaro se despertó del sueño de la muerte para vivir de nuevo. Jesús le gritó al apóstol Juan en la isla de Patmos, "Ven aquí", y de inmediato, Juan fue llevado al cielo para recibir el contenido del libro de Apocalipsis.

EL DÍA DEL JUICIO

Muy pronto, Jesucristo va a salir a los balcones del cielo y le gritará a su iglesia en el planeta Tierra, los que duermen en la muerte, y a los que están vivos, "¡Vengan aquí!" Al instante, en un abrir y cerrar de ojos, los muertos en Cristo resucitarán primero, y nosotros, los que hayamos quedado, seremos levantados juntamente con ellos en las nubes, y así estaremos siempre con el Señor. ¿Estás escuchando el grito? El rapto va a ocurrir... ¿Estás listo, o no?

En un instante, todos los miles de millones de personas que hay el mundo desaparecerán. ¡Las esposas, que han sido un testimonio vivo para sus maridos rebeldes, desaparecerán de sus brazos y subirán al cielo mientras sus maridos permanecen en un estado de shock! ¡Ellos se quedarán atrás!

Los automóviles estarán vacíos en la autopista, en las calles, y abandonados en los túneles, los motores estarán en marcha, pero los conductores se habrán ido a mansiones en las alturas.

Las casas de los creyentes serán eternamente divididas en una fracción de segundo. Mientras están sentados en la mesa de la cena discutiendo la crisis en Wall Street, los niños desaparecerán de repente a la cena de las bodas del Cordero, mientras que los padres incrédulos permanecen atrás.

Los Jumbo jets que vuelan a cuarenta mil pies de altura y a 600 millas por hora con más de trescientos los pasajeros quedarán conmocionados El capitán es un creyente; de repente desaparece de la cabina, el avión se estrella segundos más tarde, y cada uno de los pasajeros entrará en la eternidad.

Los salones de las escuelas se quedarán de un momento a otro sin profesores y estudiantes creyentes; los hospitales estarán sin médicos y enfermeras dedicadas; los padres que darán sin sus hijos, y sus hijos sin padres. El hijo de Dios ha llamado a Su iglesia triunfante al cielo.

Los circuitos telefónicos se saturarán en toda la tierra con gente llo-

234   EL FIN DE LOS DÍAS

rando, que siempre hicieron las cosas bien con Dios, pero comprenden
de repente que están perdidos y han quedado atrás. La gente estará de pie
en sus jardines a la entrada de sus casas, mirando hacia el cielo, gritando:
"¡Ay, Dios mío!" en un esfuerzo para aliviar el terror que sobrecoge sus
almas.

¡Una crisis económica mundial está garantizada, mientras los creyentes
de la Biblia que tenían una fuerte ética laboral, dejan el planeta Tierra a
los designios demenciales de arquitectos sociales que no conocen al Dios
de Abraham, de Isaac y de Jacob! ¡El pánico se apoderará de la tierra
mientras la "sal y la luz" de Dios se han ido y el hijo de Satanás espera en
sus alas con sus planes para producir un baño de sangre global para toda
la humanidad!

LOS SIETE AÑOS FINALES

Tan pronto como la iglesia de Jesús Cristo sea raptada al cielo en un abrir
y cerrar de ojos, la ira de Dios será derramada sobre la tierra en una serie
de veintiún juicios registrados por Juan el Revelador como los Siete Sellos, las Siete Trompetas, y las Siete Copas.

Estas veintiuna catástrofes globales ocurrirán en un período de siete
años, exactamente un desastre tras otro que harán temblar la tierra, cada
cuatro meses.

Los siete sellos

Comienza con los cuatro jinetes que aparecen en el escenario de la historia mundial, en el Apocalipsis, capítulo 6, para engañar, matar y destruir.
Estos cuatro jinetes representan los primeros cuatro sellos.

El primer caballo que truena por el escenario de la historia mundial es
un caballo blanco, que es montado por el Anticristo. Él tiene un arco en
la mano, una corona sobre su cabeza, y en su corazón el deseo ferviente
por la dominación del mundo, un solo gobierno mundial que gobernará
sin piedad.

Nadie podrá comprar o vender sin la marca en su mano derecha o en
la frente.

Si resibes su marca, Juan el Revelador afirma que tu alma será condenada por toda la eternidad. Si te niegas a recibir su marca, el Anticristo te cortará la cabeza. Este es el primer sello.

El segundo caballo que aparece en el escenario de la historia mundial es un caballo Guerrero de color rojo vivo, y Satanás le da al jinete el poder de arrebatarle la paz al mundo, trayendo una serie de guerras mundiales que bañarán la tierra en sangre. Este es el segundo sello.

El tercer caballo que aparece en el escenario de la historia mundial es más negro que mil medianoches, y su jinete lleva un par de balanzas en sus manos, con las que pesa el alimento para el hambriento como si fuera oro.

Esto indica claramente un mundo con una hambruna. Éste es el tercer sello.

El cuarto caballo que resopla y patea el suelo es un caballo pálido y su jinete es la Muerte y el Infierno. Este monstruo demoníaco ha recibido el poder para matar a la cuarta parte de la población mundial. Este es el cuarto sello.

El quinto sello es abierto, y Dios escucha los gritos de quienes han sido decapitados por el Anticristo debido al testimonio de su fe. Todos ellos son mártires. Están bajo el altar y claman a Dios por la justicia y la venganza.

El sexto sello es una continuación de la serie de catástrofes ambientales a nivel mundial. El sol se volverá negro; la luna será como la sangre; un gran terremoto sacudirá la tierra con tal violencia que todas las montañas y las islas del mar se moverán de su lugar.

Cada persona en la tierra estará poseída de un terror alucinante. Los ricos, los presidentes, los poderosos, los primeros ministros, los senadores, los congresistas, y los soldados valientes de la guerra, se ocultarán en cuevas y en refugios subterráneos del gobierno para escapar de la ira de Dios.

El séptimo sello representa treinta minutos de silencio absoluto en el cielo. ¿Por qué hay silencio en el cielo? Dios le ha permitido a su iglesia raptada ver el horror indecible que está a punto de ser derramado sobre la tierra, y la novia de Cristo en el cielo está asombrada y en absoluto silencio.

Las siete trompetas

Entonces los siete ángeles con las siete trompetas se preparan para llevar sus juicios a los que rechazaron el mensaje de esperanza de Dios y el plan de su redención.

El primer ángel toca la trompeta, y un tercio de todos los árboles y de toda la hierba en el planeta tierra se queman. Para aquellos de ustedes que estén buscando el calentamiento global de Al Gore…lo que viene será al estilo de las Grandes Ligas.

El segundo ángel toca la trompeta, y una tercera parte del mar se convierte en sangre. Como ya he señalado anteriormente en este libro, creo que los terremotos prometidos en el libro de Apocalipsis reorientarán las tuberías petrolíferas submarinas, como si lo hicieran con un solo fideo seco. Los millones de galones de petróleo crudo que brotarán en los océanos del mundo se convertirán en manchas de aceite semejantes la sangre humana.

El tercer ángel toca la trompeta, y un meteorito del espacio golpea la Tierra. De acuerdo con Apocalipsis 8:10–11, los meteoros envenenarán las aguas de la tierra, haciendo que millones de personas mueran luego de beber agua.

El cuarto ángel suena la trompeta, y la tercera parte de la tierra queda sumergida en la oscuridad. Cuando una persona vive en la oscuridad total durante un largo período de tiempo, sufrirá daños físicos y psicológicos para toda la vida.

El quinto ángel toca la trompeta; él tiene la llave del abismo sin fondo. El ángel abre el abismo, y de él salen escorpiones del tamaño de un caballo, quienes han recibido el poder para picar a los habitantes de la tierra y dejarlos paralizados durante cinco meses de agonía, sin un momento de alivio.

El sexto ángel toca la trompeta, y cuatro ángeles que son liberados en una hora, día, mes y año exactos para matar a la tercera parte restante de la población terrestre (Apocalipsis 9:15).

El séptimo ángel toca la trompeta, y hay voces en el cielo que dicen: "Los reinos de este mundo se han convertido en los reinos de nuestro Señor y de Cristo, y Él reinará por los siglos de los siglos" (Apocalipsis 11:15 NKJV).

Las siete copas

Ahora que los siete sellos y las siete trompetas con sus juicios se han derramado sobre la tierra, los sobrevivientes del planeta esperan a los siete ángeles con las siete copas de la ira de Dios, que son más severos que cualquier cosa que el mundo haya visto hasta este momento en el tiempo.

Los siguientes siete ángeles se preparan para derramar sus copas de sentencia sobre el planeta tierra. El primer ángel derrama su copa sobre la tierra, y cada persona en la tierra que ha recibido la marca de la bestia estará cubierta de llagas.

El segundo ángel derrama su copa sobre el mar, y toda el agua de los mares de la tierra será como la sangre de un hombre muerto. Recuerda que cuando Dios estaba liberando a los hijos de Israel de Egipto, convirtió al río Nilo en sangre.

El tercer ángel vierte su copa, y las aguas potables, los ríos y los manantiales de la tierra se convierten en sangre, así como sucedió cuando Dios derramó sobre Egipto su liberación del pueblo judío. El cuarto ángel derrama su copa sobre el sol y el calor es tan intenso los hombres se queman con el fuego. Es el segundo acto de la pesadilla de Al Gore.

El quinto ángel derrama su copa, y toda la tierra está sumida de nuevo en la oscuridad, así como Dios hizo con el Faraón para obligarlo a liberar al pueblo judío de su cautiverio. Algunos de los que estén leyendo se dirán a sí mismos, "¡Cosas como éstas no puede suceder!" ¡Están equivocados! ¡Ya han sucedido en la historia de la Biblia, y sucederán de nuevo!

El sexto ángel derrama su copa sobre el río Éufrates para que las aguas se sequen. Entonces el ejército chino, que tiene doscientos millones de hombres, podrá marchar hasta el lecho seco del río Éufrates, camino a la Batalla de Armagedón. El séptimo ángel derrama su copa sobre la tierra, y hay "un gran terremoto, un terremoto tan grande y poderoso como no se había producido desde que los hombres han estado en la tierra" (Apocalipsis 16:18 NKJV).

Jesucristo al planeta Tierra

Estos veintiún juicios son seguidos por la segunda venida de Jesús Cristo a la Tierra como Rey de Reyes y Señor de Señores. Juan el Revelador describe esta escena dramática en sus propias palabras:

Luego vi el cielo abierto, y apareció un caballo blanco. Su jinete se llama Fiel y Verdadero. Con justicia dicta sentencia y hace la guerra. Sus ojos resplandecen como llamas de fuego, y muchas diademas ciñen su cabeza. Lleva escrito un nombre que nadie conoce sino sólo él. Está vestido de un manto teñido en sangre, y su nombre es el Verbo de Dios. Lo siguen los ejércitos del cielo, montados en caballos blancos y vestidos de lino fino, blanco y limpio. De su boca sale una espada afilada, con la que herirá a las naciones. Las gobernará con puño de hierro. Él mismo exprime uvas en el lagar del furor del castigo que viene de Dios Todopoderoso. En su manto y sobre el muslo lleva escrito este nombre: REY DE REYES Y SEÑOR DE SEÑORES.

—Apocalipsis 19:11–16 NKJV

Cristo destruirá a los ejércitos que han llegado a Israel para la batalla en Armagedón, y una vez más, le dará Su protección total y Su liberación al pueblo judío.

Jesucristo se posará sobre el Monte de los Olivos, que se dividirá a la mitad. Él caminará a través del valle Cedrón en la ciudad de Jerusalén a través de la Puerta Oriental. Él se sentará en el trono de su padre, el rey David, en el Monte del Templo y gobernará la tierra con una varilla de hierro por mil años de paz absoluta.

Después de esos mil años de la Edad de Oro de la paz perfecta, la muerte y el infierno se vaciarán y todos los muertos impíos serán convocados para salir de la tumba y comparecer ante Dios Todopoderoso en el Juicio del Gran Trono Blanco. Aquí se presentará el llanto, las súplicas y el crujir de dientes. ¿Por qué? Porque cada persona que comparezca ante Dios en el Juicio del Gran Trono Blanco sabrá que es culpable de pecado y que no pidió perdón a Dios en vida. Comparecerá ante el Juez de todos los jueces para ser condenado a la eternidad en el Lago de Fuego.

La tierra será quemada con fuego y recreada para ser como el Jardín del Edén original. A continuación, entraremos en una dimensión de tiempo llamado Eternidad donde el tiempo ya no existirá.

Estas cosas son exactamente lo que sucederá durante los siete años inmediatamente posteriores al rapto de la iglesia de Jesucristo.

¡El rapto de la iglesia podría suceder en los próximos sesenta segundos! ¿Estás preparado?

Tienes dos opciones: aceptar a Jesucristo como Señor y Salvador, o ser un esclavo del Anticristo, obligado a llevar su marca, y ser condenado por toda la eternidad o ser decapitado.

¿Crees que no va a suceder?

¡Piensa otra vez!

CUARTA PARTE

Los últimos días

El Cuarto Reich:
El Anticristo viene

Los horrores indecibles del Tercer Reich, bajo la dirección demoníaca de Adolf Hitler produjeron la página más negra en la historia del siglo XX.

De las mentes demoniacas de los monstruos nazis llegó la pesadilla de la Solución Final ideada por Adolfo Eichmann, y que condujo a la masacre sistemática de 6 millones de judíos, dos tercios de la población judía en Europa, y la muerte de 50 millones de personas.

Cuando se silenciaron las armas de la Segunda Guerra Mundial, después de que Berlín quedara pulverizada por la artillería aliada, después de que el Tercer Reich —que Hitler predijo que duraría mil años— quedara convertido en un vertedero de escombros, 150.000 nazis fueron acusados de crímenes de guerra.

Treinta mil nazis fueron juzgados pero no todos fueron condenados. ¿Cuando desaparecieron los 120.000 nazis del planeta Tierra? ¿Cómo escaparon? ¿Quién les ayudó a escapar y a encontrar lugares de refugio para estar a salvo de la justicia?

Dos de los criminales nazis más famosos —Joseph Mengele, el Doctor de la muerte, y Martin Bormann—, escaparon y nunca fueron llevados a juicio. ¿Cómo pudieron semejantes monstruos evitar y evadir la justicia y los sistemas de inteligencia de cada gobierno sobre la faz de la tierra?

La Organización Simon Wiesenthal investigó a una organización secreta denominada ODESSA, un acrónimo que significa en alemán, la

"Organisation Der Ehemaligen SS Angehörigen", y que se traduce como la Organización de los Antiguos Miembros de las SS.

El misterio de cómo decenas de miles de nazis siempre escaparon a la detección seguirá siendo un secreto sólo conocido por Dios Todopoderoso. Él llamará a todos los hombres a un día del juicio y revelará todo lo que haya permanecido en secreto.

Según el profeta Daniel, quien recibió una visión del final de los días por parte de Dios, la historia se repetirá en algún momento del futuro con un Cuarto Reich. Esta repetición no cubrirá solamente a Europa, sino a toda la tierra.

Llegará al poder al igual que Hitler: en las alas de una crisis económica.

El profeta Daniel afirma que el líder del Cuarto Reich, "Hará prosperar el engaño" (Daniel 8:25 NKJV). Daniel también escribe:

> *Se adueñará de los tesoros de oro y plata de Egipto, y de todas sus riquezas, y también someterá a los libios y a los etíopes.*
> *—Daniel 11:43 NKJV*

Juan el Revelador registra la determinación que tiene el Anticristo para controlar absolutamente todas las transacciones financieras en el planeta Tierra con estas palabras:

> *Él [el Anticristo] logró que a todos, grandes y pequeños, ricos y pobres, libres y esclavos, se les pusiera una marca en la mano derecha o en la frente, de modo que nadie pudiera comprar ni vender, a menos que llevara la marca, que es el nombre de la bestia o el número de ese nombre. En esto consiste la sabiduría: el que tenga entendimiento, calcule el número de la bestia, pues es número de un ser humano: 666.*
> *—Apocalipsis 13:16–18 NKJV*

SIETE RAZONES QUE EXPLICAN LA MARCA

Hay siete razones por las que el Anticristo marcará a quienes controle.

1. La marca es la rebelión abierta contra la ley de Dios, que dice: "No se hagan heridas en el cuerpo por causa de los muertos, ni tatuajes en la piel. Yo soy el SEÑOR" (Levítico 19:28 NKJV).

¡Tu cuerpo es el templo del Espíritu Santo y cuando lo decoras con tatuajes, eso enoja el Señor!

2. La marca les concede favores a los que apoyan Un Gobierno Mundial, tales como alimentos, medicinas, y el derecho a comprar y vender (véase Apocalipsis 13:16).

3. La marca identifica y elimina toda la oposición al Gobierno Mundial.

4. La marca rastrea y controla todo el comercio.

5. La marca obliga a la gente a dejar de adorar a Dios. Si recibes la marca de la bestia, pierdes tu alma. El libro del Apocalipsis señala:

> *"Si alguno adora a la bestia y a su imagen, y recibe la marca en su frente o en su mano, él también beberá del vino de la ira de Dios, que ha sido vaciado puro en la copa de Su indignación. Y será atormentado con fuego y azufre en la presencia de los santos ángeles y en presencia del Cordero [de Dios]."*
>
> *—Apocalipsis 14:9–10 NKJV*

El punto es éste: en el momento en que tomes la marca de la bestia, ya no buscarás a Dios Todopoderoso como tu fuente y salvador, sino que estás reconociendo oficialmente al Anticristo como tu proveedor.

6. La marca obliga a la gente a adorar al Anticristo. Cuando tomas la marca de la bestia, el único ser que queda para adorar es el Anticristo. Cuando rechazas la verdad, lo único que queda es la mentira. Tu primer paso fuera de la luz es tu primer paso hacia el reino de las tinieblas.

7. La marca lleva para siempre a la gente al reino del Anticristo, quien tiene un control absoluto de sus vidas y sus almas.

Si te olvidas del alborozo de la Iglesia, tienes dos alternativas. La primera es ser decapitado por tu negativa a rechazar a Jesucristo como salvador. La segunda es recibir la marca de la bestia y perder tu alma por toda la eternidad. ¡Creo que la llegada del Anticristo, el zar de la economía mundial, está actualmente desplegada en la historia, esperando que las economías del mundo, que actualmente están profundamente endeudadas, se desmoronen! Él aparecerá en el escenario de la historia mundial al igual que Hitler, como el mesías económico. Los gobernantes del mundo aplaudirán su llegada, y exigirán su coronación como el nuevo César del mundo.

Tú leerás esta frase en la prensa escrita en un futuro cercano: "Un líder mundial para un problema mundial." ¡Prepárate para verlo!

COMPARACIÓN ENTRE LA FORMA EN QUE HITLER SUBIÓ AL PODER, Y LA FORMA EN QUE LO HARÁ EL ANTICRISTO

Comparemos el proceso mediante el cual Adolf Hitler llegó al poder con el proceso mediante el cual el profeta Daniel dice que el Anticristo llegará pronto al poder.

1. Adolf Hitler llegó al poder por medio de la crisis económica creada por el Tratado de Versalles. Este tratado fue el origen de la Segunda Guerra Mundial. La historia demuestra que los tratados mal escritos son el caldo de cultivo para la próxima guerra.

El Tratado de Versalles sumió al pueblo alemán en la crisis financiera y exigió el pago de las reparaciones ocasionadas por la Primera Guerra Mundial a Inglaterra y América. Esta deuda enorme, creada por el tratado, condujo a la hiperinflación en Alemania, donde la tinta con la que se imprimían los marcos alemanes era más valiosa que el dinero.

La inflación llegó a ser tan grave que la gente entraba en las tiendas con un puñado de dinero para comprar una simple hogaza de pan. Los alemanes llevaban sus Mercedes Benz al campo y los cambiaban por sacos de papas.

Fue en medio de este caos que aparecieron Adolf Hitler y los nazis. Hitler prometió revivir la economía alemana reconstruyendo la infraestructura nacional y fabricando una auto para la gente del común. Así nacieron las autopistas, pues Volkswagen significa "el auto del pueblo." Hitler se ganó el cariño del pueblo alemán luego de desafiar a Estados Unidos e Inglaterra a negarse a pagar la onerosa deuda de guerra estipulada por el Tratado de Versalles. Su desafío lo convirtió un héroe instantáneo para los descorazonados alemanes.

De la misma manera, el Anticristo, el líder del Cuarto Reich, entrará al escenario mundial para resolver una crisis económica, no la de una nación, sino la de todas las naciones del mundo. La deuda mundial excesiva causará una crisis económica mundial acelerada por el rapto de la iglesia cuando miles de millones de personas desaparezcan repentinamente.

Los líderes mundiales pedirán y exigirán incluso que haya un zar de la economía mundial para que salve al mundo de una catástrofe económica. Ese hombre, al igual que Hitler, saldrá de Europa y será el Anticristo.

2. Hitler hizo su debut en el escenario mundial con un encanto, un carisma, y una arrogancia hipnótica. Los hombres aplaudieron sus discursos con estruendosos aplausos, las mujeres lloraban hipnotizadas y algunas se desmayaban incluso debido al éxtasis extremo.

El profeta Daniel dice que el Anticristo, líder del próximo Cuarto Reich mundial, será extremadamente arrogante y ungido diabólicamente como orador.

"...hará su voluntad, y se ensoberbecerá, y se engrandecerá sobre todo dios,... porque se exaltará a sí mismo por encima de todos ellos."
—Daniel 11:36–37 NKJV

El Apocalipsis 13:5–6 dice:

Y a él [el Anticristo] se le dio boca que hablaba grandes cosas y blasfemias... Y abrió su boca en blasfemias contra Dios, para blasfemar de su nombre, de su tabernáculo, y de los que moran en el cielo (NKJV).

El Anticristo tendrá la arrogancia de cuestionar el derecho de Dios Todopoderoso para gobernar la tierra que Él creó y de la que Él tiene propiedad absoluta.

3. Adolf Hitler y las SS estaban absolutamente comprometidos y controlados por los poderes de lo oculto. El libro *La cruz torcida* revela pruebas históricas que demuestran la mentalidad y las prácticas demoníacas de los líderes del Tercer Reich. ¡Las SS fueron los Ángeles del Infierno vestidos con abrigos de cuero negros!

Así, el profeta Daniel afirma que la venida del Anticristo, líder del Cuarto Reich, "comprenderá frases oscuras" (Daniel 8:23 NKJV).

En la Escritura, hay dos reinos: el reino de la luz y el reino de las tinieblas. Satanás es conocido como el Príncipe de las Tinieblas. La palabra *príncipe* de significa alguien que tiene autoridad en un reino específico. Por lo tanto, Satanás y su hijo principal, el Anticristo, tienen autoridad en el reino de la oscuridad, gobernado por lo oculto. Cuando la iglesia, que es la sal y la luz de Dios, sea sacada del mundo, el Príncipe de las Tinieblas tendrá el control absoluto del planeta Tierra.

En pocas palabras, el Anticristo que viene será ungido por el mismo Satanás para gobernar el mundo con el engaño demoníaco, tener el control económico total, y la brutalidad que adormece la mente. La Biblia dice: "Su poder es poderoso, pero no por su propio poder" (Daniel 8:24 NKJV).

El Anticristo gobernará el mundo con toda la autoridad y la unción del mismo Satanás. ¡Satanás y sus legiones se acercan!

Incluso un observador casual se dará cuenta de la explosión de cultos que está teniendo lugar en la civilización occidental. La serie de Harry Potter libro es nada menos que el curso básico de Brujería, y es la publicación más célebre en la historia de la literatura después de la Biblia. Los niños en todos los países han estado expuestos a las maldiciones de sangre, a brujas, y a lo oculto en una luz positiva. ¡Satanás está preparando a la juventud del mundo hará la aparición de su Mesías, el Anticristo, para gobernar el mundo con el poder demoníaco!

Las películas de culto magnifican el poder demoníaco de las legiones del infierno. Los libros y revistas que exaltan el poder de la brujería tienen una audiencia grande y entusiasta en el mundo occidental.

4. Así como Hitler salió de Europa, también lo hará el Anticristo del Imperio Romano revivido. El Anticristo vendrá de la Unión Europea Unión o de un país o confederación que una vez fue parte del Imperio Romano, el cual se extendía desde España a Egipto, e incluía a Turquía, Irán e Irak.

En la visión de Daniel, el "pequeño cuerno" brotó entre los otros diez, que actualmente sabemos que son las diez divisiones del último gobierno mundial, como lo confirma la visión de Daniel de los diez dedos de la imagen de Nabucodonosor (véase Daniel 2:31–35 y 7:8). En su ascenso al poder, el Anticristo hará gala de su hechizo hipnótico, primero sobre una nación en la federación de diez reinos, y luego sobre las diez. Él conquistará tres de las diez naciones y luego tomará control de todas. Entonces dirigirá sus ojos hambrientos hacia la niña de los ojos de Dios: Israel. Su obra maestra del engaño será el Acuerdo de Paz de los Siete Años que Israel acepte (ver Daniel 9:27 y Apocalipsis 17:17).

Creo que en el futuro, el poder, político, económico y global pasará de Estados Unidos a Europa. En el análisis final, la salvación de Israel no vendrá de Estados Unidos o Europa, sino que vendrá desde el cielo por el impresionante poder del Dios de Abraham, Isaac y Jacob.

5. Así como lo hizo Hitler, el Anticristo vendrá también como un hombre de paz. Cuando Chamberlain, el primer ministro de Inglaterra viajó a Alemania para buscar la paz con su país mientras la maquinaria de guerra nazi aplastaba a Polonia y a Francia, Hitler le dio a Chamberlain un documento escrito prometiendo la paz entre Alemania e Inglaterra. Chamberlain regresó a Inglaterra en señal de triunfo, y bajó del avión agitando alegremente el documento que le había dado Hitler proclamando "paz en nuestros tiempos." Pero fue una farsa, un engaño colosal. Hitler nunca tuvo la intención de mantener la paz, él hizo exactamente lo que el profeta Daniel dijo que el Anticristo haría en el futuro:

Él destruirá maravillosamente con la paz.
—Daniel 8:25 NKJV

"Durante una semana ese gobernante hará un pacto [Tratado de Paz] con muchos por una semana [siete años]; pero a media semana [tres años y medio después de la firma del tratado] pondrá fin a los sacrificios y ofrendas."
—Daniel 9:27 NKJV

El Anticristo garantizará la paz para Israel y el Medio Oriente y firmará un tratado de paz de siete años, pero romperá el tratado tres años y medio después, según el profeta Daniel.

Si alguna vez has estado en Israel, seguramente habrás visto que su historia de traición y de persecución hace que su gente sea extremadamente cautelosa en confiarle su seguridad a alguien diferente de ellos. De hecho, esta historia forma parte de la gran necesidad que tiene el pueblo judío de tener su propia patria. Ellos pueden confiar en su gobierno porque este es verdaderamente suyo.

Puedes decir incluso que la nación de Israel es una encarnación del deseo de sus habitantes, tal como se expresa en el enunciado solemne "Nunca más."

Nunca más un pogromo, nunca más una persecución; nunca más un exilio, nunca más un holocausto. Así que imagina lo que tendrían que hacer necesario para confiarle su seguridad a otro. Esto te da una idea del cambio en la actitud de Israel y del increíble poder del Anticristo para engañar.

En los próximos meses, hay una clara posibilidad de que Irán tenga capacidad nuclear y una persona fuera de la Unión Europea tendrá el poder político y la presencia para garantizar la seguridad de Israel. Al pueblo judío podría recibir el derecho a reconstruir el templo en el Monte del mismo nombre, e iniciar sacrificios diarios como un incentivo. Sabemos esto porque el Anticristo detendrá los sacrificios diarios y las ofrendas en medio de la Tribulación, y los sacrificios tendrán que haberse iniciado de nuevo para que el Anticristo los detenga. Otro indicio de que el Templo será reconstruido es que el Anticristo se tomará el Templo, un evento que ocurre en el punto medio de la tribulación:

Él [el Anticristo] se opone y exalta a sí mismo sobre todo lo que se llama Dios o sea objeto de culto, de modo que se erige en el Templo de Dios, proclamándose ser Dios.

—2 Tesalonicenses 2:4 NKJV

Una vez más, un templo debe haber sido construido para que el Anticristo lo tome y lo contamine, tal como lo hará él.

La reconstrucción del templo constituye un gran problema político y religioso, porque el lugar que la Biblia decreta para la ubicación de la Templo está ocupado actualmente por la Cúpula de la Roca. La Cúpula de la Roca se encuentra en el Monte del Templo o Monte Moriah, y es el tercer lugar más sagrado del mundo para los musulmanes.

Si dudas de que el pueblo judío jamás intentaría algo tan espectacular, debes saber que algunas personas judías ya están planeando eso, y están trabajando para hacer todos los preparativos necesarios para la construcción y el funcionamiento del tercer templo (el primero es el de Salomón y el segundo es el templo de Herodes). Una de las organizaciones comprometidas con este fin objetivo es la Fundación del Templo. He visto personalmente su trabajo, y ellos han elaborado auténticas vasijas y prendas sacerdotales según las especificaciones de la Biblia.

Este es un proceso continuo, y hasta la fecha, más de sesenta objetos sagrados han sido recreados en oro, plata y cobre. Estas vasijas no son modelos ni réplicas, sino que realmente han sido elaboradas de acuerdo con todos los complejos requisitos de la ley Bíblica. Si el Santo Templo fuera reconstruido inmediato, el servicio divino podría reanudarse utilizando estas vasijas.

Sólo la destrucción de las grandes mezquitas de La Meca y Medina podría tener un efecto más explosivo en los musulmanes. Y no se les podría propinar un golpe más fuerte a los musulmanes que el hecho de que a Israel se le conceda el privilegio de construir del tercer Templo en la Cúpula de la Roca. Pero aunque las fuerzas internacionales garanticen la seguridad de Israel en su decisión de reconstruir el Templo, las naciones islámicas se prepararán para la guerra. El Rey "del Norte", los conducirá hacia Israel en la batalla de Ezequiel 38–39.

6. Así como Hitler era un hombre comprometido con la fuerza del poder militar, así también el Anticristo se comprometerá con la fuerza militar. El Apocalipsis 6:2 describe la visión de Juan en Patmos mientras el Anticristo entra en el escenario de la Historia Mundial.

Miré, ¡y apareció un caballo blanco! El jinete llevaba un arco; se le dio una corona, y salió como vencedor, para seguir venciendo. (NKJV).

Juan describe de nuevo a la bestia diciendo:

La bestia parecía un leopardo, pero tenía patas como de oso y fauces como de león. El dragón [Satanás] le confirió a la bestia su poder, su trono y gran autoridad.

—Apocalipsis 13:2 NKJV

Daniel informa:

En su lugar, adorará al dios de las fortalezas.

—Daniel 11:38 NKJV

7. Así como Hitler odiaba al pueblo judío, así también el Anticristo se dedicará a destruir al pueblo judío. Dios impedirá esto, haciendo que los judíos huyan a Petra, donde Dios los proveerá sobrenaturalmente por tres años y medio, así como proveyó a los hijos de Israel en el desierto, cuando Moisés los condujo desde Egipto hacia la tierra prometida.

Con Satanás y sus ángeles arrojados a la tierra para unir sus fuerzas con el Anticristo y el Falso Profeta, los poderes del infierno se desplegarán en la tierra como nunca antes en la historia de la humanidad. El Príncipe de las Tinieblas atacará todo lo que le recuerde al Dios de los cielos. Él atacará a los cristianos y a los judíos.

Satanás atacará a los amados de Dios, porque atacarlos a ellos es la única forma en la que puede tomar represalias en contra de Dios. Al no poder prevalecer contra Dios militarmente, Satanás tratará de vengarse de él al dirigirse a los justos. El Anticristo será motivado por la venganza contra los judíos que trataron de terminar con su vida. Todo esto sucederá casi al mismo tiempo en que la imagen del Anticristo sea erigida en el Templo. La advertencia que Dios le hace ese día a la simiente de Abraham es clara y urgente. Jesús dijo:

"Así que cuando vean en el lugar santo "el horrible sacrilegio", del que habló el profeta Daniel (el que lee, que lo entienda), los que estén en Judea huyan a las montañas. El que esté en la azotea no baje a llevarse nada de su casa. Y el que esté en el campo no regrese para buscar su capa. ¡Qué terrible será en aquellos días para las que estén embarazadas o amamantando!... Si no se acortaran esos días, nadie sobreviviría, pero por causa de los elegidos [el pueblo judío], se acortarán."

—Mateo 24:15–22 NKJV

Dios preparará un lugar especial de refugio para el pueblo judío en el desierto. Los que sigan las palabras de Jesús y huyan al desierto estarán sobrenaturalmente al cuidado de la mano de Dios durante los últimos tres años y medio de la Tribulación (ver Apocalipsis 12:6).

La zona desértica de la protección divina se identifica como Edom, Moab, y Amón —hoy en día Jordania (ver Daniel 11:41). Sin duda, el lugar de refugio será Petra. He estado allí, y es la fortaleza natural más grande en esa parte del mundo. Es allí donde los judíos recibirán el mismo cuidado sobrenatural que recibieron los hijos de Israel mientras viajaban de Egipto a la tierra prometida. El maná del cielo como alimento y el agua de una roca, si es necesario, satisfarán todas sus necesidades. Israel y el pueblo judío sobrevivirán y prosperarán en la Tribulación.

8. Al igual que Hitler fue objeto de un intento de asesinato, así también el Anticristo será herido en la cabeza y se recuperará milagrosamente, emulando la muerte y resurrección de Jesucristo. ¡Personas de todo el mundo lo adorarán como Dios! Juan el Revelador ofrece una descripción detallada y gráfica del intento de asesinato.

Y vi en una de sus cabezas cuando había sido herido de muerte, y su herida mortal fue sanada. Y todo el mundo se maravilló y siguió a la bestia. Y adoraron al dragón [Satanás] que había dado autoridad a la bestia... diciendo: "¿Quién es como la bestia? ¿Quién es capaz de luchar contra ella?"

—Apocalipsis 13:3–4 NKJV

Cuando el Anticristo se apodere del templo y termine los sacrificios diarios, enfurecerá al pueblo judío.

La ubicación del templo sigue siendo la misma...justo en medio del tercer lugar más sagrado del Islam. Las acciones del Anticristo enfurecen el pueblo judío, provocando furia al rojo vivo en el corazón mismo de sus seres por los insultos más atroces al verdadero Dios y al Templo, que es apartado de la santidad de su nombre. Ellos estarán motivados por dos factores atroces:

1. Estarán disgustados por el fracaso del Anticristo de honrar su Tratado de los Siete Años tratando para ir a ayudarle, cuando la coalición de Rusia y la República Islámica los invadan.

2. El corazón de Israel ya estará ablandado hacia el Altísimo Dios debido a su intervención milagrosa para derrotar a la coalición ruso-iraní-islámica. Ahora, motivado por una combinación de furia y celo, un asesino solitario intentará asesinar al Anticristo... y tendrá éxito.

Regreso del infierno

Con el Anticristo calmado en un sentido de complacencia por su arrogancia y la facilidad de sus victorias, su seguridad se vendrá abajo. Un asesino aprovechará la oportunidad y asestará un golpe mortal a su cabeza, una herida tan grave que los que lo asisten creen que estará muerto (ver Apocalipsis 13:3).

Creo que después de su muerte, el Anticristo descenderá directamente al infierno. Creo que esto es por lo menos una parte de la razón por la que el Anticristo es descrito en el libro de Apocalipsis como el que asciende desde el Abismo a prevaricar y a saquear.

Así como Satanás llevó a Jesús a un monte, mostrándole todos los reinos del mundo y ofreciéndoselos como premio, creo que Satanás puede llevar al Anticristo a las profundidades del infierno y ofrecerle los reinos del mundo.

Mientras que Jesús se negó a someterse a Satanás, el Anticristo estará encantado de ceder a Satanás y adorarle. A cambio de esta adoración, Satanás reanimará al Anticristo, infundiéndole la esencia misma de su ser con furia demoníaca y crueldad. Juan lo deja claro,

> *El dragón [Satanás] le dio su poder y su trono, y gran autoridad.*
> —*Apocalipsis 13:2 NKJV*

El Anticristo captará la imaginación y la confianza del mundo a través de su milagrosa recuperación. Para el mundo satánicamente ciego ante la Tribulación, la curación del Anticristo se verá exactamente como la muerte y la resurrección de Jesucristo... salvo que en este caso lo verán con sus propios ojos por CNN.

9. Así como las estatuas de Hitler fueron erigidas en todo el Tercer Reich, así también el Anticristo erigió una estatua suya en la ciudad

de Jerusalén y exigirá que las naciones del mundo la adoraran. Juan el Revelador dice del Anticristo,

> *A la bestia la adorarán todos los habitantes de la tierra, aquellos cuyos nombres no han sido escritos en el libro de la vida, el Libro del Cordero que fue sacrificado desde la creación del mundo.*
>
> —*Apocalipsis 13:8 NKJV*

Es difícil imaginar un mundo lleno de adoradores de Satanás, pero eso es exactamente lo que sucederá cuando la iglesia, la sal y la luz de Dios, abandone el planeta. El Anticristo es el hijo de Satanás... y el mundo lo adora abiertamente y con entusiasmo. El Anticristo introducirá un culto idólatra en el interior del Templo Sagrado en el Monte del Templo y se establecerá él mismo como Dios:

> *Ese gobernante hará un pacto con muchos [Tratado de Paz] por una semana [siete años], pero en la mitad de la semana [tres años y medio después de la Firma del Tratado] pondrá fin al sacrificio y a la ofrenda. Sobre una de las alas del templo cometerá horribles sacrilegios, hasta que le sobrevenga el desastroso fin que le ha sido decretado.*
>
> *Daniel 9:27 NKJV*

> *Él se opondrá y se levantará contra todo lo que se llame Dios o sea objeto de culto, de modo que se erigirá en el Templo de Dios, y se proclamará a sí mismo como Dios.*
>
> —*2 Tesalonicenses 4 NKJV*

10. Así como el reino del terror de Hitler duró siete años, de la Kristallnacht el 10 de noviembre de 1938, hasta 1945, así también el Anticristo tendrá una dominación completa de la tierra durante siete años.

Esta dominación del mundo por parte del Anticristo se inicia con la firma del Acuerdo de Paz de los Siete años con Israel y se prolonga hasta la segunda venida de Jesucristo, que será exactamente dos mil quinientos veinte días más tarde. Un año profético tiene trescientos sesenta días de duración. Este número, multiplicado por siete, nos da la fecha exacta de la segunda venida del hijo de Dios.

11. *Así como Hitler capturó Francia, Polonia y Checoslovaquia, así también lo hará el Anticristo, conquistando tres naciones y estableciendo diez grupos de naciones, convirtiéndose en el nuevo César del mundo.*

El profeta Daniel nos enseña que el Anticristo vendrá entre los diez cuernos (naciones) y arrancará de raíz a tres de ellos (ver Daniel 7:7–8, 23–25). El Anticristo tendrá el poder de tres naciones, ya sea por medio de la seducción o el asesinato, y las otras siete naciones se entregarán a él rápidamente. Entonces será el jefe del gobierno mundial. ¡Él será nuevo César del mundo!

El Nuevo Orden Mundial

Nuestro mundo se ha estado moviendo hacia un Nuevo Orden Mundial desde hace varios siglos. Las Naciones Unidas ahora quieren una constitución mundial, una moneda mundial, un impuesto sobre la renta mundial, una potencia militar mundial, y una ética global, que es otra forma de decir Una Sola Religión Mundial.

¿Crees que no puede pasar?

¡Piensa otra vez!

Este es un ejemplo de esas diez regiones del Nuevo Orden Mundial.

Región 1: Estados Unidos y Canadá

Región 2: La Unión Europea

Región 3: Japón

Región 4: Australia, Nueva Zelanda, Sudáfrica y las Islas del Pacífico

Región 5: Europa Oriental

Región 6: América Latina: México, Centroamérica y Sudamérica

Región 7: África del Norte y el Medio Oriente

Región 8: África Central

Región 9: Asia meridional y el Sudeste asiático

Región 10: Asia Central.[1]

Nunca en la historia hubo un gobierno que dirigiera completamente al mundo, pero el Anticristo "devorará toda la tierra" (Daniel 7:23 NKJV). Reinará sobre ellos CON su consentimiento y con absoluta autoridad (ver Daniel 11:36). Su personalidad se caracterizará por una gran inteligencia, capacidad de persuasión, sutileza, engaño, y pomposidad.

Daniel dice que su boca "habla palabras pomposas" (Daniel 7:8 NKJV), y que es un "maestro de la intriga" (Daniel 8:23 NKJV). Él será la personalidad más prominente, poderosa y popular del mundo en el comienzo de su engañoso reinado.

No hay nada nuevo acerca de un nuevo orden mundial. Satanás ha estado maquinando implementar uno desde que Nemrod propuso construir una gran torre en las llanuras de Sinar. El propósito de lo que conocemos como la Torre de Babel fue desafiar la autoridad Dios en la Tierra, para expulsarlo de la tierra e implementar el gobierno del hombre. La Biblia registra el primer Nuevo Orden Mundial así:

> *En ese entonces se hablaba un solo idioma en toda la tierra. Al emigrar al oriente, la gente encontró una llanura en la región de Sinar, y allí se asentaron... Luego dijeron: "Construyamos una ciudad con una torre que llegue hasta el cielo. De ese modo nos haremos famosos y evitaremos ser dispersados por toda la tierra."*
>
> —*Génesis 11:1–2, 4 NKJV*

Dios Todopoderoso soportó la arrogancia del hombre por un tiempo limitado, y luego los dispersó por toda la tierra.

Después de la Primera Guerra Mundial, "la guerra para terminar todas las guerras", el presidente Woodrow Wilson creó la Sociedad de las Naciones Unidas para mantener la paz a través de un gobierno mundial. Adolf Hitler le dijo al pueblo alemán que traería "un nuevo orden" a Europa. Así lo hizo, arrastrando a Europa a las entrañas de un infierno en vida y convirtiendo las calles en ríos carmesí de sangre humana.

Los comunistas de la antigua Unión Soviética se comprometieron a establecer un nuevo orden mundial y erigieron un imperio ateo que colapsó como un castillo de naipes. Ahora las Naciones Unidas quieren establecer un ¡nuevo orden mundial!

¿Qué significa esto? Brock Chisholm, ex director de la Organización Mundial de la Salud de las Naciones Unidas, dijo: "Para lograr un gobierno mundial, es necesario eliminar de la mente de los hombres su individualismo, la lealtad a sus familiares, su patriotismo nacional, y su religión."

12. Hitler y su Tercer Reich, fueron destruidos por el justo poder de los militares de EE.UU. y sus aliados. Así también será destruido el Anticristo "sin la mano." Juan el Revelador describe Al final del Anticristo y el Falso Profeta de Apocalipsis 19:20–21 diciendo:

> *Pero la bestia fue capturada junto con el falso profeta. Éste es el que hacía señales milagrosas en presencia de ella, con las cuales engañaba a los que habían recibido la marca de la bestia y adoraban su imagen. Los dos fueron arrojados vivos al lago de fuego y azufre. Los demás fueron exterminados por la espada que salía de la boca del que montaba a caballo. (NKJV).*

Esto significa que el Anticristo y el falso profeta serán destruidos, no por los hombres y el poder militar, sino por la poderosa mano derecha del propio hijo de Dios, que les aplastará como a los enemigos de la justicia y del pueblo judío.

Es irónico que Hitler ordenara que su cuerpo fuera quemado en el fuego como un precursor del hijo de Satanás, que recibirá exactamente el mismo tratamiento en el futuro de la mano de Dios.

SU NOMBRE ES IGUAL A 666

Juan el Revelador escribe,

> *Aquí hay sabiduría. El que tiene entendimiento, cuenta el número de la bestia, pues es número de hombre; su número es 666.*
> —*Apocalipsis 13:18 NKJV*

El número del Anticristo 666 representa la trinidad satánica: Satanás, el Anticristo y el Falso Profeta, quienes dirigirán el culto en todo el mundo que adorará al hijo de Satanás. El número 666 también podría ser una referencia a la idolatría que Nabucodonosor trató de implantar en todo el mundo cuando erigió una estatua de sí mismo y ordenó a todo el mundo adorarla, o que de lo contrario morirían (ver Daniel 3). Se podría decir que el 666 fue estampado en la misma imagen de Nabucodonosor, ya que la imagen era de sesenta codos de alto y seis codos de ancho.

En Apocalipsis 13, el punto focal es el ascenso del hombre, el Anticristo, y dice que 666 es "el número de un hombre" A la luz de este énfasis, existe otra explicación del número críptico "666." Es cierto que algunos lectores de Juan estaban familiarizados con el sistema para calcular un nombre utilizando los números, una práctica conocida por los judíos como Gimatria. Los griegos también lo practicaban, pero no con la seriedad con que lo hicieron los judíos.

La transición de un número a una letra o de una letra a un número fue posible porque la mayoría de las lenguas antiguas no tenían símbolos independientes para los números como nosotros. Por el contrario, las letras del alfabeto también se utilizaban para designar los números así como los romanos usan letras para designar los números. Era un asunto simple para que los miembros de la primera iglesia convirtieran un número en un nombre, o un nombre en un número. En Apocalipsis 13:18 Juan hizo posible que el mundo identificara al Anticristo de manera positiva. Este rompecabezas críptico no tiene la intención de señalar con el dedo a una persona desconocida. Sin embargo, tiene la intención de confirmar al mundo a alguien que ya sospechaba ser el Anticristo. Y en la idolatría del tiempo del fin, "el número de un hombre" está completamente desarrollado y el resultado es 666.

Esta información acerca de cómo identificar el Anticristo no tiene un valor práctico para la iglesia, ya que lo estaremos observando desde los balcones del cielo en el momento en que se revele. Pero para aquellos de ustedes que están leyendo este libro después de que la iglesia haya sido raptada, y para quienes confíen en Cristo durante la Tribulación, tendrán la capacidad de confirmar que la personalidad que surge de una Federación Europea es la encarnación del diablo, el hijo de Satanás.

¿Crees que una sociedad que produjo a Adolf Hitler nunca podría llegar a Estados Unidos? ¿Te das cuenta que ya hemos comenzado a transitar por ese camino?

Hitler convirtió de nuevo la Navidad y la Semana Santa en días festivos paganos.[2] En la actualidad, la palabra "Navidad" se conoce en Estados Unidos como una "celebración del pleno invierno." Los niños son criticados en la escuela por utilizar la palabra "Navidad" y están obligados a utilizar otra palabra secular en su lugar.

El Tercer Reich de Hitler fijó señales a lo largo y ancho de la tierra diciendo: "Los judíos no son bienvenidos." [3] En su libro, *El caso de Israel*, el prestigioso abogado Alan Dershowitz demuestra la forma en que la mayoría de las universidades son abiertamente antisemitas y se niegan a permitir que oradores pro-Israel se dirijan a los estudiantes en sus campus.

El ministro de propaganda nazi Joseph Goebbels dijo: "Algún día Europa morirá de la enfermedad judía." [4] El pueblo judío era un pueblo de fe, a quien el demonizado de Hitler odiaba.

En 1996, el evolucionista Richard Dawkins fue nombrado Humanista del Año. En su discurso de aceptación, comparó la amenaza de sida y la "enfermedad de las vacas locas" con la amenaza planteada por la fe. Según Dawkins, la fe es "uno de los grandes males del mundo, comparable con el virus de la viruela pero más difícil de erradicar."

Estados Unidos está ahora en una guerra cultural por el alma de esta nación. Habrá un ganador y un perdedor. Nuestros hijos, nuestros nietos, y el destino de nuestra nación quedarán en manos del ganador.

Durante el Tercer Reich, las cruces de Cristo en las aulas alemanas fueron sustituidas por imágenes de Hitler. [5] En las escuelas públicas de Estados Unidos no se permite ninguna cruz cristiana. Los símbolos cristianos son prohibidos actualmente. El 15 de abril de 2009, CNSNews. com informó que la Casa Blanca pidió que la Universidad de Georgetown cubriera su monograma "IHS"—que simboliza el nombre de Jesucristo, porque estaba en un frontón del escenario donde el presidente Obama se dirigió a la universidad.

Qué diferencia enorme con el presidente George Washington, el padre de nuestra nación, quien dijo: "Es imposible gobernar correctamente al mundo sin Dios y sin la Biblia." [6]

Abraham Lincoln, quien es reconocido por los historiadores como el presidente más grande en la historia de los Estados Unidos, dijo, hablando de la Biblia, "Todo lo que el Buen Salvador le dio al mundo fue comunicado a través de la Biblia." [7]

Lee estas palabras de dos de nuestros Padres Fundadores, que no sintieron vergüenza en proclamar su fe: "No reconocemos ningún soberano, salvo a Dios y a ningún rey, salvo a Jesús."[8] Estas son las palabras de John Hancock y John Adams.

¡Lástima! El nombre del Buen Salvador ha sido cubierto por la Universidad de Georgetown para evitar que los no creyentes se ofendan. La Biblia dice: "Pero a cualquiera que me desconozca delante de los demás, yo también lo desconoceré delante de mi Padre que está en el cielo." (Mateo 10:33 NKJV).

En el Tercer Reich, los vigilantes que observaban a sus vecinos, los meseros que informaron sobre sus clientes, los trabajadores que tomaron nota de las infracciones de su empleador, y los niños que informaron sobre sus padres eran una realidad.[9] "La policía del pensamiento en West Virginia y en otros lugares, ha sido entrenada para hacer estas mismas cosas; escuchar e informar de cualquier "infracción" verbal a los agentes del orden.

Samuel Kent, un juez federal, dictaminó en 1995 que si los estudiantes estadounidenses obraban en nombre de Jesús, serían condenados a un máximo de seis meses de prisión.

Ahora se puede tomar el nombre de Jesús en vano. Podrá se puede sumergir su cruz en orina para un proyecto artístico mientras se recibe la financiación del *National Endowment for the Arts*. Pero es mejor que no reces, pues podrías ir a la cárcel.

Samuel Kent no es de China ni de la antigua Unión Soviética. Él es de los Estados Unidos de América. Él está intentando que los Estados Unidos se parezcan a la antigua Unión Soviética.[10]

Armagedón: La batalla final por el planeta Tierra

El Armagedón es la madre de todas las batallas, y determinará quién gobernará y reinará en el planeta Tierra. No es una batalla, es una desesperada campaña de tres años y medio del Rey del Norte (Rusia), el rey del Sur (las naciones islámicas), el Rey de Oriente (China), y el Rey de Occidente (dirigido por el Anticristo y la Unión Europea).

En la batalla final, Juan el Revelador describe escenas de horror absoluto que estremecen la mente humana. Así, muchos serán sacrificados en esta lucha final en la que la sangre humana se extenderá 200 millas hasta los frenos de los caballos. ¡Increíble!

El ángel pasó la hoz sobre la tierra, recogió las uvas y las echó en el gran lagar de la ira de Dios. Las uvas fueron exprimidas fuera de la ciudad, y del lagar salió sangre, la cual llegó hasta los frenos de los caballos en una extensión de mil seiscientos estadios.

—Apocalipsis 14:19–20

Mil seiscientos estadios son 200 millas.

El Armagedón es el gran final del príncipe de la Oscuridad para gobernar y reinar en el planeta Tierra. Esta batalla entre el bien y el mal, entre la luz y la oscuridad, comenzó con la guerra en los cielos antes que el libro del Génesis fuera escrito.

Esta guerra sobrenatural fue traída a la Tierra en el Jardín del Edén.

Adán y Eva sucumbieron al poder de seducción de la serpiente y de las está arrastrando junto a la coalición islámica de Irán hacia los montes de Israel (ver Ezequiel 38:5–6). Dios está llevando a las naciones del mundo para aplastar las uvas de la ira en su lugar. El Rey David escribe:

Jamás duerme ni se adormece el que guarda a Israel.

—Salmo 121:4 NKJV

Después de ver a los judíos del Holocausto entrar en las cámaras de gas, después de ver a la "niña de sus ojos" arrojada a los hornos, y sus cenizas vertidas por toneladas a los ríos de Europa, después de ver la tierra "de la leche y la miel" enrojecida por la sangre judía en cinco grandes guerras por la libertad, y de interminables bombarderos suicidas matando a inocentes, Dios se pone de pie y les grita a las naciones del mundo, "¡BASTA! Y MI IRA SE ENCENDERÁ CON FUROR" (ver Ezequiel 38:18).[1]

DIOS DESCARGA SU IRA CONTRA LOS ENEMIGOS DE ISRAEL: ¡BASTA YA!

Dios rompe Su largo silencio.

" *'En el ardor de mi ira, declaro que en aquel momento habrá un gran terremoto en la tierra de Israel. Ante mí temblarán los peces del mar, las aves del cielo, las bestias del campo, los reptiles que se arrastran, y toda la gente que hay sobre la faz de la tierra. Se derrumbarán los montes, se desplomarán las pendientes escarpadas, y todos los muros se vendrán abajo'. "En todos los montes convocaré a la guerra contra Gog, y la espada de cada cual se volverá contra su prójimo", afirma el SEÑOR. "Yo juzgaré a Gog con peste y con sangre; sobre él y sobre sus tropas, lo mismo que sobre todas sus naciones aliadas, haré caer lluvias torrenciales, granizo, fuego y azufre. De esta manera mostraré mi grandeza y mi santidad, y me daré a conocer ante muchas naciones. Entonces sabrán que yo soy el SEÑOR."*

—Ezequiel 38:19–23 NKJV

Aquí viene el juez de toda la tierra y Él es ¡peligroso! Dios libera su ira contra los enemigos sobrenaturales de Israel con resultados letales.

En *primer* lugar, Dios hará temblar el Medio Oriente, con un gran terremoto que neutralizará cada tanque y cada soldado al instante. Muchos sin duda, serán enterrados vivos.

En *segundo* lugar, Dios hará que todos los ejércitos invasores queden completamente confundidos en las montañas de Israel. Los ejércitos invasores dirigirán sus armas el uno contra el otro, lo que en el combate moderno se llama, "muerte por fuego amigo."

Esta técnica de combate utilizada por Dios cuando mandó a Gedeón a que tocara las trompetas y rompiera los cántaros. Los filisteos se hundieron por orden divina y volvieron sus espadas el uno contra el otro. Gedeón obtuvo una gran victoria militar, sin una sola baja. Lo que Dios ha hecho, lo hará de nuevo en el Medio Oriente cuando Irán y Rusia invadan a Israel.

En tercer lugar, el profeta Ezequiel declara que Dios "hará caer lluvias torrenciales... sobre sus tropas (los que están invadiendo Israel), y sobre muchos pueblos que están con ellos... piedras de granizo, fuego y azufre." (Ezequiel 38:22 NKJV).

La narración detallada de Ezequiel en el capítulo 39 deja en claro cuán profunda y desastrosa será la derrota de Rusia, Irán, Etiopía, Libia, Turquía, y de la gran coalición islámica que invadirá la tierra de Israel en el futuro (Ver Ezequiel 38:5–6).

Ezequiel abre el capítulo 39 diciendo: "Yo estoy contra ti, oh Gog." Cuando lo que quede del mundo durante en la Tribulación vea los millones de cuerpos hinchados por el sol caliente de Israel, esta declaración pasará a la historia como uno de los mayores eufemismos de todos los tiempos.

En este pasaje, Dios no nos dice cuántos murieron, Él nos dice cómo caen muchos: sólo una "sexta parte" (Ezequiel 39:2 RV). Esto significa que la tasa de víctimas de esta batalla será del 84 por ciento, algo sin precedentes en las guerras modernas.

La narración de las secuelas de la guerra continúa. Ezequiel dice que los cuerpos hinchados de los enemigos de Israel serán un banquete para los buitres. La bestia del campo tendrá una fiesta diferente a cualquier cosa ya que los perros comían el cuerpo de Jezabel (ver Ezequiel 39:5–7, 11–16).

Los cadáveres de los invasores serán esparcidos en los campos de los montes de Israel, y el proceso de entierro tardará siete meses e involucrará a todo el pueblo de Israel. Ezequiel sugiere claramente que incluso los turistas buscarán los cuerpos perdidos y marcar el sitio para el entierro. *Hamon-Gog* es una palabra hebrea que significa "la multitud de Gog", y que será el nombre de este gran cementerio para los invasores de Israel (véase Ezequiel 39:17–20).

Pero no sólo hay una tremenda carnicería; las armas que dejan estas fuerzas devastadas le ofrecerán combustible a Israel durante siete años; es decir, más allá de la tribulación y el Milenio (ver Ezequiel 39:9–10).[2]

DIOS SE MAGNIFICA A SÍ MISMO

¿Por qué Dios permite que las naciones le hagan la guerra a Israel? En primer lugar: para la gloria de Dios. Ezequiel deja muy claro que el mundo debe saber que el Dios de Abraham, Isaac y Jacob es el Dios Todopoderoso.

Ezequiel declara:

> *"Por lo tanto voy magnificarme y santificarme, y seré conocido a los ojos de muchas naciones. Entonces sabrán que yo soy el SEÑOR."*
>
> —38:23 (NKJV)

La tierra está llena de muchos dioses, pero ¿quién es el Dios Todopoderoso? Cuando el Dios de Abraham, Isaac y Jacob termine absorbiendo a los enemigos de Israel en las montañas de Israel (ten en cuenta que Jerusalén y las ciudades de Israel quedarán salvas), no habrá duda de que Jehová es el Dios Todopoderoso.[3]

> *"Será en los últimos días que yo te traeré sobre mi tierra, para que las naciones me conozcan, cuando esté santificado en ti, oh Gog, ante tus ojos."*
>
> —Ezequiel 38:16 (NKJV)

El drama de Ezequiel 38–39 y la aplastante derrota de Rusia, el rey del norte, y de la coalición islámica, el rey del sur, es una demostración del poder de Dios que no se veía en la defensa de Israel desde que el Faraón y su ejército se ahogaron en el Mar Rojo. Las naciones que se jactan de borrar a Israel del mapa sólo están prediciendo su propio futuro.

Todo Israel será salvado

Una segunda razón para este gran despliegue del impresionante poder de Dios es declararle a su amado pueblo judío que sólo Él es su Dios. A través de su liberación milagrosa, el corazón del pueblo judío se volvió hacia el Dios de Abraham, Isaac y Jacob y "todo Israel será salvado." (Romanos 11:26 NKJV).

> *"Y a partir de ese día, los israelitas sabrán que yo soy el SEÑOR su Dios. Y sabrán las naciones que el pueblo de Israel fue al exilio por causa de sus iniquidades, y porque me fueron infieles. Por eso les di la espalda y los entregué en manos de sus enemigos, y todos ellos cayeron a filo de espada. Los traté conforme a sus impurezas y rebeliones, y les volví la espalda." Por eso, así dice el SEÑOR omnipotente: "Ahora voy a cambiar la suerte de Jacob. Tendré compasión de todo el pueblo de Israel, y celaré el prestigio de mi santo nombre. Cuando habiten tranquilos en su tierra, sin que nadie los perturbe, olvidarán su vergüenza y todas las infidelidades que cometieron contra mí. Cuando yo los haga volver de entre las naciones, y los reúna de entre los pueblos enemigos, en presencia de muchas naciones y por medio de ellos manifestaré mi santidad. Entonces sabrán que yo soy el SEÑOR su Dios, quien los envió al exilio entre las naciones, pero que después volví a reunirlos en su propia tierra, sin dejar a nadie atrás. Ya no volveré a darles la espalda, pues derramaré mi Espíritu sobre Israel", dice el Señor DIOS.*
> *—Ezequiel 39:22–29 NKJV*

Observa con cuidado que en ese momento, el pueblo judío no reconocía a Jesús como el Mesías. La Biblia afirma con mucha claridad que esto sucederá al final de la Tribulación, cuando el pueblo judío...

> *"Harán lamentación por Mí, a quien traspasaron, como quien hace lamentación por su hijo único; llorarán amargamente, como quien llora por su primogénito."*
> *—Zacarías 12:10 NKJV*

La Escritura declara que ese es el día, cuando "todo Israel estará a salvo" (Romanos 11:26).

Debido a esta batalla colosal en la tierra de Israel, el pueblo judío abandonará su relación desastrosa con el Anticristo y comenzará a dirigirse hacia el Dios Altísimo.

La pregunta es, ¿dónde estaba el Anticristo? ¿No garantizó él la paz y la seguridad de Israel en los Siete Años del Tratado de Paz? El pueblo judío reconoce que el Anticristo no se resistió a la coalición ruso-islámica, que el Anticristo es otro falso Mesías que en este momento, está herido en la cabeza y dado por muerto.

Tras su milagrosa recuperación, la mayoría del mundo le adorará, pero como hijo del Príncipe de las Tinieblas, los hijos de la Luz (el pueblo judío) cobrarán venganza. Ellos se refugiarán en Jordania, en la fortaleza natural conocida como Petra. Allí estarán divinamente protegidos y previstos por el mismo Dios por tres años y medio hasta que la batalla haya terminado.

NOTICIAS DE ORIENTE

China, el rey de Oriente, necesita petróleo del Golfo Pérsico, tal como lo hizo Rusia. China reunirá un ejército de doscientos millones de hombres y marchará hacia abajo por el lecho seco del río Éufrates hacia Israel.

En Apocalipsis 16:12, leemos:

El sexto ángel derramó su copa sobre el gran río Éufrates, y se secaron sus aguas para abrir paso a los reyes de Oriente. (NKJV).

El Anticristo, que tenía la intención de perseguir al pueblo judío a Petra, se detiene en seco al oír las noticias de Oriente, las cuales lo alteran profundamente y lo obligan a cambiar de rumbo inmediatamente.

Sin embargo, le llegarán noticias alarmantes del este… y en su furor se pondrá en marcha dispuesto a destruir y matar a mucha gente. Plantará su campamento real entre el mar y el bello monte santo; pero allí le llegará su fin, y nadie acudirá en su ayuda.
—Daniel 11:44–45 NVI

Teniendo en cuenta estos hechos, que describen al Anticristo como "preocupado", es sin duda una subestimación. Él lucha con las fuerzas de

China y los países asiáticos que vienen con ellos, los cuales que son llamados en las Escrituras los reyes del oriente, por la supremacía mundial.

El Anticristo tiene tres aliados adicionales que son supremamente poderosos: Satanás, el falso profeta, con su capacidad de enviar fuego desde el cielo, y la imagen de la Bestia, que tiene el poder de destruir a los que se niegan a obedecer al Anticristo. Esta gran batalla final es la madre de todas las batallas.

El Anticristo es el comandante de una gran fuerza militar en Israel y a través del Mar Mediterráneo, donde tiene sus bases de suministros. Daniel escribe que el Anticristo "planta la tienda de su palacio entre los mares y el monte glorioso y santo." (Daniel 11:45).

El monte glorioso del santuario es Jerusalén. "Entre el mar" es obviamente un lugar entre el Mar Muerto y el Mar Mediterráneo. Aquí, el Anticristo, el líder de la Unión Europea, decide que enfrentará a este ejército de 200 millones estableciéndose en las montañas de Judea, donde hay algunas defensas naturales.

Para concluir con esta campaña del Armagedón, regresemos al Apocalipsis, capítulo 19, donde el planeta tierra sufrirá una nueva invasión. Esta invasión no proviene del rey del norte, ni del sur, ni del este, ni del oeste… si no del Rey de Reyes y Señor de Señores. De Jesucristo, el hijo de David, que ha venido por segunda vez para reclamar su trono en el Monte del Templo para comenzar la Edad de Oro de la Paz que tendrá una duración de mil años.

LOS ENEMIGOS DE ISRAEL SON ANIQUILADOS

La segunda venida de Jesucristo a la batalla de Armagedón es uno de los momentos históricos más relevantes en la historia mundial. Es también la más asombrosa derrota que cualquier coalición militar haya sufrido alguna vez. ¡No habrá sobrevivientes! Nadie puede mejorar la majestuosa descripción que hace Juan de este evento en Apocalipsis 19:

Luego vi el cielo abierto, y apareció un caballo blanco. Su jinete se llama Fiel y Verdadero. Con justicia dicta sentencia y hace la guerra. Sus ojos resplandecen como llamas de fuego, y muchas diademas ciñen su cabeza. Lleva escrito un nombre que nadie conoce sino sólo él. Está vestido de un manto teñido en sangre, y su nombre es el Verbo de Dios.

Lo siguen los ejércitos del cielo, montados en caballos blancos y vestidos de lino fino, blanco y limpio. De su boca sale una espada afilada, con la que herirá a las naciones.

"Las gobernará con puño de hierro." Él mismo exprime uvas en el lagar del furor del castigo que viene de Dios Todopoderoso. En su manto y sobre el muslo lleva escrito este nombre: REY DE REYES Y SEÑOR DE SEÑORES.

Vi a un ángel que, parado sobre el sol, gritaba a todas las aves que vuelan en medio del cielo: "Vengan, reúnanse para la gran cena de Dios, para que coman carne de reyes, de jefes militares y de magnates; carne de caballos y de sus jinetes; carne de toda clase de gente, libres y esclavos, grandes y pequeños."

Entonces vi a la bestia [el Anticristo] y a los reyes de la tierra con sus ejércitos, reunidos para hacer guerra contra el jinete de aquel caballo y contra su ejército [Jesús, sus ángeles y los santos arrebatados del cielo en el comienzo de la Tribulación]. Pero la bestia fue capturada junto con el falso profeta. Éste es el que hacía señales milagrosas en presencia de ella, con las cuales engañaba a los que habían recibido la marca de la bestia y adoraban su imagen. Los dos fueron arrojados vivos al lago de fuego y azufre. Los demás fueron exterminados por la espada que salía de la boca del que montaba a caballo, y todas las aves se hartaron de la carne de ellos.

—Versículos 11–21 NVI

¡Piensa en ello! Hay 200 millones de soldados que luchen por los reyes del este, comandados por China. Tiene que haber la misma cantidad de soldados que luchen por los reyes del oeste, que serían la Unión Europea y lo que queda de Estados Unidos. La batalla comienza, y ocurre la invasión de los cielos. Sólo hay dos sobrevivientes: la bestia y el falso profeta que son arrojados al lago de fuego. La mano de Dios mata a todos los demás soldados, al general, al rey, y al hombre poderoso. Sus cuerpos son consumidos por buitres.

"YO MALDECIRÉ A QUIEN TE MALDIGA"

Los ejércitos del mundo serán vencidos, pero el pueblo judío —el objeto del pacto de amor leal de Dios—, estará totalmente protegido.

Uno de los principios más ignorados de la Biblia es éste: lo que los hombres y las naciones le hagan a Israel, Dios les pagará exactamente y de la misma manera. ¿Dónde está el faraón y su poderoso ejército que persiguió a los judíos en el Mar de los Juncos? El Faraón dijo a las parteras de Egipto que ahogaran a los niños varones judíos, y Dios se vengó ahogando al Faraón, y arrojó a su ejército al Mar Rojo.

¿Dónde están los babilonios?

¿Dónde están los griegos?

¿Dónde están los romanos y su poderoso imperio?

¿Dónde está el Imperio Otomano?

Todos ellos están enterrados en el cementerio de la historia humana, porque se olvidaron del principio de la Biblia que Dios le hizo a Abraham y al pueblo judío cuando dijo,

> *"Bendeciré a los que te bendigan, y maldeciré a los que te maldigan."*
> —*Génesis 12:3 NKJV*

El Anticristo localizará, atormentará, y tratará de destruir a Israel; pero Dios lo localizará, lo atormentará, y lo aniquilará a él y a sus fuerzas de la faz de la tierra. El verdadero Mesías vendrá con los ejércitos del cielo, con Él, y el Anticristo y sus fuerzas serán demolidos.[4]

Recuerda, lo que le hagas al pueblo judío te será hecho a ti. Dos terceras partes de los judíos de Europa murieron a manos de Adolfo Hitler en el Holocausto mientras que el mundo guardaba silencio. Durante la Tribulación, un tercio de la población de la Tierra será destruida. ¡Habrá un día de pago!

¡Para los justos hay esperanza en el reino de Dios!

Para aquellos que rechazan la Torá de Dios, habrá la Gran Tribulación, y los últimos siete años en la tierra serán un infierno. ¿Cuál escoges?

QUINTA PARTE

Esperanza para una nación con problemas

Esperanza para un corazón con problemas

Después de leer cientos de páginas de hechos desgarradores sobre la realidad de nuestro pasado y la grave amenaza para el futuro de Estados Unidos, hay que preguntarse: "¿Hay esperanza para los Estados Unidos?" ¡Por supuesto!

La esperanza para el futuro es el ancla del alma, el llamado a la acción, y la motivación para lograr cosas.

Cada agricultor que planta una semilla se une en alianza con Dios para el futuro. Si el agricultor planta sin semilla, no tiene derecho a esperar nada en el futuro, salvo el hambre y la inanición. Si planta una pequeña cantidad de semillas, puede esperar una cosecha limitada y algunas dificultades. Si planta semillas en abundancia, tiene derecho a esperar una gran cosecha y a bendiciones que no podrá contener.

Este libro es un llamado a la acción al pueblo estadounidense para que acudan masivamente de las cabinas de votación todos los día en que se celebren elecciones y voten para eliminar todas las políticas que buscan que Estados Unidos caiga en la cloaca del socialismo. ¡La esperanza nace la en acción!

Si no fuera por la esperanza, el corazón se rompería. Perder la esperanza es el funeral de tu mejor amigo. La esperanza es un don de Dios a los que actúan. Toma medidas para controlar tu vida o alguien más lo hará.

El profeta Jeremías escribe:

*Porque yo sé muy bien los planes que tengo para ustedes —afirma el
SEÑOR—, planes de bienestar y no de calamidad, a fin de darles un
futuro y una esperanza.*

—Jeremías 29:11 NVI

El rey David puso su pluma en el pergamino para declarar la fuente de
toda esperanza: "Espera a Dios" (Salmos 42:5 NKJV). Si dependes del
gobierno y de otras personas para proveerte, vivirás una decepción mayor.
Dios es tu fuente, no Washington, D.C.

San Pablo escribe: "Ahora permanecen la fe, la esperanza y la caridad"
—"la caridad" es realmente amor (1 Corintios 13:13 NKJV).

Tenemos como firme y segura ancla del alma una esperanza *que
penetra hasta detrás de la cortina del santuario.*

—Hebreos 6:19 NVI

La esperanza ve lo invisible y logra lo imposible. Siempre que haya
vida, hay esperanza.

Hace algunos años, en una institución mental en las afueras de Boston, una joven conocida como la "Pequeña Annie" fue encerrada en un
calabozo. El calabozo era el único lugar, decían los médicos, para los que
eran irremediablemente locos. En el caso de la pequeña Annie, no vieron
esperanza alguna, por lo que fue consignada a una muerte en vida en
una pequeña jaula, donde ella recibía poca luz y menos esperanza. Durante su confinamiento, una enfermera estaba a punto de jubilarse. Ella
sentía que había esperanza para todos los hijos de Dios, así que empezó
a llevar su almuerzo al calabozo y comer fuera de la jaula de la pequeña
Annie. Tal vez sentía que debería darle un poco de amor y de esperanza
a la niña.

En muchos sentidos, la pequeña Annie era como un animal. En ocasiones atacaba violentamente a las personas que entraban en su jaula.
Otras veces, ella las ignoraba por completo. Cuando la enfermera comenzó a visitarla, la pequeña Annie no dio ninguna señal de advertir su
presencia.

Un día, la enfermera llevó unos *brownies* al calabozo y los dejó afuera.
La pequeña Annie no dio ningún indicio de saber que estaban allí, pero
cuando la enfermera regresó al día siguiente, los *brownies* habían desapa-

recido. A partir de ese momento, la enfermera le llevó *brownies* todos los jueves, día de su visita.

Poco después, los médicos de la institución notaron un cambio. Después de un tiempo, decidieron trasladar a Annie. Finalmente, llegó el día en el que el "caso perdido", pudo volver a casa. Pero la pequeña Annie no quería irse. Decidió quedarse para ayudar a otros.

Fue ella quien cuidó, enseñó y nutrió a Helen Keller, pues el nombre de la pequeña Annie era Annie Sullivan. La esperanza había logrado lo imposible.[1]

¡La esperanza es la fuente de toda alegría!

Hay esperanza para todo el que puede mirarse en un espejo y reírse de lo que ve. La esperanza no se encuentra en una botella, la esperanza no se encuentra en una receta médica, la esperanza no se encuentra en una aventura sexual, la esperanza no se encuentra en drogas ilegales que opacan la mente en un intento por llegar a algún Shangri-lá mágico. "Alégrate en la esperanza" (Romanos 12:12 NKJV) y reconocerás que la verdadera esperanza viene de Dios (ver Salmo 42:5).

La esperanza produce la confianza que necesitas para alcanzar tus sueños y llegar a tu destino. Si eliminas la esperanza, la vida —con todas sus oportunidades fascinantes— se reducirá a una existencia aburrida.

Un hombre de mediana edad estaba en un crucero por el Caribe. En el primer día vio que una atractiva mujer de su edad le sonrió de una manera amistosa en la cubierta, lo que le complació. Esa noche se las arregló para sentarse en la misma mesa con ella para la cena. Durante la conversación, comentó que la había visto en cubierta ese día y que había apreciado su amable sonrisa. Cuando ella oyó esto, sonrió y comentó: "Bueno, la razón por la que sonreí fue porque me llamó la atención inmediatamente tu gran parecido con mi tercer esposo."

Esto animó al hombre, quien le dijo: "¿Oh, cuántas veces te has casado?"

Ella miró su plato, le sonrió con recato, y respondió: "Dos veces." [2]

VIDA SIN ESPERANZA

Sin esperanza, la vida se vuelve triste, gris, sin alegría, una carga, y un dolor sin fin. Las personas sin esperanza se hunden en la depresión y en la desesperación, y la vida pierde sentido.

Recientemente, la agencia de noticias *Associated Press* informó de la historia de cuatro adolescentes que se suicidaron, encerrándose en un auto y envenenándose con el monóxido de carbono. Dejaron una nota escrita en una bolsa de papel marrón pidiendo que los enterraran juntos.

¿Por qué cuatro jóvenes de un barrio rico, que vivían en la nación más rica de la tierra deciden quitarse la vida? ¿Por qué la tasa de suicidio entre los adolescentes de Estados Unidos se está disparando por las nubes? La respuesta es que han perdido la esperanza en el futuro. Repito, perder la esperanza es como el funeral de un mejor amigo. Muchas personas ya no esperan lo mejor, sino sólo la esperanza de evitar lo peor. No tendrás éxito en la vida sin esperanza.

¡Hay esperanza para un mañana más brillante!

¡Hay esperanza para que tus sueños se hagan realidad!

Hay esperanza que nunca te fallará, siempre y cuando la esperanza esté en Dios.

El rey David pone su pluma en el pergamino y le declara a todo el mundo: "Espera en Dios" (Salmo 42:5 NKJV).

La esperanza en Dios no es una ilusión, ¡es estar vivo!

La esperanza en Dios es real, es eterna, es poderosa, y está disponible para pedirla.

> *Nuestro corazón se regocijará en él, porque hemos confiado en su santo nombre. Que tu misericordia, oh Señor, esté sobre nosotros, así como esperamos en ti.*
>
> *—Salmos 33:21–22*

Esperar en Dios te hará reír y cantar de nuevo, y te levantará de las profundidades de la desesperación y la depresión para motivarte otra vez.

EL DIOS DE ESPERANZA

> *Que el Dios de esperanza os llene de todo gozo y paz en vuestra fe, para que abundéis en esperanza por el poder del Espíritu Santo.*
>
> *—Romanos 15:13 NKJV*

Esperar en Dios es la fe en busca de las promesas del Señor, sabiendo con seguridad absoluta que lo que Dios ha hecho en el pasado lo puede hacer hoy por ti.

Permítanme contarles una historia real de un periodista y su esposa que tenía "el sueño imposible" de tener un hijo.

Yo estaba predicando en Pensilvania, y justo antes del primer servicio, debía dar comienzo a la cruzada de tres noches. Un periodista joven y guapo se me acercó. Quería hacer un reportaje sobre la cruzada de Pensilvania, que había atraído a miles de personas que abarrotaban la arena.

Le di la entrevista y le pregunté al final, "¿Eres cristiano?" Me miró durante un largo rato y luego confesó: "Yo soy ateo."

Le sonreí y le pregunté: "¿Por qué tu periódico envía un ateo para cubrir un acontecimiento cristiano?" Él respondió: "Esta cruzada ha atraído a miles de personas y es una noticia. Soy un periodista que informa de las noticias."

"¿Pero por qué eres ateo?", le dije, sondeándolo.

"Soy ateo porque no veo que Dios haga nada en la vida de las personas." Era muy cortés, pero muy directo, algo que apreciaba.

"¿Qué hay en tu vida que te gustaría que Dios haga por ti? ¿Cuál es tu sueño imposible?"

Él vaciló durante un largo rato, respiró profundo, y dijo: "Mi esposa y yo hemos estado casados durante quince años y me encantaría tener un hijo. No hemos podido que ella quede embarazada. El médico dice que no va a suceder. Es un sueño que nunca se hará realidad."

Le dije que trajera a su esposa a la cruzada a la noche siguiente y que orara por ella para concebir un hijo. Rápidamente me dijo: "¡Yo no creo en esas cosas!"

Le respondí: "No estoy dependiendo de tu fe, sino de la mía, en lo que yo sé que Dios puede hacer... incluso para un ateo." Él quedó aturdido. Sólo cuando estuvo totalmente convencido de que yo quería orar por su esposa lo hizo y finalmente estuvo de acuerdo en venir a la cruzada a la noche siguiente.

La noche siguiente, media hora antes de que el servicio de la cruzada comenzara, el periodista y su atractiva esposa aparecieron detrás del escenario. Los llevé a una habitación y les expliqué que Dios tenía todo el poder en el cielo y en la tierra y que iban a tener un hijo como consecuencia directa de esta oración. Ella sonrió y dijo tímidamente: "Espero que sí."

Le respondí: "¡Eso es todo lo que necesitan...esperanza!" La ungí con aceite y oró para que Dios le diera la capacidad de concebir un hijo con su marido. Después de la oración, ambos desaparecieron en la audiencia, y no los volví a ver hasta dos años más tarde.

Yo estaba hablando en Roanoke, Virginia, sentado en la sala del coliseo en esperando a que el servicio comenzara. El guardia de seguridad llamó a la puerta y dijo: "Pastor, hay un hombre de la prensa que quiere verte."

Pensando que era un reportero de un periódico local dije: "No, el servicio comenzará muy pronto." El guardia se fue y cinco minutos más tarde tocó la puerta y me dijo: "Ese periodista es el hombre y la mujer por los que usted oró en Pensilvania para que tuvieran un bebé. Creo que quieren verlo."

"¡Por supuesto!"

En la puerta estaban un esposo y una esposa radiantes, empujando un cochecito con dos hermosas niñas gemelas. La madre me miró y me dijo: "¡Somos grandes creyentes ahora! Nuestra esperanza está en Dios y en la promesa de su palabra." Con la esperanza en Dios, habían logrado su sueño imposible… tal como ustedes pueden hacerlo.

Los ateos, agnósticos, y seudo-intelectuales se oponen a la esperanza porque lo ven como un escapismo de la realidad. Uno de los pensadores más brillantes en la historia mundial escribió estas palabras: "El mundo no puede conocer a Dios mediante la sabiduría."[3]

Las mentes brillantes pueden saber algunas cosas pero aún no saben las mejores.

Los hombres pueden valorar trapos como si fueran tesoros y arrojar a la basura las perlas preciosas.

Un hombre puede saberlo todo sobre las rocas y tener su corazón ser tan duro como ellas. Un hombre puede saber acerca de las mareas del mar y su vida semejarse a las palabras del profeta Isaías:

> *Los impíos son como el mar en tempestad, que no puede descansar,*
> *cuyas aguas arrojan cieno y lodo.*
> *—Isaías 57:20 NKJV*

Un hombre puede saber todo sobre la luz de un millón de estrellas, la luz de la luna cuando cuelga en el cielo como una hoz, y sin embargo, no saber que el Dios del cielo es el Padre de las Luces.

¿De qué le sirve al hombre ser el mayor inversor del mundo y no conocer la Perla del Gran Precio?

¿De qué le sirve al hombre ser un gran médico y no conocer al Gran Médico?

¿De qué le sirve al hombre ser el mayor agricultor del mundo y no conocer al Señor de la Cosecha?

¿De qué le sirve al hombre tener la floristería más renombrada del mundo y no conocer la Rosa de Sarón ni el Lirio del Valle?

¿De qué le sirve al hombre ser un geólogo y no conocer la Roca de la Eternidad?

¿De qué le sirve al hombre ser un juez sabio y no conocer al Justo Juez?

¿De qué le sirve al hombre ser un académico respetado y no conocer la Verdad encarnada?

¿De qué le sirve al hombre ser un el hombre más sabio de la tierra y, vivir sin embargo una vida sin esperanza?

Nuestra esperanza está basada en la Palabra de Dios.

Nuestra esperanza es firme, segura e inamovible.

Nuestra esperanza nos da una canción en la noche.

Nuestra esperanza ve la tormenta que se avecina y nos grita con alegría: "Sostén el ancla." La esperanza ve lo invisible, siente lo intangible, y alcanza lo imposible.

ESPERANZA CONTRA VIENTO Y MAREA

Algunas de las personas más célebres del mundo superaron los desafíos físicos contra todas las probabilidades de vivir una vida de grandeza reconocida en todo el mundo.

Helen Keller era ciega y sorda, y sin embargo, se graduó de la universidad con todos los honores. Glenn Cunningham sufrió quemaduras en más del 90 por ciento de su cuerpo, y sus médicos dijeron que las cicatrices masivas le impedirían caminar otra vez ¡Incorrecto! Glenn Cunningham, estableció un récord mundial de atletismo, y se convirtió en campeón mundial.

Alejandro Magno conquistó gran parte del mundo conocido pero sufría epilepsia.

Michael Jordan, para muchos el mejor jugador de baloncesto en la historia, cuyas hazañas heroicas se contarán una y otra vez durante cien años, fue sacado del equipo de baloncesto cuando estaba en noveno grado.

Beethoven, cuyas obras han inspirado al mundo, ¡se quedó sordo!

Itzhak Perlman, un violinista judío cuya habilidad musical ha silenciado a los ángeles en el cielo, contrajo polio a cuatro los cuatro años de edad. Contra todo pronóstico, siguió adelante, dominó el violín, y se sienta a tocar en una silla mientras el mundo lo escucha con asombro absoluto.

INTRODUCCIÓN A LA ECONOMÍA, VERSIÓN DE ALGODÓN

Un día nos preocupamos por ir a la casa de los pobres, y al día siguiente por comprar un auto nuevo. Hay un montón de argumentos sobre el dinero contante y sonante.

Mi padre era el pastor de una pequeña iglesia en un pequeño pueblo en el sureste Texas. Nací hacia el final de la Gran Depresión y antes de La Segunda Guerra Mundial.

El dinero era muy poco. Entonces, como ahora, los pobres se quejaban del dinero que no podían conseguir, y los ricos se quejaban por el dinero que no podían guardar.

Mi madre, que era el vórtice de mi universo, tenía una solución para todos los problemas financieros: ¡el trabajo! Ella se había graduado en una escuela Bíblica y era una fabulosa maestra de la Biblia. Su lema era "La Biblia enseña el trabajo… no el bienestar." ¡Ve a trabajar!

De acuerdo con su mantra, cuando yo tenía ocho años, mi madre me llevó a la granja de un agricultor de algodón que asistía a nuestra iglesia. Para el beneficio de nuestros jóvenes lectores, las máquinas que recogían algodón en aquellos días se llamaban personas. Yo estaba a punto de convertirme en una de esas personas.

Cuando llegamos a los campos de algodón, me dieron un saco de algodón de dieciséis pies, señalaron hacia abajo a una fila de algodón de mil pies, y me dijeron que siguiera recogiendo hasta que llegara al final.

Cuando miré la fila de algodón, parecía llegar hasta el otro extremo del horizonte. Le pregunté al agricultor, "¿Cómo se llega al final de esta hilera?"

Él dijo algo que recordaré por el resto de mi vida… "¡La cabeza hacia abajo, el trasero hacia arriba! No pares hasta llegar a la final de la fila."

Me pagaban un dólar por cada cien libras. Ese verano me convertí en un tacaño insoportable. Por cada centavo que gastaba, calculaba el tiempo que tardaba en ganarlo en ese ardiente campo de algodón en el este de Texas.

Aprendí algunas lecciones valiosas en aquel cultivo de algodón que me han beneficiado toda la vida. Te reto a que las pongas en práctica en tu vida; han sido probadas y comprobadas en el campo de batalla de la mía.

Primera lección: Si *tienes un problema financiero, ¡trabaja para solucionarlo!*
Deja de culpar a otras personas y a las circunstancias, y deja de buscar que el gobierno o tus parientes ricos te rescaten. Dios te dio dos medios para lograr tu destino divino: una cabeza con la que piensas y una cola para sentarte. Cabezas, ganamos; colas, perdemos. ¡Nada funcionará en tu vida hasta que lo hagas! No puedes gastar mucho si quieres obtener riquezas. Las deudas son lo único que puedes adquirir sin dinero.

¡Coge el saco de algodón y comienza a recoger! El éxito financiero está al final de la fila.

Segunda lección: Decide qué *quieres que haga tu dinero.*
Al final de la temporada de la cosecha del algodón, puse mi último dinero en una caja de cigarros. ¿Por qué una caja de cigarros? Porque una alcancía costaba dinero y una caja de cigarros era gratis.

Mientras miraba con lujuria y placer mi fortuna en la caja de cigarros, mi profesor de economía, alias madre, me preguntó:

—¿Qué vas a hacer con ese dinero?

Mi madre no estaba para charlas. Si le hacías una pregunta, no buscaba información. Ella sabía la respuesta antes de empezar a hablar. Intenté ganar tiempo para pensar en una respuesta inteligente.

—¡Realmente no lo sé! —dije.

—Vamos a pensar en eso —dijo ella—, Has estado arrastrando un saco de algodón de 16 pies durante varias semanas, ¿y no tienes un plan para gastar tu dinero?

Mi madre podía ver a través de mí como si se tratara de una resonancia magnética de rayos-X. Ella sabía que yo tenía un plan exacto para cada centavo de ese dinero. Cuando miré en el contenido la caja de cigarros con mi fortuna recién adquirida, mamá comenzó a darme la primera lección de introducción a la economía, versión algodón.

sigo creyendo que los principios generales del cristianismo son tan eternos e inmutables como la existencia y los atributos de Dios."[1]

Samuel Adams, firmante de la Declaración de la Independencia, dijo: "Él, que ha hecho que todos los hombres hicieran las verdades necesarias para que la felicidad humana fuera o vía para todos…nuestros Padres Fundadores nos abrieron la Biblia a todos."[2]

La Declaración de la Independencia reconoció la existencia y la creencia de un Dios poderoso y soberano, al decir: "Sostenemos que estas verdades son evidentes, que hemos recibido de nuestro Creador ciertos derechos inalienables entre los cuales están la vida, la libertad y la búsqueda de la felicidad."

Los fundadores dejaron en claro a todos los estadounidenses y a las generaciones venideras que "la vida, la libertad y la búsqueda de la felicidad" no provienen del gobierno… son dones de un Dios soberano. Los Padres Fundadores eran un grupo de cincuenta y cinco hombres que se reunieron en la Convención Constituyente y sentaron las bases morales y espirituales de los Estados Unidos de América.

La historia registra que en esta delegación de cincuenta y cinco hombres, veintiocho eran episcopales, ocho presbiterianos, siete congregacionalistas, dos luteranos, dos reformistas holandeses, dos metodistas, dos católicos romanos, tres deístas, y uno desconocido. Si bien no todos eran cristianos, el 93 por ciento de sus miembros eran miembros de iglesias cristianas y proclamaron que la Biblia era el fundamento de los Estados Unidos de América.[3]

¿Qué medidas positivas podemos tomar como estadounidenses para lograr un renacimiento de la esperanza en el futuro de nuestra nación, nuestros hijos y nuestros nietos? Encuentra inspiración en la siguiente narración, que revela el valor, compromiso y sacrificio de los hombres que firmaron la Declaración de la Independencia:

> ¿Te has preguntado qué pasó con esos cincuenta y seis hombres que firmaron la Declaración de Independencia? Cinco firmantes fueron capturados por los británicos como traidores y torturados antes de morir. A doce les saquearon y quemaron sus casas. Dos perdieron a sus hijos en el Ejército Revolucionario, a otro le capturaron dos hijos. Nueve lucharon y murieron por las heridas o las dificultades de la Guerra Revolucionaria.

¿Qué tipo de hombres eran? Veinticuatro de ellos eran los abogados y juristas. Once eran comerciantes, nueve eran agricultores y propietarios de grandes plantaciones, hombres acomodados y bien educados. Pero firmaron la Declaración de la Independencia sabiendo que comprometían sus vidas, sus fortunas y su honor sagrado.

Carter Braxton de Virginia, un rico hacendado y comerciante, vio cómo la marina británica confiscaba sus barcos. Vendió su casa y propiedades para pagar sus deudas y murió en la ruina. Thomas McKean fue tan perseguido por los británicos que se vio obligado a mudar a su familia constantemente. Sirvió en el Congreso sin recibir sueldo, y su familia se mantuvo en la clandestinidad. Sus posesiones fueron confiscadas, y la pobreza fue su recompensa. Vándalos, soldados —o ambos—, saquearon las propiedades de Ellery, Clymer, Hall, Walton, Gwinnett, Heyward, Ruttledge, y Middleton. En la batalla de Yorktown, Thomas Nelson Jr. señaló que el general británico Cornwallis, había tomado la casa de Nelson para establecer su cuartel general. El propietario le urgió al general George Washington a abrir fuego. La casa fue destruida, y Nelson murió en bancarrota.

La casa y propiedades de Francis Lewis fueron destruidas. El enemigo encarceló a su esposa y ella murió a los pocos meses.

John Hart fue sacado de la cama donde su esposa se estaba muriendo. Sus trece hijos huyeron para salvar sus vidas. Sus campos y su molino de harina fueron dejados en ruinas. Vivió más de un año en bosques y cuevas, y regresó a su casa después de la guerra para encontrar a su esposa muerta, y a sus hijos desaparecidos. Unas semanas más tarde murió de agotamiento y con el corazón destrozado.

Morris y Livingston sufrieron un destino similar. Tales fueron las historias y los sacrificios de la Revolución Americana. No se trataba de rufianes con los ojos desorbitados, sino de hombres de voz suave, acomodados y educados. Tenían seguridad, pero valoraban más la libertad.

Permanecieron firmes y declararon: "Apoyamos esta declaración, con una firme confianza en la protección de la Divina Providencia, empeñamos nuestra vida a cada uno de nosotros, nuestras fortunas y nuestro sagrado honor."

Ellos nos dieron una América libre e independiente, con la esperanza de que pudiéramos mantenerla así.[4]

LA ESPERANZA, Y EL REGIMIENTO
DE LAS TÚNICAS NEGRAS

Otro grupo de patriotas que sacrificaron la esperanza para que naciera una nación libre fueron los del "Regimiento de las túnicas negras."

Tan numerosos eran los pastores combatientes que los conservadores empezaron a llamarlos "el regimiento negro", culpándolos de gran parte del resurgimiento de la esperanza en las tropas coloniales.

Uno de los ejemplos más peculiares fue lo que ocurrió en la iglesia luterana en el Valle Shenandoah de Virginia, un domingo en la mañana del año 1775. A los treinta años de edad, el pastor Peter Muhlenberg pronunció un sermón conmovedor sobre el texto "para todo hay un tiempo y un tiempo para cada asunto bajo el cielo" (Eclesiastés 3:1 NKJV).

Cuando estaba llegando al final de su sermón, dijo una oración solemne y continuó orando. "En el lenguaje de las Sagradas Escrituras, hay un tiempo para cada cosa. Hay un tiempo para predicar y un tiempo para luchar." Hizo una pausa y luego arrojó su túnica negra para mostrar el uniforme de coronel del Ejército Continental. "¡Y ahora es el momento de luchar!" Tronó, seguido de su grito, "¡toquen los tambores para los reclutas!"

Los tambores retumbaron, y esa misma tarde, el pastor marchó a la cabeza de una columna de trescientos hombres. Su regimiento ganaría fama como el regimiento Octavo de Virginia, y Muhlenberg se distinguiría en una serie de batallas, llegando al rango de brigadier general, al mando de la primera brigada de infantería liviana de Washington.[5]

LA RESPUESTA DE ESTADOS UNIDOS: LA ORACIÓN

¿Qué hicieron nuestros padres fundadores en cada momento de crisis nacional?

La respuesta es… ¡REZARON! Aquellos que conocen y entienden el mundo y la historia del país saben que las oraciones concertadas de los justos han cambiado la tendencia de la historia varias veces. Cuando el general George Washington se arrodilló en la nieve de Valley Forge a rezar al Dios de Abraham, Isaac y Jacob, Estados Unidos estaba a punto de ser derrotada. En las dos primeras batallas con el ejército británico, los agricultores de Estados Unidos —mal entrenados y mal equipados—, se dieron vuelta y huyeron del campo de batalla.

En diciembre de 1776, el general Washington sabía que necesitaba un importante avance en esta batalla por el nacimiento de la libertad de Estados Unidos. Después de rezar, tomó la dramática decisión de cruzar el río Delaware en pleno invierno, cuando las tropas Hessianas (mercenarios alemanes al servicio de los ingleses) estaban acampando a la espera de la primavera.

Los Hessianos se sorprendieron de que estuvieran siendo atacados, y la táctica audaz y sin precedentes de Washington produjo una brillante victoria para Estados Unidos. En cuestión de semanas, Washington estaba al mando de muchos miles de voluntarios que creían que la victoria sobre el ejército más grande del mundo, el británico, era posible. La victoria llegó después de ocho años de sangre y sacrificio.

Pasemos a la Guerra Civil, cuando América fue rasgada en pedazos por la amargura y la esclavitud. El padre luchó contra el hijo, y los hermanos lucharon unos contra otros, y su sangre corría por una misma corriente en Gettysburg, donde 51.000 hombres fueron asesinados en tres días. La Guerra Civil fue la guerra más destructiva en la historia de Estados Unidos. Todos los hombres que cayeron eran estadounidenses.

Abraham Lincoln, un creyente firmemente comprometido con la Biblia cristiana, sabía que Estados Unidos estaba siendo desgarrada y convocó al Congreso y a todos los estadounidenses a una jornada nacional de ayuno y oración.

¿Puedes imaginar a alguien que pida hoy un día de ayuno y oración en Washington?

Los estadounidenses respondieron al llamado del presidente Lincoln para ese día nacional del ayuno y la oración. Poco después, la Guerra Civil acabó mientras el general Robert E. Lee se rendía en Appomattox. La larga y amarga guerra había terminado.

En la historia Bíblica, cuando Amán, el Hitler del Antiguo Testamento, conspiró para exterminar a los judíos de Persia (actual Irán), Ester llamó a tres días de ayuno y oración a Dios para salvar al pueblo judío de este monstruoso Holocausto. Dios respondió las oraciones del pueblo judío. Ellos se salvaron, y Amán, así como sus hijos, fue colgado en la horca que él mismo había construido para colgar a los judíos.

Es hora de que todos los estadounidenses que crean en la Biblia oren para que nuestra nación cambie su rumbo. Para que oren por el retorno de la justicia.

La palabra de la instrucción de Dios está claramente escrita en Crónicas 2:

> *Si mi pueblo, que lleva mi nombre, se humilla y ora, y me busca y abandona su mala conducta, yo lo escucharé desde el cielo, perdonaré sus pecados y restauraré su tierra.*
>
> *—2 Crónicas 7:14 NVI*

Hay esperanza para los Estados Unidos cuando tomemos la acción positiva de la oración. Dios todavía está en Su trono, y Él nos escuchará, y sanará nuestra tierra.

Oración de proclamación para Estados Unidos

Padre, Dios de Abraham, Isaac y Jacob…
Tu palabra declara que si nosotros, tu pueblo,
quienes somos llamados por tu nombre, nos humillamos y oramos,
y buscamos tu rostro y nos alejamos de nuestros malos caminos;
entonces te oiremos desde los cielos y
tu perdonarás nuestros pecados, y sanarás nuestra tierra.

—2 Crónicas 07:14

¡Nos inclinamos ante tu trono y humildemente te pedimos perdón
por el pecado de la idolatría!
Tus palabras demandan, "No tendrás dioses ajenos delante de mí"
y sin embargo, hemos, bajo la bandera del pluralismo y el
hedonismo,
abrazado y adorado a los dioses de este mundo.
¡Llévanos de nuevo al Dios de Abraham, de Isaac y de Jacob!

—Éxodo 20:30

A través del compromiso moral y espiritual y la complacencia, hemos permitido que nuestra nación siga los caminos del mundo al alejarnos de nuestras raíces espirituales que se encuentran en Tu Palabra.

—Romanos 12:2

Nuestro silencio ha producido una nación laica
y todas las naciones que te olviden, serán abandonadas.
Te pedimos que escuches nuestro clamor, porque te necesitamos
en estos tiempos de desesperación, para quien no saques de nuestra niebla
políticamente correcta
de confusión constante y nos lleves de vuelta a Tu claridad moral.

—Salmo 09:17

Señor Dios nuestro, Rey del Universo,
confesamos que Estados Unidos no puede sobrevivir sin Tu presencia.
Tus estatutos fundaron esta tierra bendita y esperamos que Tú, Dios Padre,
la preserves, pues "Bienaventurada es la nación cuyo Dios es el Señor."

—Salmo 33:12

Según lo ordenado en las Escrituras,
oramos por todos los que tienen la autoridad de gobernar nuestra nación;
sus decisiones pueden ser guiadas por la brújula perfecta
de Tu Santa Palabra, que discierne claramente el bien del mal.

—1 Timoteo 2:1–3

Señor Nuestro Dios, Tú has prometido llevar
líderes justos a lugares altos y
eliminar aquellos que han dado muestras de autoridad injusta.
Oramos fervientemente para que una vez más
exaltes a los justos y expongas las obras de los impíos.

—Proverbios 14:33–35

¡Estados Unidos debe tener una renovación espiritual para la
supervivencia moral!
En este tiempo de oración, nos unimos en una esperanza humilde y
sincera, y te
pedimos que nos perdones y nos libres de la locura de nuestras
transgresiones.
Guía y preserva nuestra nación mientras nos alejamos de nuestros
pecados
y regresamos aquí, el Dios de nuestros Padres.

—Salmo 51:1–17

Ha llegado el momento de declarar nuestra confianza en Ti para
que sanes nuestra tierra.

—2 Samuel 22:2–4; Salmo 5:11–12;
Salmo 57:1–3

Nos comprometemos a ejercer nuestros derechos dados por
Dios de
"La vida, la libertad y la búsqueda de la felicidad" al votar por
futuros líderes, desde la corte del condado
hasta la Casa Blanca, que obedezcan y honren Tu Palabra.

—Deuteronomio 28:1–14;
Salmo 119:44–48, Salmo 5:11

Nos comprometemos a votar por la Biblia al elegir
a quienes gobernarán nuestro país.

—Deuteronomio 16:18–20

Bendito eres Tú, oh Señor, nuestro Dios,
porque eres bueno y tu misericordia es para siempre.
Le pedimos al cielo con nuestras oraciones unidas mientras
buscamos
tu bendición, tu paz y tu protección para Estados Unidos.

—1 Crónicas 16:34; Números 6:22–26;
Romanos 15:13; Salmo 5:11

Que el Señor, nuestro Dios, esté con nosotros,
como estuvo con nuestros padres;
que no nos deje ni abandone;
que Él pueda inclinar nuestros corazones hacia Él,
para que recorramos todos sus caminos… para que todos los
pueblos de la tierra
sepan que el Señor es Dios y que no hay otro.

—Reyes 8:57–60

Notas

CAPÍTULO UNO: ¡ANATOMÍA DEL DESASTRE!

1   Gary Bauer, American Values, noviembre 18, 2009.
2   FOXnews.com, noviembre 18, 2009, en una entrevista con Major Garrett de FOX News y el presidente.
3   Jeffery Flier, Op-Ed, *Wall Street Journal*, octubre 18, 2009.
4   Congressional Budget Office, Director's Blog, enero 31, 2008, "Technological Change and the Growth of Health Care Spending," http://cboblog.cbo.gov.
5   Amanda Carpenter, *Washington Post*, septiembre 28, 2009.
6   Daily Alert, periódico diario preparado por el Jerusalem Center for Public Affairs for the Conference of Presidents of Major American-Jewish Organizations. dailyalert@list-dailyalert.org, septiembre 10, 2009.
7   Paul Williams, "American Hiroshima," World Net Daily, septiembre 3, 2005.
8   Ibid.
9   Joseph Farah, "Iran Plans to Knock Out U.S. with One Nuclear Bomb," World Net Daily—G2 Bulletin, abril 25, 2005.

CAPÍTULO DOS: ¡IRÁN ESTÁ LISTO PARA LA GUERRA!

1   "How the CIA Got It Wrong on Iran's Nukes," *Wall Street Journal*, Edward Jay Epstein, julio 29, 2010.
2   James Risen, *State of War* (New York: Free Press, 2006).
3   U.S. Rep. Elton Gallegly, en *The Jewish Journal*, July 26, 2010, "Iranian Sanctions Impact Depends on Waivers, Timing."
4   *USA Today*, agosto 13, 2010, reportado por The Associated Press.

5   Ibid.

6   Bloomberg Report, "Russia Opening Iran Nuclear Plant Helps Bid to Be Power Broker," Yuriy Humber and Lucian Kim, agosto 20, 2010.

7   Ibid.

8   Ibid.

9   Ibid.

10 Fox News, agosto 17, 2010.

11 Ibid.

12 Rowan Scarborough, "Bombers, Missiles Could End Iran Nukes," *Washington Times*, agosto 2, 2010.

13 William J. Broad and David E. Sanger, "Report Says Iran Has Data to Make a Nuclear Bomb," *New York Times*, octubre 3, 2009.

14 William J. Broad and David E. Sanger, "How Many Other Secret Nuclear Facilities Does Iran Have?" *New York Times*, septiembre 30, 2009.

15 James Blitz, Daniel Dombey and Najmeh Bozorgmehr, "Iran 'Has Secret Nuclear Arms Plan,' " *Financial Times-UK*, septiembre 29, 2009.

16 David E. Sanger and William J. Broad, "Atomic Agency Is Pressed on Iran Records," *New York Times*, agosto 26, 2009.

17 Matthias Kuntzel, "Ahmadinejad's Demons—A Child of the Revolution Takes Over," *The New Republic*, abril 24, 2006.

18 Farhad Khosrokhavar, *Suicide Bombers: Allah's New Martyrs* (London: Pluto Press, 2005), p. 76.

19 Barry Rubin, *Paved with Good Intentions: The American Experience in Iran* (New York: Penguin Books, 1981), p. 303.

20 Martin Gilbert, *Churchill and the Jews* (New York: Henry Holt) Parliamentary Debates, abril 13, 1933, p. 100.

21 Louis Weber, editor, *The Holocaust Chronicle* (Publications International, Ltd.), p. 33.

22 Ibid., p. 36.

23 Ibid., p. 34.

24 Howard LaFranchi, "Iran's Ahmadinejad: US Used 9/11 to prolong World Domination" *Christian Science Monitor*, septiembre 23, 2010. (csmonitor.com)

25 Alia Abrahim and Joel Greenberg, *Washington Post*, octubre 14, 2010.

26 Ben Dror Yemini, *First Gaza, Then the World*; War Propaganda Crimes; Moral Criminals; publicado originalmente en hebreo, enero 3, 2009 (*Maariv*); Steven Simpson, octubre 11, 2010 (Canada Free Press).

27 M. Sadeq Nazmi-Afshar, *The Origins of the Aryan People*. Iran Chamber Society: History of Iran. www.iranchamber.com/history/articles.

28 *Iranian National Socialist Movement (A History)*, Part 2. Iranpolitics club.net/history/nazis2.

29 Mitchell Bard, *The Mufti and the Fuhrer; The Nazi/Islam Connection*, agosto 1, 2006. www.jewishvirtuallibrary.com/jsource/history.

30 Ibid.

31 Ibid.

32 Herman Rauschning, *Hitler Speaks* (Whitefish, MT: Kessinger Publishing, 2006), p. 234.

33 Qur'an 9:33, M.M. Ali; ver también 48:28 y 61:9.

34 Don Richardson, *Secrets of the Koran* (Regal Books, 2008), p. 160.

35 Qur'an, Ishaq: 240.

36 Louis Weber, editor, *The Holocaust Chronicle* (Publications International, Ltd.), p. 154.

37 USAToday.Com, mayo 14, 2008.

38 Ben Dror Yemini, "First Gaza, Then the World," Smashingtruth .com, noviembre 15, 2009.

39 Ibid.

40 Bruce Bawer, *While Europe Slept* (New York: Doubleday, 2006), p. 16.

41 Ibid., p. 103.

42 Ibid., p. 124.

43 Fern Oppenheim, "Monitoring Palestinian Incitement Is Not Enough," *Jerusalem Post*, abril 11, 2010.

44 Dore Gold, Saudi Arabia's Dubious Denials of Involvement in International Terrorism," octubre 1, 2003 (Jerusalem Center for Public Affairs), p. 12.

45 http://www.infoplease.com/ipa/a0001454.html#ixzz14vennoQl.

46 Ibid.
47 Sean Hannity, "Frightening Film on U.S. Terrorism Training Camps," Fox News, febrero 17, 2009.
48 Fred O. Williams, "Muslim TV Mogul Muzzammil Hassan's Alleged Beheading of Wife, Aasiya Hassan, May Be 'Honor Killing,' " *Buffalo News*, febrero 17, 2009.
49 FOXnews.com, "Westernized Woman Allegedly Hit by Dad's Car Dies," noviembre 3, 2009.
50 Daniel Pipes, "The Danger Within: Militant Islam in America," *Commentary*, noviembre 2001.
51 Apoyo de esta estadística de familia se encuentra en *All Experts Encyclopedia*, s.v. "Osama bin Laden," http://experts.about.com/e/o/os/osama_bin_laden.htm (octubre 3, 2006).
52 Ver Answers.com, s.v. "Osama bin Laden," http://www.answers.com/topic/osama-bin-laden (octubre 3, 2006).
53 Gary Bauer, "9/11 Plotters May Walk," American Values, noviembre 13, 2009.
54 Ibid.
55 Ibid.
56 Ibid.
57 Joshua Rhett Miller, "New York–Based Muslim's Website Calls for God to 'Kill the Jews,' " octubre 13, 2009, Fox News.
58 Ibid.
59 Ibid.
60 Ibid.
61 Gary Bauer, "Jihad at Fort Hood," American Values, noviembre 6, 2009.
62 Ibid.
63 Tarek Fatah, "The Significance of Hasan's Attire," *Ottawa Citizen-Canada*, Daily Alert, noviembre 11, 2009.
64 Gary Bauer, "Jihad at Fort Hood," noviembre 6, 2009.
65 Ibid.
66 bid.
67 Ibid.
68 Nick Allen, "Fort Hood Gunmen: Infidels Should Have Their Throats Cut," Telegraph-UK, noviembre 8, 2009, www.telegraph.co.uk/news/worldnews/northamerica/usa.

69   Dana Priest, "Fort Hood Suspect Warned of Threats Within the Ranks," *Washington Post*, noviembre 9, 2009.

CAPÍTULO TRES: EL PLAN DE ATAQUE DE IRÁN

1   Elaine Sciolino, "Showdown at UN? Iran Seems Calm," *New York Times*, marzo 14, 2006.

2   Dore Gold, *The Rise of Nuclear Iran* (Washington, D.C.: Regnery Publishing, 2009), pp. 11–12.

3   Alireza Jafarzadah, "The Islamic Revolutionary Guards Corps Use Universities for Research to Build the Bombs," Afirmación al National Press Club, Washington, D.C., marzo 20, 2006.

4   Therese Delpech, *Iran and the Bomb: The Abdication of International Responsibility* (New York: Columbia University Press, 2003), p. 113.

5   Con Coughlin, "Defiant Iran Begins Nuclear Production for 'Five Bombs,' " *Daily Telegraph*, septiembre 13, 2004.

6   Philip Sherwell, "How We Duped the West, by Iran's Nuclear Negotiator," *Daily Telegraph*, abril 3, 2006.

7   Ibid.

8   Michael Rubin, "Diplomacy by Itself Won't Work with Iran," *Investors Business Daily*, febrero 13, 2009, reproducido por Middle East Forum, febrero 14, 2009.

9   Dore Gold, "Iran's Nuclear Aspirations Threaten the World," *Los Angeles Times*, agosto 6, 2009.

10 Ibid.

11 Amir Taheri es la fuente de esta famosa cita por Khomeini cuya veracidad es contestada por Shaul Bakhash y Andrew Sullivan. Taheri se defiende diciendo que la cita se encuentra en varias ediciones de los discursos de Khomeini como *Messages and Speeches of Imam Khomeini* (Tehran: Nur Research and Publication Institute, 1981). En ediciones subsecuentes, Taheri explica que la cita en cuestión fue quitada pues Iran intenta mobilizar un sentimiento nacionalista durante la guerra entre Irán e Irak. Para más detalles acerca del debate, ver Norman Podhoretz, "A Response to Andrew Sullivan," *Commentary Magazine —Contentions*, noviembre 19, 2007.

12 Barry Rubin, *Paved with Good Intentions: The American Experience in Iran* (New York; Penguin Books, 1981), p. 303.

13 Mehdi Khaliji, *Apocalyptic Politics: On the Rationality of Iranian Policy* (Washington, D.C.: Washington Institute for Near East Policy, 2008), p. 26.

14 "Paper: French FM in Memoir—Ahmadinejad Tells European FMs in 2005 Meeting, 'After the Chaos We Can See the Greatness of Allah,' " MEMRI Blog, febrero 2, 2007 (Fuente: al-Sharq al-Awsat, London, febrero 2, 2007).

15 Y. Mansdorf y A. Savyon, "Escalation in the Positions of Iranian President Mahmoud Ahmadinejad—A Special Report," MEMRI Inquiry and Analysis Series, no. 389, septiembre 17, 2007.

16 fox news, "Iran to 'Blow Up the Heart of Israel' If Attacked!" october 10, 2009.

17 Kevin Johnson, "Alleged Terror Threat Seen as 'Most Serious' Since 9/11 Attacks," *USA Today,* septiembre 25–27, 2009.

18 Ibid.

19 Ibid.

CAPÍTULO CUATRO: EL DÍA DESPUÉS DE LA BOMBA

1 Ryan Mauro, "Paul Williams Details American Hiroshima,' " World Net Daily, September 3, 2005, accessed at http://www.wndCom/news/article.asp?ARTICLE_id=46127 on September 30, 2005.

2 Ibid.

3 Andrea Elliott, "Americans Recruited to Join al-Qaeda Linked Somali Terrorist," Daily Alert, noviembre 24, 2009.

4 Hechos básicos acerca del radio de la explosión y procedimientos básicos para auto preservarse en caso de una explosión nuclear tomados un parte de "The Day After: Action Following a Nuclear Blast in a U.S. City," *Washington Quarterly*, otoño 2007.

CAPÍTULO CINCO: LA MUERTE DEL DÓLAR

1 Thomas Jefferson to John Wayles Epps, 1813. me 13:169; disponible en: http://etext.virginia.edu/jefferson/quotations/jeff1340.htm (visto julio 22, 2010).

2 EMAC's Stock Watch disponible en http://emac.blogs.fox business.com por Elizabeth MacDonald (visto octubre 12, 2010).

3 Ibid.

4   Ibid.
5   Ibid.
6   Ibid.
7   Ibid.
8   Ibid.
9   "U.S. Is 'Practically Owned by China: Analysts-CNBC,' " septiembre 27, 2010, por Antonia Orprita, CNBC.com
10 "China's Switch from Dollar Reserves to Gold," Energy and Capital.com por Jim Amrheim, junio 21, 2010.
11 Ibid.
12 Ibid.
13 Ibid.
14 Ibid.
15 Bloomberg News por Artyom Danielyan y Emma O'Brien, septiembre 8, 2010.
16 Dr. Jerome Corsi's Alert, World Net daily, "420 Banks Demand One World Government," http://thesop.org/story/20101013/420-banks-demand-1world-currency.html (accessed octubre 13, 2010).
17 Ibid.
18 Ibid.
19 Craig Karmin, *Biography of the Dollar: How the Mighty Buck Conquered the World and Why It's Under Siege* (New York: Crown Business, 2008), pp. 100–101.
20 Menzie Chinn and Jeffrey Krankel, "Why the Euro Will Rival the Dollar," *International Finance* 11:1 (2008): 50.
21 Karmin, *Biography of the Dollar*, pp. 34, 10.
22 William Greider, *Secrets of the Temple: How the Federal Reserve Runs the Country* (New York: Simon & Schuster, 1987), pp. 254–255; Karmin, *Biography of the Dollar*, pp. 105–108.
23 John Steele Gordon, *Hamilton's Blessing: The Extraordinary Life and Times of Our National Debt* (New York: Walker and Company, 1997), p. 71; James Turk and John Rubino, *The Coming Collapse of the Dollar and How to Profit from It* (New York: Doubleday, 2004), pp. 47–49; Greider, *Secrets of the Temple*, pp. 228, 246–247.
24 Karmin, *Biography of the Dollar*, pp. 110–117; Greider, *Secrets of the Temple*, pp. 282–283; Turk and Rubino, *Coming Collapse of the Dollar*, pp. 53–55.

25 Turk and Tubino, *Coming Collapse of the Dollar*, pp. 56–57.

26 Karmin, *Biography of the Dollar*, pp. 118–119; Greider, *Secrets of the Temple*, 336; Austin Pryor, "A Dollar in Danger Leads Many to Gold," *Sound Mind Investing*, agosto 2009.

27 Greider, *Secrets of the Temple*, pp. 315–318, 324–325.

28 Karmin, *Biography of the Dollar*, pp. 120–124; Turk and Tubino, *Coming Collapse of the Dollar*, 57; Pryor, "Dollar in Danger."

29 Greider, *Secrets of the Temple*, pp. 335–338; Karmin, *Biography of the Dollar*, pp. 125–127; Turk and Tubino, *Coming Collapse of the Dollar*, 58; Pryor, "Dollar in Danger."

30 Greider, *Secrets of the Temple*, pp. 339–340; Turk and Tubino, *Coming Collapse of the Dollar*, pp. 171–172; Karmin, *Biography of the Dollar*, pp. 129–134; Pryor, "Dollar in Danger."

31 Karmin, *Biography of the Dollar*, pp. 136–139, 144–146.

32 Robert J. Shiller, *The Subprime Solution: How Today's Global Financial Crisis Happened, and What to Do About It* (Princeton: Princeton University Press, 2008).

33 Karmin, *Biography of the Dollar*, pp. 146–147, 253.

34 Nelson D. Schwartz, "In Dollar's Fall, Upside for U.S. Exports," *New York Times*, octubre 19, 2009.

35 Artículo I, Sección 8.

36 Citado en Gordon, *Hamilton's Blessing*, p. vii.

37 Gordon, *Hamilton's Blessing*, pp. 61–65.

38 Ibid., pp. 80–81, 90.

39 Ibid., pp. 81–102.

40 Greider, *Secrets of the Temple*, pp. 284–285; Gordon, *Hamilton's Blessing*, pp. 103–107.

41 Gordon, *Hamilton's Blessing*, pp. 121–131.

42 Ibid., pp. 126–127, 132–134.

43 Ibid., pp. 134–136.

44 Información tomada de the Office of Management and Budget, *Budget of the United States Government, Historical Tables.* www.whitehouse.gov/omb/budget/fy2009/his.pdf, tabla 1.1, pp. 21–27.

45 Martin Crutsinger, "Deficit Hits a Record $1.42 Trillion," Associated Press, octubre 17, 2009.

46 Jonathan Rauch, "The Government in 2008: 40 Years of Stability," *National Journal*, noviembre 7, 2009.

47 Pryor, "Dollar in Danger."

48 U.S. Office of Management and Budget, *Budget of the United States Government, Historical Tables.*

49 David M. Smick, *The World Is Curved: Hidden Dangers to the Global Economy* (New York: Portfolio Press, 2008), pp. 225–226.

50 *The Federal Government's Financial Health: A Citizen's Guide to the 2008 Financial Report of the U.S. Government,* pp. 7–8.

51 "Mountain of Debt," Associated Press, julio 4, 2009.

52 Jeb Hensarling and Paul Ryan, "Why No One Expects a Strong Recovery," *New York Times,* noviembre 20, 2009; Robert J. Barro and Charles J. Redlick, "Stimulus Spending Doesn't Work," *Wall Street Journal,* octubre 1, 2009; Tony Perkins, "Washington Up-Date," Family Research Council, noviembre 19, 2009; Heritage Foundation, "The Pelosi Blueprint for Government-Run Health Care," *Morning Bell,* octubre 30, 2009.

53 "Are Health Care Reform Cost Estimates Reliable?" Joint Economic Committee, julio 31, 2009; Mortimer B. Zuckerman, "The 'Reform' That Ate America," *U.S. News & World Report,* diciembre 2009; John M. Broder, "Climate Deal Likely to Bear Big Price Tag," *New York Times,* diciembre 9, 2009. Cita original de Dirksen, utilizando miles de millones en lugar de billones de dólares en Gordon, *Hamilton's Blessing,* p. vii.

54 Mortimer B. Zuckerman, "U.S. No Longer the Great Job Creation Machine," *U.S. News Weekly,* diciembre 4, 2009; James Pethokoukis, "12 Reasons Unemployment Is Going to (at Least) 12 Percent," Reuters Blogs, noviembre 11, 2009; Heritage Foundation, "The Road to Recovery Begins with the End of Obama-Care," *Morning Bell,* diciembre 3, 2009; George Melloan, "Why 'Stimulus' Will Mean Inflation," *Wall Street Journal,* febrero 6, 2009.

55 Sara Lepro, "Falling Dollar a Boost for Gold," Associated Press, octubre 7, 2009.

56 Turk and Tubino, *Coming Collapse of the Dollar,* pp. 29–31.

57 Ibid., p. 31.

58 Karmin, *Biography of the Dollar,* pp. 200–205.

59 Ibid., pp. 209–209, 223–225.

60 Joseph E. Stiglitz, "Death Cometh for the Greenback," *The Na-*

tional Interest, noviembre/diciembre 2009; Karmin, *Biography of the Dollar,* pp. 231–240.

61 David Barboza, "China Urges New Money Reserve to Replace Dollar," *New York Times,* marzo 24, 2009; Breitbart.com, "Medvedev Sees Single Currency Dream in G8 Coin Gift," julio 10, 2009; Malcolm Moore, "China Criticizes Dollar," *Telegraph,* julio 10, 2009; Robert Fisk, "The Demise of the Dollar," *The Independent,* octubre 6, 2009; Jack Healy and Keith Bradsher, "Stocks and Gold Gain as Investors shun The Dollar," *New York Times,* octubre 7, 2009; Eamon Javers, "Whodunit?: Sneak Attack on U.S. Dollar," Politico.com, octubre 8, 2009; Allen Sykora and Matt Whittaker, "Dethroning the Dollar: What If?" *Wall Street Journal,* marzo 30, 2009; Edmund Conway, "UN Wants New Global Currency to Replace Dollar," *Telegraph,* septiembre 7, 2009; Turk and Tubino, *Coming Collapse of the Dollar,* pp. 195–198.

62 Helene Cooper, Michael Wines, y David E. Sanger, "China's Role as Lender Alters Obama's Visit," *New York Times,* noviembre 15, 2009; Robert Kagan y Dan Blumenthal, " 'Strategic Reassurance' That Isn't," *Washington Post,* noviembre 10, 2009; David M. Smick, *World Is Curved,* pp. 97–102, 115–116.

63 John Maggs, "It's Worse Than You Think," *National Journal,* noviembre 7, 2009; Lawrence Kadish, "Taking the National Debt Seriously," *Wall Street Journal,* octubre 11, 2009; Paul Kennedy, "The Dollar's Fate," *New York Times,* agosto 29, 2009; Edmund Conway, "Is This the Death of the Dollar?" *Telegraph,* junio 20, 2009; Niall Ferguson, "An Empire at Risk," *Newsweek,* diciembre 7, 2009.

64 Robert L. Heilbroner, *The Worldly Philosopher: The Lives, Times and Ideas of the Great Economic Thinkers,* 5th ed. (New York: Simon & Schuster, 1980), pp. 290–292; Karmin, *Biography of the Dollar,* p. 243; Gordon, *Hamilton's Blessing,* p. 55.

65 John Maynard Keynes, *The Economic Consequences of the Peace* (London: MacMillan and Co., 1920), pp. 220–221.

CAPÍTULO SEIS: EL RECHAZO A ISRAEL

1 La Declaración de Independencia.

2 La inscripción de la estatua de la libertad en Nueva York, dada a los Estados Unidos por Francia.

3 www.revolutionarywararchives.org/salomon.html.

4 Peter Wiernik, *History of the Jews in America* (New York: Jewish Press Publishing, 1912), p. 95.

5 Andrew McCarthy, *The Grand Jihad: How Islam and the Left Sabotage America* (New York: Encounter Books, 2010).

6 Mark Hemingway, "337 House Members Sign Letter Criticizing Obama's Israel Policy," *Washington Examiner,* marzo 28, 2010.

7 "Obama Hates Israel Because He Hates America." GrasstopsUSA .com comentario exclusivo de Don Feder, junio 15, 2010, p. 4.

8 La historia de los niños de Israel fue tomada del Genesis y Exodo (NKJV).

9 Aish HaTorah, *Discovery* (Jerusalem: Arachim, 1995), p. 79.

10 Carmelo Lisciotto, "The First Nuremberg Trial." Holocaust Education & Archive Research Team. http://www.holocaustresearchpro ject.org/trials/nurnbergtrial.html.

11 Ibid.

12 Ibid.

13 Ibid.

14 "The Nuremberg Laws," Jewish Virtual Library: A Division of the American-Israeli Cooperative Enterprise, 2009, http://www.jewish virtuallibrary.org/jsource/holocaust/nurlaws.html.

15 Carmelo Lisciotto, "The First Nuremberg Trial." Holocaust Education & Archive Research Team. http://www.holocaustresearch project.org/trials/nurnbergtrial.html.

16 "Nuremberg Trials Project," Harvard Law School Library, http:// nuremberg.law.harvard.edu/php/docs_swi.php?di=1&text=nur_13tr; Scmidt, Dana, Adams. "Army Investigates Suicide of Goering as Mystery Grows," *New York Times,* octubre 17, 1946.

17 Ibid.

18 Ibid.

19 Schmidt, Dana, Adams, "Goering Note Said to Explain Suicide," *New York Times,* octubre 19, 1949; Carmelo Lisciotto, "The First Nuremberg Trial." Holocaust Education & Archive Research

Team. http://www.holocaustresearchproject.org/trials/nurnbergtrial.html.

20 Carmelo Lisciotto, "The First Nuremberg Trial."

21 Ibid.

22 "Last Laugh," *Newsweek*, octubre 28, 1946.

23 "The 13 Steps," *Newsweek*, octubre 28, 1946.

24 "Army Investigates Suicide of Goering as Mystery Grows," *New York Times*, octubre 17, 1946.

25 Ibid.

26 Ibid.

27 Christopher Lehmann-Haupt, "Books of the Times," *New York Times*, noviembre 4, 1985.

28 Donald E. Wilkes Jr., "The Trial of the Century—and of All Time, Part Two," *Flagpole*, julio 17, 2002, http://www.lawsch.uga.edu/academics/profiles/dwilkes_more/his34_trial2.html.

29 Personal Interview with Rabbi Scheinberg; and "Ask the Rabbi" Topic: Haman's Sons, *Different Size Letters*, ohr Shomayach. http://ohr.edu/ask_db/ask_main.php/228/Q5/.

30 Ibid.

31 Ibid.

32 Ibid.

33 Ibid.

34 Aish Hatorah, *Discovery* (Jerusalem: Arachim, 1995), p. 79 (haciendo referencia al Zohar—Vayikra 316).

35 Aish Hatorah, *Discovery* (Jerusalem: Arachim, 1995) (haciendo referencia al Zohar—Vayikra 316).

36 "Chol HaMoed." National Jewish Outreach Program. http:www.njop.org/html/SukCh.html.

37 Aish Hatorah, *Discovery* (Jerusalem: Arachim, 1995), p. 78.

38 Personal Interview with Rabbi Ariyeh Scheinberg.

39 Ibid.

40 Ibid.

41 E. W. Bullinger, *Number in Scripture: Its Supernatural Design and Spiritual Significance* (London: Eyre & Spottiswoode, 1921), disponible en http://philologos.org/_eb-nis.

42 Ibid., Genesis 14:4 (NKJV).

43 E. W. Bullinger, *Number in Scripture: Its Supernatural Design and*

Spiritual Significance (London: Eyre & Spottiswoode, 1921), disponible en http://philologos.org/_eb-nis.

44 Aish Hatorah, *Discovery* (Jerusalem: Arachim, 1995), p. 78 (haciendo referencia a *Mysteries of the Bible,* un documental producido por MultiMedia Entertainment, Inc., y A&E Networks).

45 "The 13 Steps," *Newsweek,* octubre 28, 1946; Aish Hatorah, *Discovery* (Jerusalem: Arachim, 1995), p. 79.

46 Abraham Sutton, *Pathways to the Torah* (Jerusalem: Arachim, 1987), en 54.40.

47 Melanie Phillips, *Londonistan* (New York: Encounter Books, 2006), p. xx.

48 Ibid., p. 189.

49 Paul Sperry, "The Pentagon Breaks the Islam Taboo," frontpage magazine.com, diciembre 14, 2005.

50 Herbert Karliner (relato en primera persona), "Passenger Stories." The St. Louis Project. http://thestlouisproject.com/p=48.

51 Ibid.

52 Ibid.

53 Ibid.

54 Ibid.

55 *The SS St. Louis Project* (video disponible en http://thestlouispro ject.com).

56 Conrad Black, *Franklin Delano Roosevelt: Champion of Freedom* (New York: Public Affairs, 2003), p. 490.

57 Ibid.

58 Ibid.

59 Ibid.

60 Jennifer Rosenberg, "The Tragedy of the SS *St. Louis*," 2009, the American-Israeli Cooperative enterprise, http://jewishvirtualli brary.org/jsource/holocaust/stlouis/html (1).

61 Robert N. Rosen, *Saving the Jews: Franklin D. Roosevelt and the Holocaust* (New York: Thunder's Mouth Press, 2006), p. 91.

62 Rosenberg, p. 1.

63 Rosen, p. 91.

64 Ibid.

65 Rosenberg, p. 3.

66 Ibid.

67   Ibid., p. 4.

68   Ibid.

69   Rosen, p. 92; Black, p. 404.

70   Rosen, p. 92.

71   Ibid.

72   Ibid.

73   Black, p. 493.

74   Rosenberg, p. 1.

75   "The Voyage of the *St. Louis,*" *HERMES*, Columbia Business School, otoño 2004, www.4gsb.columbia.edu/hermes/article/70794/The+Voyage+of+the+St-+Louis#.

76   Rosenberg, p. 2.

77   Black, p. 493.

78   Rosenberg, p. 3; Black, p. 493.

79   Ibid.

80   Rosenberg, p. 3.

81   Black, p. 494.

82   Ibid.

83   Rosen, p. 93.

84   Rosenberg, p. 7.

85   Ibid.

86   Ibid.

87   Ibid.

88   Jeff King, "Let Us Weep for Zion," *Charisma*. July 31, 2001, http://charismamag.com/index.php/features2/319-gods-love-for-israel/1271-let-us-weep-for-zion.

89   Black, p. 494.

90   Rosen, p. 95.

91   Ibid.

92   Rosen, p. 94.

93   Ibid.

94   Ibid.

95   Black, p. 494.

96   William J. vanden Heuvel, "America and the Holocaust," *American Heritage,* julio-agosto 1999, vol. 50, no. 4, http://americanheritage.com/articles/magazine/ah/1999/4/1999_4_34_print.shtml.

97   Black, p. 494.

98 Ibid., p. 3.

99 Vanden, p. 4.

100 "Gustav Schroeder." The Righteous Among the Nations. Yad Vashem http://www1.yadvashem.org/righteous_new/germany_schroe
der_print.html.

101 Black, p. 494.

102 Rosen, p. 103.

103 Rosen, p. 103; Marilyn Henry, "Voyage of the Damned," *Jerusalem Post*, julio 20, 1998, http://holocaustforgotten.com/voyageofthe
damned.htm.

104 http://www.ushmm.org/museum/exhibit/online/stlouis/search/bot
new.htm

105 Black, p. 495.

106 Bernie M. Farber, "Voyage of The SS *St. Louis:* Journey Toward a Better Future," *Toronto Star*, mayo 27, 2008, http://www.thestar
.com/printarticle/431217.

107 Ibid.

108 Ibid.

109 "Gustav Schroeder." The Righteous Among the Nations. Yad Vashem http://www1.yadvashem.org/righteous_new/germany_schroe
der_print.html

110 Aljazeera.net, "Ahmadinejad: Wipe Israel Off Map," octubre 26, 2005

111 Kenneth R. Timmerman, "U.S. Intel: Iran Plans Nuclear Strike on U.S.," NewsMax.com, julio 29, 2008.

CAPÍTULO SIETE: LA CRIMINALIZACIÓN DEL CRISTIANISMO

1 Peggy Lamson, *Roger Baldwin, Founder of the American Civil Liberties Union: A Portrait* (Boston: Houghton Mifflin, 1976), p. 192.

2 Ibid., p. 192.

3 Alan Sears y Craig Osten, *The ACLU vs. America* (Nashville: Broadman and Colman, 2005), p.2.

4 *The American Patriot's Bible*, ed. Dr. Richard G. Lee (Nashville: Thomas Nelson, 2009), pp. i–10.

5 Ibid.

6 Ibid.

7 Ibid.

8   Ibid.
9   Ibid.
10 Ibid.
11 Ibid.
12 Ibid.
13 Sears y Osten, *The ACLU vs. America*, p. 1.
14 Ibid., p. 1.
15 Ibid., p. 16.
16 Ibid., p. 3.
17 Janet L. Folger, *The Criminalization of Christianity*, (Portland, OR: Multnomah Publishers, 2005), pp. 163–166.
18 Ibid., p. 23.
19 Ibid., p. 27.
20 Ibid., p. 25.
21 Ibid., p. 101–103.
22 Ibid., p. 107.
23 Ibid., p. 156.
24 Ibid., p. 162.

CAPÍTULO OCHO: LA PROFECÍA BÍBLICA

1   J. Vernon McGee, *Thru the Bible, Proverbs thru Malachi* (Nashville: Thomas Nelson, 1984), p. x.
2   Ralph M. Riggs, *The Path of Prophecy* (Springfield, MO.: Gospel Publishing House, 1937), p. 24.
3   McGee, *Thru the Bible, Proverbs thru Malachi*, p. 184.
4   Kyle M. Yates, *Preaching from the Prophets* (Nashville: Broadman Press, 1953), pp. 4–5.
5   McGee, *Thru the Bible, Proverbs thru Malachi*, p. 533.
6   Yates, *Preaching from the Prophets*, pp. 11–15.
7   Costen J. Harrell, *The Prophets of Israel* (n.p.: Cokesbury Press, 1933), p. 32.
8   Arthur W. Pink, *The Life of Elijah* (Grand Rapids, Mich.: Zondervan, 1968), p. 16.
9   John C. Hagee, *Prophecy Study Bible* (Nashville: Thomas Nelson, 1997), p. 397.
10 Crime trends by population group, www.fbi.gov, 2009.
11 Special 2001/9/11 memorial, www.cnn.com.

12 www.usatoday.com, septiembre 16, 2010.
13 www.thedailygreen.com, septiembre 21, 2010.
14 Charles Lane, *Washington Post*, junio 24, 2005.
15 www.usdebtclock.org.
16 Ibid.
17 U.S. Religious Knowledge Survey, septiembre 18, 2010, The Pew Forum on Religion and Public Life.
18 Cal Thomas, FoxNews.com, publicado septiembre 28, 2010.
19 Hagee, *Prophecy Study Bible*, p. xii.
20 Yates, *Preaching from the Prophets*, p. 86.
21 Ibid., p. 89; McGee, *Thru the Bible, Proverbs thru Malachi*, p. 187.
22 Hagee, *Prophecy Study Bible*, p. 836.
23 McGee, *Thru the Bible, Proverbs thru Malachi*, p. 186.

CAPÍTULO NUEVE: SOMOS LA GENERACIÓN TERMINAL

1 Robert J. Morgan, *My All in All* (Nashville: B and H Publishing, 2008)
2 CIA World Factbook, accurate as of January 1, 2009.
3 CIA World Factbook, accurate as of January 1, 2009.
4 Fareed Zakaria, "Why We Can't Quit," *Newsweek*, marzo 24, 2008.
5 Ibid.
6 http://en.wikipedia.org/wiki/Eliezer_Ben-Yehuda.
7 http://en.wikipedia.org/wiki/Russian_Jews#Mass_emigration.
8 http://www.boston.com/bigpicture/2010/05/disaster_unfolds.

CAPÍTULO ONCE: EL CUARTO REICH: EL ANTICRISTO VIENE

1 Damond R. Duck y Larry Richards, *The Book of Revelation* (Nashville: Thomas Nelson Books, 2006), p. 186.
2 Janet L. Folger, *The Criminalization of Christianity* (Portland, OR: Multnomah Publishers, 2005), pp. 163–166.
3 Ibid.
4 Ibid.
5 Ibid.
6 Walker P. Whitman, *A Christian History of the American Republic: A Textbook for Secondary Schools* (Boston: Green Leaf Press, 1939, 1948), p. 42; Henry Halley, *Halley's Bible Handbook* (Grand Rapids, MI: Zondervan, 1927, 1965), p. 18; Gary DeMar, *America's*

Christian History: The Untold Story (Atlanta, GA.: American Vision, Publishers, 1993), p. 58.
7   *The American Patriot's Bible*, ed. Dr. Richard G. Lee (Nashville: Thomas Nelson, 2009).
8   Ibid., p. 1–1.
9   Janet L. Folger, *The Criminalization of Christianity*, pp. 163–166.
10   Ibid., p. 107.

CAPÍTULO DOCE: ARMAGEDÓN: LA BATALLA FINAL PARA EL PLANETA TIERRA
1   John Hagee, *Beginning of the End* (Nashville: Thomas Nelson Publishers, 1996), p. 153.
2   Ibid., pp. 155–156.
3   Ibid., p. 157.
4   Ibid., p. 180.

CAPÍTULO TRECE: ESPERANZA PARA UN CORAZÓN CON PROBLEMAS
1   *Illustrations Unlimited*, ed. James S. Hewett (Wheaton, Ill.: Tyndale House, 1988), pp. 289–290.
2   Ibid., p. 290.
3   Ibid., p. 237.
4   *Illustrations Unlimited*, p. 237.

CAPÍTULO CATORCE: ESPERANZA PARA AMÉRICA
1   *The American Patriot's Bible*, ed. Dr. Richard G. Lee (Nashville: Thomas Nelson, 2009), pp. i–10.
2   Ibid., pp. i–10.
3   Ibid., pp. i–11.
4   *Illustrations Unlimited*, ed. James S. Hewett (Wheaton, Ill.: Tyndale House, 1988), pp. 398–399.
5   Peter Marshall and David Manuel, *The Light and the Glory* (Grand Rapids, Mich.: Revell, 2009), pp. 367–368.

Guía de lectura en grupo

Esta guía de lectura en grupo del libro *¿Sobrevivirá Estados Unidos?* escrito por John Hagee incluye una introducción, preguntas de discusión, e ideas para mejorar su club de libros. Las preguntas sugeridas tienen como fin ayudar a que el grupo busque perspectivas nuevas e interesantes, y temas para su discusión.

Esperamos que estas ideas enriquezcan tu conversación y contribuyan a que disfrutes más el libro.

INTRODUCCIÓN

El pastor John Hagee, como un líder cristiano franco y conservador, anima el debate sobre la intersección de la política estadounidense, la capacidad nuclear de Irán, el patrimonio de Israel, la profecía Maya para el año 2012, y el fin del mundo tal como lo conocemos. Utilizando la profecía Bíblica como su inspiración, Hagee hace un llamado de atención a sus lectores, instándolos a prestar atención a las señales de alerta existentes, pues el fin de los días podría estar cerca.

PREGUNTAS PARA DEBATIR

1. En las primeras páginas de *¿Sobrevivirá Estados Unidos?*, el Pastor John Hagee compara la complacencia de nuestro país con de los pasajeros del *Titanic,* quienes creían que su barco era "insumergible", y a pesar de esto chocó contra un iceberg. Dado el impacto de los ataques terroristas del 9/11, y de una serie de incidentes ampliamente publicitados que revelan que nuestro país está en riesgo, ¿cuál es la causa de la falsa sensación de seguridad que tiene nuestro país¿Estás de acuerdo?

2. "Lo único que puede evitar el inminente ataque nuclear a Estados Unidos, Europa, e Israel, es impedir que Irán se convierta en una nación nuclear.... el gobierno de Estados Unidos no tiene actualmente la voluntad de disuadir a Irán con la opción militar." ¿Cuáles son las consecuencias internacionales de un Irán con armas nucleares?

3. El pastor Hagee culpa a una cultura "políticamente correcta" de los escalofriantes asesinatos de los soldados de Fort Hood, Texas, que muchos creen que fue obra de un oficial del Ejército de EE.UU., el mayor Nidal M. Hasan, un musulmán radical. ¿Cómo podría lo "políticamente correcto" ser cómplice de este crimen atroz?

4. "Las células islámicas terroristas que tienen la capacidad de hacer y detonar bombas nucleares, no van a venir: ya están aquí. ¡Ellos están capacitados! ¡Están listos! ¡Están dispuestos! Tú y tu familia son sus objetivos." ¿Cómo respondes a las advertencias del pastor Hagee? ¿Qué medidas has tomado o vas a tomar para protegerte a ti mismo y a tu país?

5. "Los tres principales programas de derecho, el Seguro Social, Medicare, y Medicaid, consumirán el ciento por ciento del presupuesto federal en los próximos sesenta años, desplazando a todas las otras rúbricas presupuestarias, incluyendo los pagos de intereses y la se-

guridad nacional." Si fueras presidente de los Estados Unidos, ¿qué medidas tomarías para evitar la crisis económica y social de nuestro país? Cuando las obligaciones de los programas nacionales amenazan con rebasar la capacidad de una nación para defenderse, ¿cómo se debería proceder?

6. ¿Qué significa la pérdida potencial del dólar de predominio sobre otras monedas, en la situación del país como superpotencia económica y militar? ¿Qué tanto te preocupa esta posibilidad y por qué?

7. "Hay muchas señales en el libro de Ester que presagian a los criminales de guerra nazis en Núremberg en la horca..." ¿En qué medida estás de acuerdo con las interpretaciones que hace el Pastor Hagee de la Escritura? ¿Cuáles de las correlaciones realizadas por Hagee entre la Escritura y la historia contemporánea te parecen especialmente persuasivas? ¿Cuáles, si es que hay una, te parecen más tenues?

8. "Estados Unidos ha rechazado la verdad de la Palabra de Dios. Hemos rechazado a Dios, y lo único que queda es la mentira humanista secular." ¿De qué manera Estados Unidos se ha apartado como nación de sus bases judeo-cristiana? Dado que Estados Unidos fue establecido por sus fundadores como una democracia y no una teocracia, hasta qué punto esta evolución es fiel a su establecimiento?

CLUB DE LECTURA

1. Ya has leído el libro del pastor John Hagee. Ahora mira al Pastor predicar un sermón en el santuario de la Iglesia Cornerstone en San Antonio, Texas. Tu club de lectura puede disfrutar un sermón por vía virtual, visitando el sitio web de la Iglesia Cornerstone y accediendo a una transmisión por Internet del servicio del domingo por la mañana. Los webcasts en vivo están disponibles a las 11 a.m. y 6:30 p.m. CST. Sólo tienes que visitar la página: http://www.jhm.org/ME 2 / Default.asp y seguir los links de "Transmisión en vivo."

2. A lo largo de su libro *¿Sobrevivirá Estados Unidos?,* el pastor John Hagee, hace una visita a los profetas Bíblicos que anticipan los acontecimientos futuros. ¿Quiénes eran? ¿Alguna vez has vivido momentos proféticos en tu vida, donde algún evento significativo parecía haber sido pronosticado días, meses o incluso años antes? Escribe algunas de las experiencias que has tenido, las personas que has conocido y compártelo en tu club de lectura.

3. ¿Qué es lo que ya sabes sobre Irán que no informan los noticieros de la noche? ¿Te gustaría aprender más acerca de un país que pronto podrá tener armas nucleares? El sitio web de la CIA ofrece un compendio detallado de información sobre la historia país, la geografía, el gobierno, la economía, las comunicaciones, el transporte, y el ejército de ese país. Para mayor información, visita la página: https://www.cia .gov/library/publications/theworld-factbook/geos/ir.html.

Printed in the United States
By Bookmasters